BROCK
HAUS

WAHRIG Grundschulwörterbuch

WAHRIG

Impressum

Chefredaktion
Dr. Sabine Krome

Redaktion
Andrea Rocha-Lieder

Text und Konzeption
Marlies Koenen, Michael Müller, Bernhard Roll

Illustrationen
Sebastian Coenen, Jo Pelle Küker-Bünermann

Layout und Satz
Ralf Haselhorst, Jo Pelle Küker-Bünermann,
Zweiender, Bielefeld

Covergestaltung
glas ag, Seeheim-Jugenheim

Herstellung
Astrid Warkus

7., grundlegend aktualisierte und erweiterte Auflage

1. Aufl. 1998

Druck und Bindung: Himmer AG, Augsburg

MIX
Papier aus verantwortungsvollen Quellen
FSC® C095359

ISBN: 978-3-577-07592-3

Vorwort

Schreibt man *endlich* eigentlich mit *t* oder mit *d*? Wie ist die Mehrzahl von *Atlas*? Und welche anderen Wörter kann ich anstelle von *aber* benutzen?

Auf diese und viele andere Fragen gibt das **WAHRIG Grundschulwörterbuch**, das erstmals unter der Dachmarke BROCKHAUS erscheint, mit rund 12.000 Stichwörtern, Schreibweisen und Synonymen Auskunft. Das Wörterbuch konzentriert sich auf den grundschulrelevanten Kernwortschatz, der in der Regel in den ersten vier Klassen Basis des Unterrichts ist, berücksichtigt jedoch auch zahlreiche deutsch- wie fremdsprachige Begriffe, die für den Übergang aufs Gymnasium und andere weiterführende Schulen wichtig sind. Neben der Rechtschreibung werden wesentliche Aspekte der Grammatik wie zum Beispiel Silbentrennung, Plural-, Steigerungs- und Verbformen behandelt, die verschiedenen Wortarten sind farbig markiert.

Die grundlegend neu bearbeitete und erweiterte Neuausgabe des **WAHRIG Grundschulwörterbuchs** wurde in Kooperation mit erfahrenen Sprachdidaktikern und Schulbuchexperten entwickelt.

Der erste Teil thematisiert auf 20 farbig illustrierten Seiten den Anfangswortschatz für Kinder von der 1. Klasse an. Hier werden Alltagssituationen der Kinder bebildert. Ergänzt wird dieser Teil durch ein erstes, einfaches Wörterverzeichnis, das den Kindern leichten Zugang zur Arbeit mit einem Wörterbuch ermöglichen soll.

Der Hauptteil enthält den Aufbauwortschatz für Schüler ab Klasse 2. Hier heben farbige Unterlegungen Lernwörter hervor. Dies sind Wörter, die am Ende der Grundschulzeit zum aktiven Wortschatz der Kinder gehören sollten, sowie schwieriger zu schreibende Begriffe, die besonders geübt werden müssen. In das Wörterverzeichnis integriert sind außerdem rund 100 Infoboxen zu sinnverwandten Wörtern, Zusammensetzungen und Wortfeldern. Bunte Mitmachseiten regen ferner zum kreativen Umgang mit der Sprache und zum eigenständigen Üben an. Das Bildwörterbuch Englisch schließlich bietet den Schülern die Möglichkeit, auf spielerische Weise erste Kompetenzen in der englischen Sprache zu erwerben.

Ziel des **WAHRIG Grundschulwörterbuchs** ist es, den Einstieg in den Wortschatz der deutschen Sprache so leicht und interessant wie möglich zu gestalten, Spaß am Lernen bei den Kindern zu wecken und dabei Sprach- und Rechtschreibkompetenzen zu vermitteln, die schulischen Erfolg nachhaltig fördern können.

Die WAHRIG-Redaktion

Inhalt

Wie benutze ich dieses Wörterbuch?

Liebe Kinder!

Dieses Wörterbuch zeigt euch, wie man Wörter schreibt und wie man sie verwendet. In einem Wörterbuch stehen die Wörter immer nach dem Alphabet, dem Abc. Es beginnt mit **A / a** und hört mit **Z / z** auf. Am Rand jeder Seite zeigt euch ein dunkelblaues Feld den Buchstaben, mit dem die Wörter auf dieser Seite beginnen, zum Beispiel **H**. Über jeder Spalte stehen in einem kleinen blauen Kasten die ersten drei Buchstaben des ersten Wortes in der Spalte, zum Beispiel **haf**.

In diesem Buch haben die Wörter vier verschiedene Farben, damit ihr sie leichter unterscheiden könnt. **Blau** sind die Substantive: der **Ham|mer,** das **Wort**. **Grün** sind die Adjektive: **hart**, **weich**. **Rot** sind die Verben: **he|ben**, **ge|hen**. **Schwarz** sind alle anderen Wörter: **aber**, **dies**, **er**, **sie**, **um**, **zwei**. An der Stelle, wo ihr den dünnen senkrechten Strich in dem Wort seht, kann man es am Ende einer Zeile trennen.

Hinter vielen **Substantiven** steht der Plural: *ein Hammer, zwei* ***Hämmer***. Hinter einigen **Adjektiven** stehen die Steigerungsformen: *Glas ist hart, aber Knochen sind* ***härter,*** *und Eisen ist* ***am härtesten***. Weil die meisten Adjektive die Steigerungsformen nur mit *-er* und *-(e)sten* am Ende bilden (so wie *weich, weicher, am weichsten*), findet ihr diese Formen nur selten. Hinter allen **Verben** geben wir ein Beispiel dafür an, wie man das Verb verwendet. Bei unregelmäßigen Verben wie ***heben*** oder ***gehen*** zeigen wir euch auch, wie man die Vergangenheit dieser Verben bildet – zuerst die Vergangenheit, die man Präteritum nennt (zum Beispiel: ***er hob, er ging***), und dann die Vergangenheit, die man als Perfekt bezeichnet (zum Beispiel: ***sie hat gehoben, sie ist gegangen***). Wenn ihr die Formen *gab* oder *gibt* sucht, findet ihr einen Pfeil (→), der euch zu dem Verb ***geben*** führt.

Viele Wörter haben wir noch einmal extra mit hellblauer Farbe gekennzeichnet. Diese Wörter sind entweder so wichtig, dass ihr sie unbedingt kennen solltet, oder es ist nicht so einfach, sie zu schreiben, so dass ihr die Schreibung auswendig lernen müsst. Das kommt daher, dass es häufig keine richtige Regel gibt, die ihr benutzen könnt, um die Schreibung herauszufinden.

Außerdem gibt es das Eichhörnchen Wuschel und viele Bilder, die euch dabei helfen, bestimmte Wörter besser zu verstehen, neue Wörter kennenzulernen und sie richtig und passend in euren Aufsätzen zu verwenden.

Ich und du

Kopf

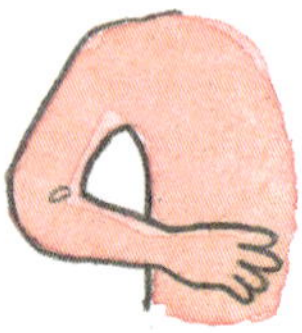

Arm

Brust

Bauch

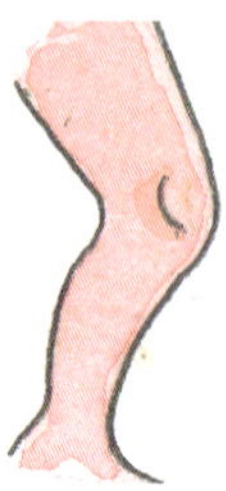

Bein

hören

sehen

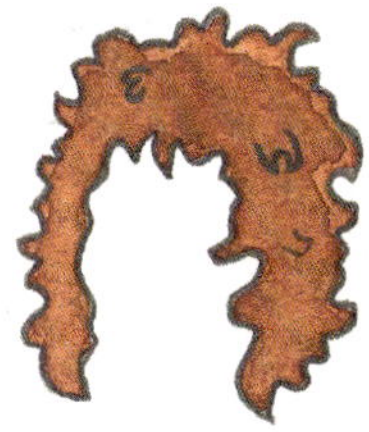

Haar

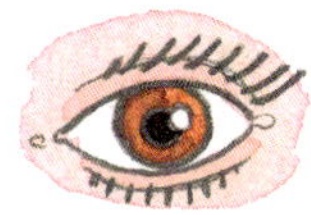

Auge

Nase

Ohr

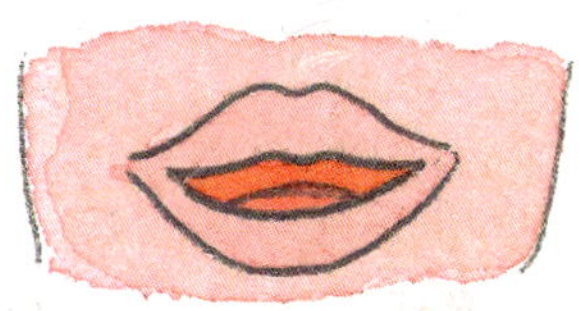

Mund

riechen

schmecken

Wir ziehen uns an

die Hose

der Pullover

das Kleid

der Turnschuh

weiß

rot

gelb

schwarz

anziehen

ausziehen

gestreift

weit

grün

blau

braun

Meine Familie, meine Freunde

die Mutter

der Vater

die Schwester

der Bruder

der Freund

die Freundin

die Oma

der Opa

die Tante

der Onkel

der Nachbar

die Nachbarin

Wir essen zusammen

essen

trinken

schneiden

grillen

eins zwei drei vier fünf

durstig

hungrig

lecker

satt

sechs sieben acht neun zehn

Unsere Wohnung

der Herd

der Kühlschrank

der Couchtisch

das Sofa

kochen

reden

der Kleiderschrank

das Doppelbett

die Handdusche

die Toilette

duschen

schlafen

Mein Zimmer, meine Spielsachen

die Ritterburg

der Ritter

der Helm

der Schild

aufbauen

stellen

das Puppenhaus

die Puppe

das Regal

die Blockflöte

einrichten

spielen

Unsere Straße

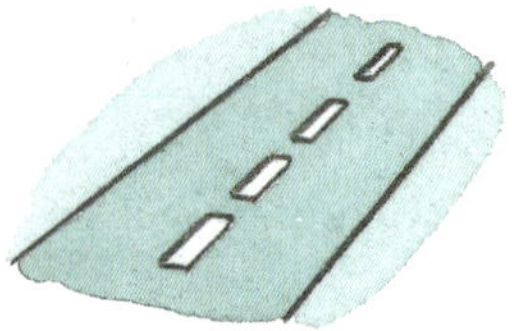

die Straße

das Auto

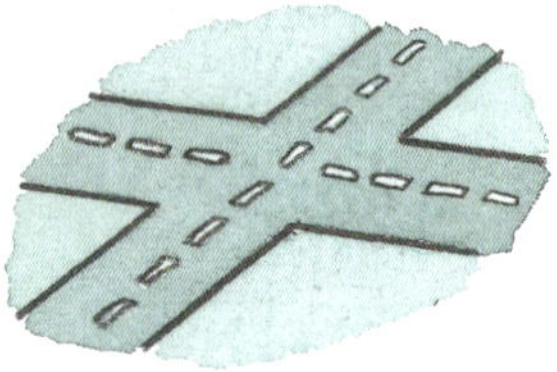

die Kreuzung

der Zebrastreifen

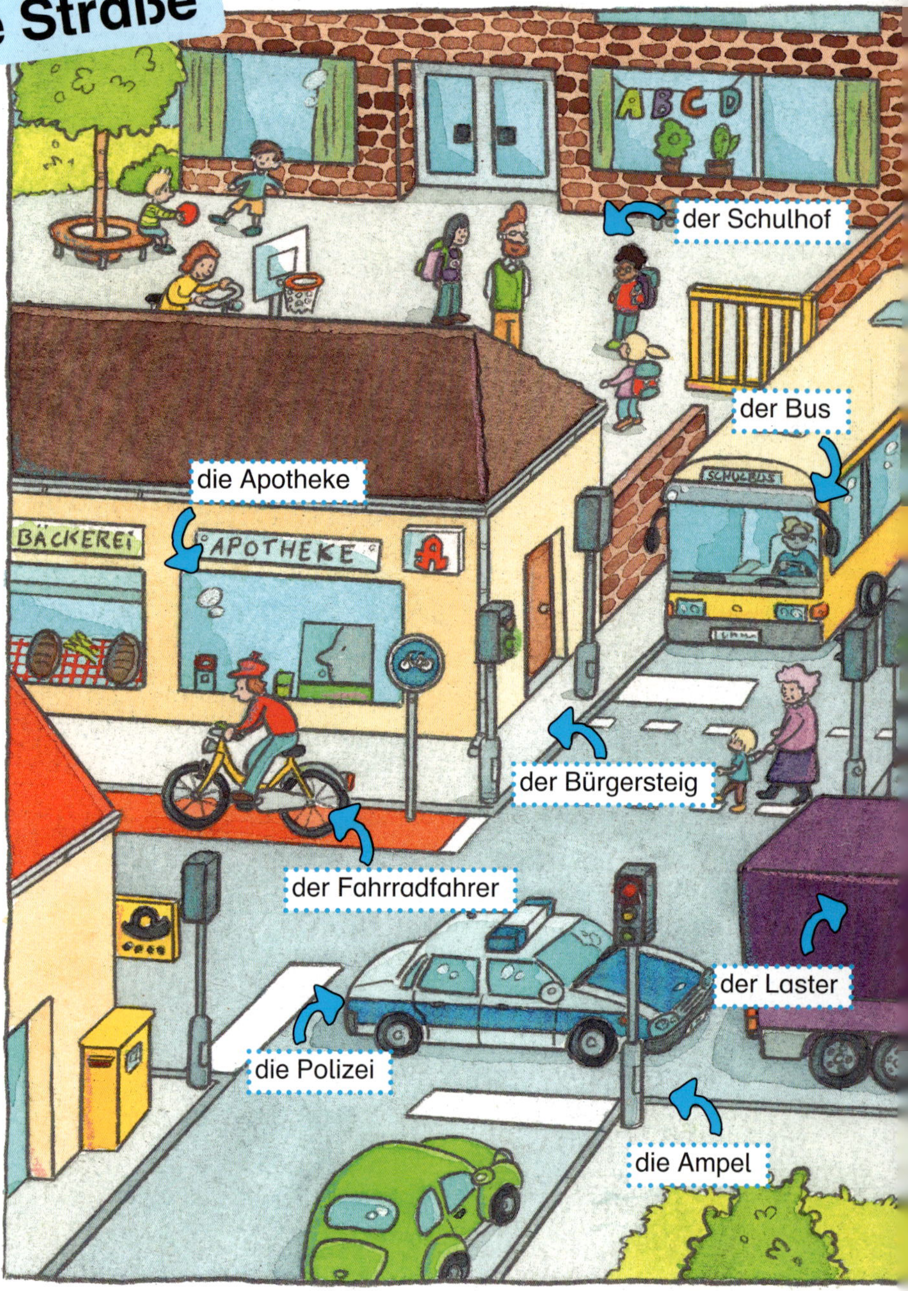

überqueren

fahren

die Schule

die Post

die Bäckerei

die Fleischerei

warten

einkaufen

Unser Klassenraum

der Schulranzen

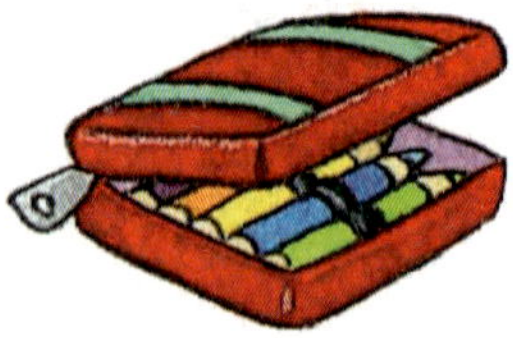

die Federmappe

der Füller

das Schreibheft

sprechen

Ich schreibe in mein Heft.

lesen

der Lehrer

die Schülerin

die Tafel

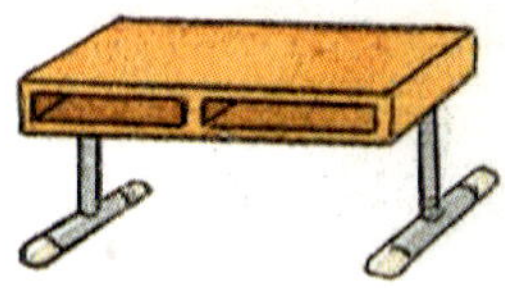

das Pult

schreiben

rechnen

Besuch im Zoo

klettern

anschleichen

rennen

kreischen

trompeten

Ich streichle am liebsten das kleine braune Schaf.

der Eingang

die Kasse

schwimmen

tauchen

fangen

füttern

streicheln

das Gehege

der Käfig

der Tierpfleger

Im Supermarkt

das Geld

der Einkaufswagen

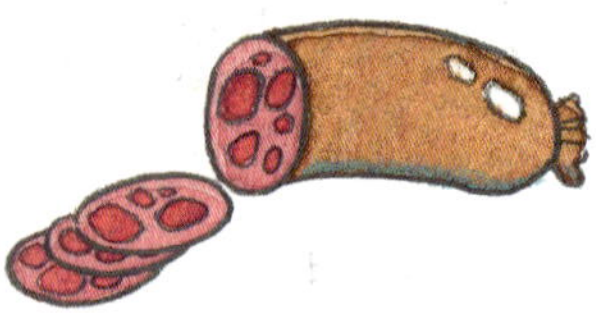

die Wurst

das Brot

frisch

reif

auswiegen

kosten

bezahlen

einräumen

saftig

hart

billig

teuer

A B C D E F G H I J K L M N O P Q R S T U V W X Y Z

Aa

ab
der **Abend,** die Abende
aber
acht
der **Affe,** die Affen
alle, alles
allein
als
also

alt, älter
am
die **Ameise,** die Ameisen
die **Ampel,** die Ampeln
an
der **Anfang,** die Anfänge
die **Angst,** die Ängste
anrufen, sie ruft an
antworten, er antwortet
anziehen, sie zieht an
der **Apfel,** die Äpfel
der **April**
arbeiten, er arbeitet
arm, ärmer
der **Arm,** die Arme
der **Arzt,** die Ärzte
der **Ast,** die Äste
auf
das **Auge,** die Augen
der **August**
aus
das **Auto,** die Autos

Bb

das **Baby,** die Babys
der **Bach,** die Bäche
baden, sie badet
der **Bagger**
der **Ball,** die Bälle
die **Banane,** die Bananen

der **Bär,** die Bären
basteln, er bastelt
der **Bauch,** die Bäuche
bauen, sie baut
der **Baum,** die Bäume
bei
das **Bein,** die Beine
der **Berg,** die Berge
besser
das **Bett,** die Betten
die **Biene,** die Bienen

das **Bild,** die Bilder
ich **bin,** du bist
die **Birne,** die Birnen
bis
bitte
das **Blatt,** die Blätter
blau
bleiben, er bleibt
die **Blume,** die Blumen
böse
braun
der **Brief,** die Briefe
die **Brille,** die Brillen
bringen, er bringt
das **Brot,** die Brote
der **Bruder,** die Brüder
das **Buch,** die Bücher
bunt
der **Busch,** die Büsche
die **Butter**

Cc

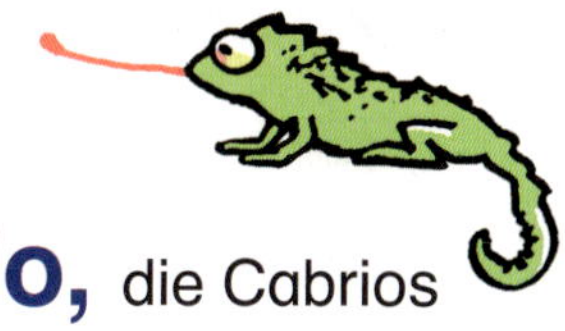

das **Cabrio,** die Cabrios
der **Cent,** die Cents
das **Chamäleon,** die Chamäleons
das **Christkind**
der **Clown,** die Clowns
der **Comic,** die Comics
der **Computer**

Dd

da
das **Dach,** die Dächer
der **Dachs,** die Dachse
dafür
damit
danke
danken, er dankt
dann
das
dass
der **Daumen**
die **Decke,** die Decken
dein, deine, deiner
dem
den
denken, sie denkt
der
des
deutsch
der **Dezember**
dich
dick

A B C D E F G H I J K L M N O P Q R S T U V W X Y Z

die **die**
der **Dienstag**
diese, dieser, dieses
das **Ding,** die Dinge
der **Dinosaurier**
dir
doch
der **Donnerstag**
drei
du
dumm, dümmer
dunkel
dünn
durch
die **Dusche,** die Duschen

Ee

die **Ecke,** die Ecken
das **Ei,** die Eier
der **Eimer**
ein, eine, einer
einmal
eins
das **Eis**

der **Elefant,** die Elefanten
elf
die **Eltern**
das **Ende**
eng
die **Ente,** die Enten
er
die **Erde**
es
der **Esel**
essen, sie isst
etwas
euch
euer, eure
die **Eule,** die Eulen
der **Euro,** die Euros

Ff

fahren, sie fährt
das **Fahrrad,** die Fahrräder
fallen, er fällt
falsch
die **Familie,** die Familien
fangen, sie fängt
die **Farbe,** die Farben
der **Februar**
das **Feld,** die Felder
die **Fee,** die Feen
der **Fehler**
das **Fenster**

die **Ferien**
fernsehen, er sieht fern
fertig
finden, er findet
der **Finger**

der **Fisch,** die Fische
die **Flasche,** die Flaschen
die **Fliege,** die Fliegen
fliegen, sie fliegt
der **Flügel**
das **Flugzeug,** die Flugzeuge
flüssig
fragen, er fragt
die **Frau,** die Frauen
frech
frei
der **Freitag**
fremd
freuen, sie freut sich
der **Freund,** die Freunde
die **Freundin,** die Freundinnen
frisch
froh
die **Frucht,** die Früchte
der **Frühling**
fühlen, sie fühlt
der **Füller,** die Füller
fünf
für
der **Fuß,** die Füße

Gg

die **Gabel,** die Gabeln
die **Gans,** die Gänse
ganz, ganze, ganzer
der **Garten,** die Gärten
geben, er gibt
der **Geburtstag,** die Geburtstage
gehen, sie geht
gelb
das **Geld**
das **Gemüse**
genau
genug
gerade
das **Geschenk,** die Geschenke

das **Gesicht,** die Gesichter
gestern
giftig
die **Giraffe,** die Giraffen

das **Glas,** die Gläser
die **Glocke,** die Glocken
das **Gras,** die Gräser
grau
groß, größer
grün
die **Gurke,** die Gurken
gut, besser

Hh

das **Haar,** die Haare
haben, du hast, er hat
halb
der **Hals,** die Hälse
halten, er hält
die **Hand,** die Hände
hart, härter
der **Hase,** die Hasen
das **Haus,** die Häuser
die **Haut,** die Häute
die **Hecke,** die Hecken
das **Heft,** die Hefte
heiß
heißen, er heißt
helfen, sie hilft
hell
das **Hemd,** die Hemden
her
heraus
der **Herbst**
herein
der **Herr,** die Herren
das **Herz,** die Herzen
heute
die **Hexe,** die Hexen
hier
die **Hilfe,** die Hilfen
der **Himmel**
hin
hinaus
hinein
hinten
hinter
holen, er holt
hören, er hört

die **Hose,** die Hosen
der **Hund,** die Hunde
hundert
der **Hunger**

Ii

ich

der **Igel**
ihm

ihn
ihr
im
immer
in
die **Insel,** die Inseln
er **isst**
es **ist**

Jj

ja
die **Jacke,** die Jacken
das **Jahr,** die Jahre
der **Januar**
jede, jeder, jedes
jemand
jetzt
der **Juli**
jung, jünger
der **Junge,** die Jungen
der **Juni**

Kk

der **Käfer**
der **Kakao**
der **Kalender**
das **Kamel,** die Kamele
kalt, kälter

ich **kann**
kaputt
die **Kartoffel,** die Kartoffeln
der **Käse**
die **Katze,** die Katzen
kaufen, er kauft
kein, keine, keiner
kennen, sie kennt
das **Kind,** die Kinder
das **Kino,** die Kinos
klar
die **Klasse,** die Klassen
das **Kleid,** die Kleider
klein
klettern, er klettert
klingeln, es klingelt
klug, klüger
der **Koffer**
kommen, er kommt
der **König,** die Könige
können, sie kann
der **Kopf,** die Köpfe
der **Körper**
krank, kränker
kriegen, er kriegt

A B C D E F G H I J K L M N O P Q R S T U V W X Y Z

die **Küche,** die Küchen
der **Kuchen**
die **Kuh,** die Kühe
kurz, kürzer

Ll

lachen, er lacht
der **Laden,** die Läden
die **Lampe,** die Lampen
das **Land,** die Länder
lang, länger
langsam
laufen, er läuft
laut
leben, sie lebt
leer
legen, er legt
der **Lehrer,** die Lehrer
die **Lehrerin,** die Lehrerinnen
leicht
leise
lernen, sie lernt
lesen, er liest
die **Leute**
das **Licht,** die Lichter
lieb
lieben, sie liebt
das **Lied,** die Lieder
liegen, er liegt
lila
links
das **Loch,** die Löcher
der **Löffel**
der **Löwe,** die Löwen
lustig

Mm

machen, sie macht
das **Mädchen,** die Mädchen
der **Mai**
malen, er malt
die **Mama,** die Mamas
man
manchmal
der **Mann,** die Männer
das **Märchen**
der **März**
die **Maus,** die Mäuse

das **Meer,** die Meere
mein, meine, meiner
das **Messer**
mich

die **Milch**
die **Minute,** die Minuten
mir
mit
der **Mittwoch**
die **Möhre,** die Möhren
der **Monat,** die Monate
der **Montag**
morgen
müde
der **Mund,** die Münder
die **Musik**
müssen, er muss
mutig
die **Mutter,** die Mütter

Nn

nach
die **Nacht,** die Nächte
der **Nagel,** die Nägel
nah, näher
der **Name,** die Namen
die **Nase,** die Nasen
das **Nashorn,** die Nashörner

nass
der **Nebel**
nehmen, er nimmt
nein
neu
neun
neunzig
nicht
nichts
nie
die **Note,** die Noten
der **November**
die **Nudel,** die Nudeln
nun
nur
die **Nuss,** die Nüsse

Oo

ob
oben
das **Obst**
oder
offen
oft, öfter
das **Ohr,** die Ohren
der **Oktober**
die **Oma,** die Omas
der **Onkel**
der **Opa,** die Opas

ordentlich
der **Ort**, die Orte
Ostern

Pp

packen, sie packt
das **Paket**, die Pakete
der **Papa**, die Papas
der **Papagei**, die Papageien
das **Papier**, die Papiere
die **Pappe**, die Pappen
passen, es passt
die **Pause**, die Pausen
das **Pferd**, die Pferde
pflanzen, sie pflanzt
pflegen, er pflegt
der **Pinguin**, die Pinguine
der **Pinsel**, die Pinsel

der **Platz**, die Plätze
die **Pommes**
das **Pony**, die Ponys
die **Post**
der **Preis**, die Preise
der **Punkt**, die Punkte
die **Puppe**, die Puppen
putzen, sie putzt

Qq

das **Quadrat**, die Quadrate
quaken, er quakt
die **Qualle**, die Quallen
der **Qualm**

der **Quark**
der **Quatsch**
quer
quietschen, es quietscht

Rr

das **Rad**, die Räder
raten, sie rät
der **Raum**, die Räume
die **Raupe**, die Raupen
rechnen, sie rechnet
rechts
reden, er redet
der **Regen**
regnen, es regnet
reich
rennen, sie rennt

richtig
der **Ring**, die Ringe
die **Robbe**, die Robben

der **Rock**, die Röcke
rollen, er rollt
rot
der **Rücken**
rufen, sie ruft
rund
die **Rutsche**, die Rutschen

Ss

die **Sache**, die Sachen
der **Saft**, die Säfte
sagen, sie sagt
das **Salz**
der **Samstag**
der **Sand**
satt
der **Satz**, die Sätze
sauber
scharf, schärfer
scheinen, sie scheint
das **Schere**, die Scheren
schief
das **Schiff**, die Schiffe
schlafen, er schläft
schlagen, er schlägt
schlau
schlecht
das **Schloss**, die Schlösser
der **Schluss**
schmutzig
die **Schnecke**, die Schnecken

der **Schnee**
schnell
die **Schokolade**
schön
schreiben, sie schreibt
der **Schuh**, die Schuhe
die **Schule**, die Schulen
schwarz
das **Schwein**, die Schweine
schwer
die **Schwester**, die Schwestern
schwimmen, sie schwimmt
sechs
der **See**, die Seen
sehen, sie sieht
sehr
die **Seite**, die Seiten
der **September**
sie
sieben
sie **sind**

singen, er singt
sitzen, sie sitzt
der **Sohn**, die Söhne
der **Sommer**
die **Sonne**
der **Sonntag**
spielen, er spielt
springen, er springt
stark, stärker
stehen, sie steht
der **Stern**, die Sterne
still
die **Straße**, die Straßen
der **Stuhl**, die Stühle
die **Stunde**, die Stunden
suchen, sie sucht
süß

Tt

die **Tafel**, die Tafeln
der **Tag**, die Tage
die **Tante**, die Tanten
die **Tasche**, die Taschen
der **Teddy**, die Teddys
der **Tee**
das **Telefon**, die Telefone
der **Teller**
das **Tier**, die Tiere
der **Tiger**

die **Tochter**, die Töchter
trinken, sie trinkt
die **Tür**, die Türen
der **Turm**, die Türme

Uu

üben, sie übt
über
überall
überhaupt
die **Übung**, die Übungen
die **Uhr**, die Uhren
der **Uhu**, die Uhus

um
und
der **Unfall**, die Unfälle
uns
unten

Vv

der **Vater**, die Väter
verlieren, er verliert
viel, mehr
vier

der **Vogel,** die Vögel
voll
vom
von
vor
vorsichtig

Ww

wahr
der **Wald,** die Wälder
die **Wand,** die Wände
wann
warm, wärmer
warum
was
waschen, er wäscht
das **Wasser**
wenig
wer, wem, wen
werfen, er wirft
wieder
der **Winter**
wissen, er weiß
wohnen, er wohnt
wollen, sie will
das **Wort,** die Wörter
der **Wurm,** die Würmer

Xx

die **X-Beine**
das **Xylophon,** die Xylophone

Yy

der **Yak,** die Yaks
das **Yoga**
das **Ypsilon**

Zz

die **Zahl,** die Zahlen
zählen, sie zählt
der **Zahn,** die Zähne
das **Zebra,** die Zebras
zehn
die **Zeit,** die Zeiten
das **Zimmer**
der **Zoo,** die Zoos
zu, zum, zur
der **Zucker**
der **Zug,** die Züge
zwei
zwischen
zwölf

A B C D E F G H I J K L M N O P Q R S T U V W X Y Z

Aa

der **Aal**, die Aa|le
aal|glatt
das **Aas**
ab

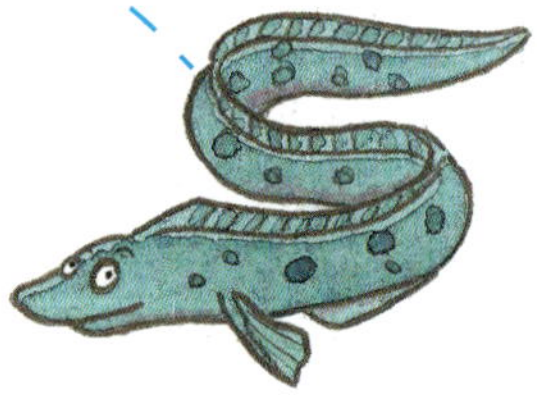

> Wenn „ab" vor Verben wie *fahren* oder *ziehen* steht, bedeutet es „von etwas weg". „Abziehen" heißt also „von etwas anderem wegnehmen".

die **Ab|bil|dung**, die Ab|bil|dun|gen
ab|blen|den, du blendest ab
das **Ab|blend|licht**, die Ab|blend|lichter
ab|blit|zen, du blitzt ab
das **Abc**
der **Abend**, die Aben|de
das **Abend|brot**
das **Abend|es|sen**, die Abend|es|sen
das **Abend|rot**
abends
das **Aben|teu|er**, die Aben|teu|er
aben|teu|er|lich
der **Aben|teu|er|spiel|platz**, die Aben|teu|er|spiel|plät|ze
aber

Andere Wörter für »aber«

allerdings Ich komme gern, allerdings erst morgen.
doch Alle gehen schwimmen, doch Kai hat keine Lust.
jedoch Tim mag Lena, sie ihn jedoch nicht.
sondern Paul möchte keinen Tee, sondern Saft trinken.
trotzdem Das Haus ist alt, trotzdem gefällt es mir.

der **Aber|glau|be**
aber|gläu|bisch
ab|fah|ren, du fährst ab, er fuhr ab, sie ist abgefahren
die **Ab|fahrt**, die Ab|fahr|ten
der **Ab|fall**, die Ab|fäl|le
der **Ab|flug**, die Ab|flü|ge
der **Ab|fluss**, die Ab|flüs|se
das **Ab|gas**, die Ab|ga|se
ab|gas|frei
ab|ge|här|tet
ab|ge|hetzt
ab|ge|macht
der (bei Frauen: die) **Ab|ge|ord|ne|te**, die Ab|ge|ord|ne|ten
ab|ge|schlafft

der **Ab|grund**, die Ab|grün|de
der **Ab|hang**, die Ab|hän|ge
ab|hän|gig
die **Ab|hän|gig|keit**
ab|he|ben, du hebst ab, er hob ab, sie hat abgehoben
das **Abi|tur**
die **Ab|küh|lung**, die Ab|küh|lun|gen
ab|kür|zen, du kürzt ab
die **Ab|kür|zung**, die Ab|kür|zun|gen
der **Ab|le|ger**, die Ab|le|ger
ab|leh|nen, du lehnst ab
die **Ab|leh|nung**, die Ab|leh|nun|gen
ab|len|ken, du lenkst ab
die **Ab|len|kung**, die Ab|len|kun|gen
ab|ma|chen, du machst ab
die **Ab|ma|chung**, die Ab|ma|chun|gen

sich **ab|mel|den**, du meldest dich ab
die **Ab|mel|dung**, die Ab|mel|dun|gen
ab|neh|men, du nimmst ab, er nahm ab, sie hat abgenommen
das **Abon|ne|ment**, die Abon|ne|ments
abon|nie|ren, du abonnierst
ab|rech|nen, du rechnest ab
die **Ab|rech|nung**, die Ab|rech|nun|gen
die **Ab|rei|se**, die Ab|rei|sen
ab|rei|sen, du reist ab
der **Ab|satz**, die Ab|sät|ze
ab|scheu|lich
der **Ab|schied**, die Ab|schie|de
die **Ab|schieds|fei|er**, die Ab|schieds|fei|ern
ab|schlep|pen, du schleppst ab
das **Ab|schlepp|seil**, die Ab|schlepp|sei|le
der **Ab|schlepp|wa|gen**, die Ab|schlepp|wa|gen
ab|schlie|ßen, du schließt ab, er schloss ab, sie hat abgeschlossen
ab|schlie|ßend
der **Ab|schluss**, die Ab|schlüs|se
ab|schnei|den, du schneidest ab, er schnitt ab, sie hat abgeschnitten
der **Ab|schnitt**, die Ab|schnit|te
ab|schrei|ben, du schreibst ab, er schrieb ab, sie hat abgeschrieben
ab|seits
das **Ab|seits**
ab|sen|den, du sendest ab, er sandte / sendete ab, sie hat abgesandt / abgesendet
der **Ab|sen|der**, die Ab|sen|der
die **Ab|sicht**, die Ab|sich|ten
ab|sicht|lich
ab|so|lut
ab|sper|ren, du sperrst ab

die **Ab|sper|rung**, die Ab|sper|run|gen
ab|stam|men, du stammst ab
die **Ab|stam|mung**
der **Ab|stand**, die Ab|stän|de
der **Ab|ste|cher**, die Ab|ste|cher
ab|stel|len, du stellst ab
das **Ab|stell|gleis**, die Ab|stell|glei|se
der **Ab|stieg**, die Ab|stie|ge
ab|stim|men, du stimmst ab
die **Ab|stim|mung**, die Ab|stim|mun|gen
der **Ab|sturz**, die Ab|stür|ze
ab|stür|zen, du stürzt ab
ab|stüt|zen, du stützt ab

das **Ab|teil**, die Ab|tei|le
die **Ab|tei|lung**, die Ab|tei|lun|gen
ab|trock|nen, du trocknest ab
ab|wärts
der **Ab|wasch**
ab|wasch|bar
ab|wa|schen, du wäschst ab, er wusch ab, sie hat abgewaschen
sich **ab|wech|seln**, wechselt euch ab!
ab|wech|selnd
die **Ab|wechs|lung**
die **Ab|wehr**
ab|weh|ren, du wehrst ab
ab|we|send
die **Ab|we|sen|heit**
das **Ab|zei|chen**, die Ab|zei|chen
das **Ab|zieh|bild**, die Ab|zieh|bil|der
ab|zwei|gen, die Straße zweigt ab
die **Ab|zwei|gung**, die Ab|zwei|gun|gen
ach!

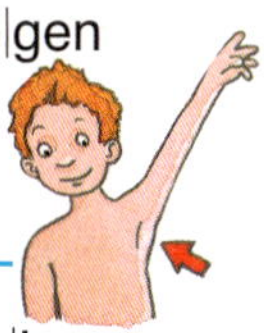

die **Ach|se**, die Ach|sen
die **Ach|sel**, die Ach|seln
die **Ach|sel|höh|le**, die Ach|sel|höh|len
acht, 8
die **Acht**, die Ach|ten (Zahl, Ziffer)
die **Acht** (Aufmerksamkeit)

in **Acht neh|men**
das **Ach|tel**, die Ach|tel
ach|ten, du achtest
die **Ach|ter|bahn**, die Ach|ter|bah|nen
acht|ge|ben, du gibst acht, er gab acht, sie hat achtgegeben
acht|mal
die **Ach|tung**
acht|zehn, 18
acht|zig, 80
äch|zen, er ächzt
der **Acker**, die Äcker
die **Ac|tion**
der **Ac|tion|film**, die Ac|tion|fil|me
ad|die|ren, du addierst
die **Ad|di|ti|on**
der **Adel**
ade|lig, auch: **ad|lig**
die **Ader**, die Adern

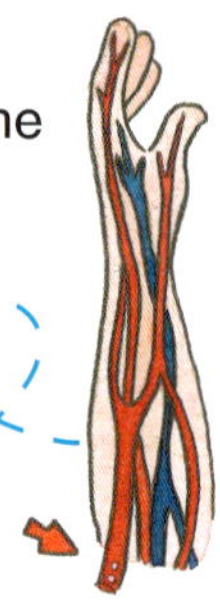

das **Äder|chen**, die Äder|chen
das **Ad|jek|tiv**, die Ad|jek|ti|ve

der **Ad|ler**, die Ad|ler
der **Ad|ler|horst**, die Ad|ler|hors|te
adop|tie|ren, du adoptierst
die **Adop|ti|on**, die Adop|ti|o|nen
die **Adop|tiv|el|tern**
das **Adop|tiv|kind**, die Adop|tiv|kin|der
die **Ad|res|se**, die Ad|res|sen
ad|res|sie|ren, du adressierst
der **Ad|vent**
der **Ad|vents|ka|len|der**, die Ad|vents|ka|len|der
der **Ad|vents|kranz**, die Ad|vents|krän|ze
die **Ad|vents|zeit**
das **Ae|ro|bic**
der **Af|fe**, die Af|fen
Af|ri|ka
der **Af|ri|ka|ner**, die Af|ri|ka|ner
af|ri|ka|nisch
der **Af|ter**
die **AG**, die AGs
ag|gres|siv
Ägyp|ten
der **Ägyp|ter**, die Ägyp|ter
ägyp|tisch
ah|nen, du ahnst
ähn|lich
die **Ähn|lich|keit**, die Ähn|lich|kei|ten
die **Ah|nung**, die Ah|nun|gen
ah|nungs|los
der **Ahorn**, die Ahor|ne
die **Äh|re**, die Äh|ren

AIDS, auch: **Aids**
der **Air|bag**, die Air|bags
der **Ak|kord**, die Ak|kor|de
die **Ak|kord|ar|beit**
das **Ak|kor|de|on**, die Ak|kor|de|ons
der **Ak|ku**, die Ak|kus
der **Ak|ku|mu|la|tor**, die Ak|ku|mu|la|to|ren
der **Ak|ku|sa|tiv**, die Ak|ku|sa|ti|ve
die **Ak|ne**
der **Ak|ro|bat**, die Ak|ro|ba|ten
ak|ro|ba|tisch
der **Akt**, die Ak|te
die **Ak|te**, die Ak|ten
die **Ak|ten|ta|sche**, die Ak|ten|ta|schen
die **Ak|ti|on**, die Ak|ti|o|nen
ak|tiv
ak|tu|ell
akut
der **Alarm**, die Alar|me

die **Alarm|an|la|ge**, die Alarm|an|la|gen
alar|mie|ren, du alarmierst
al|bern
die **Al|bern|heit**, die Al|bern|hei|ten
der **Alb|traum**, die Alb|träu|me
→ **Alptraum**
das **Al|bum**, die Al|ben
die **Al|ge**, die Al|gen
das **Ali|bi**, die Ali|bis
der **Al|ko|hol**
al|ko|hol|ab|hän|gig
al|ko|hol|frei
das **All**
Al|lah
al|le, **al|les**

die **Al|lee**, die Al|le|en
al|lein
al|lein|er|zie|hend
am **al|ler|bes|ten** → **gut**
al|ler|dings
die **Al|ler|gie**, die Al|ler|gi|en
al|ler|gisch
al|ler|hand
al|ler|lei
al|ler|letz|te, al|ler|letz|ter, al|ler|letz|tes

all|ge|mein
der **Al|li|ga|tor**, die Al|li|ga|to|ren
all|mäh|lich
der **All|tag**
all|täg|lich
all|zu
die **Alm**, die Al|men
das **Al|mo|sen**, die Al|mo|sen
die **Al|pen**
das **Al|pha|bet**, die Al|pha|be|te
al|pha|be|tisch
der **Alp|traum**, auch: **Alb|traum**, die Alp|träu|me

als
al|so
alt, äl|ter, am äl|tes|ten
der **Al|tar**, die Al|tä|re
das **Al|ter**
das **Al|ters|heim**, die Al|ters|hei|me
das **Al|ter|tum**
alt|mo|disch
das **Alt|pa|pier**
die **Alu|fo|lie**
das **Alu|mi|ni|um**

am
der **Ama|teur**, die Ama|teu|re
der **Am|boss**, die Am|bos|se
die **Am|bu|lanz**, die Am|bu|lan|zen
die **Amei|se**, die Amei|sen
der **Amei|sen|bär**, die Amei|sen|bä|ren
der **Amei|sen|hau|fen**, die Amei|sen|hau|fen
Ame|ri|ka
der **Ame|ri|ka|ner**, die Ame|ri|ka|ner
ame|ri|ka|nisch
Amok lau|fen
die **Am|pel**, die Am|peln
die **Am|sel**, die Am|seln
das **Amt**, die Äm|ter
amt|lich

an

„an" steht oft vor Verben und bedeutet „ganz nah bei etwas" oder „in die Richtung von etwas". *Ankommen* bedeutet „zu einem Ort kommen".

die **Ana|nas**, die Ana|nas|se
der **An|bau**
an|bau|en, du baust an
an|bie|ten, du bietest an, er bot an, sie hat angeboten

A B C D E F G H I J K L M N O P Q R S T U V W X Y Z

A B C D E F G H I J K L M N O P Q R S T U V W X Y Z

der **An|blick**, die An|bli|cke
die **An|dacht**, die An|dach|ten
an|däch|tig
an|dau|ernd
das **An|den|ken**, die An|den|ken
an|de|re, an|de|rer, an|de|res
an|de|rer|seits
än|dern, du änderst
an|ders
die **Än|de|rung**, die Än|de|run|gen
der **An|drang**
an|dro|hen, du drohst an
die **An|dro|hung**
an|ei|nan|der
an|ei|nan|der|le|gen, du legst aneinander
die **Ane|mo|ne**, die Ane|mo|nen
an|er|ken|nen, du erkennst an, er erkannte an, sie hat anerkannt
die **An|er|ken|nung**
an|fah|ren, du fährst an, er fuhr an, sie hat angefahren
die **An|fahrt**, die An|fahr|ten
der **An|fall**, die An|fäl|le
an|fäl|lig
der **An|fang**, die An|fän|ge
an|fan|gen, du fängst an, er fing an, sie hat angefangen
der **An|fän|ger**, die An|fän|ger
an|fangs
der **An|fangs|buch|sta|be**, die An|fangs|buch|sta|ben
an|fas|sen, du fasst an
an|freun|den, du freundest dich an
an|füh|ren, du führst an
der **An|füh|rer**, die An|füh|rer
das **An|füh|rungs|zei|chen**, die An|füh|rungs|zeichen
die **An|ga|be**, die An|ga|ben

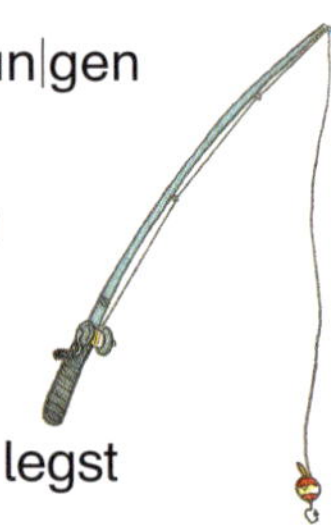

an|ge|ben, du gibst an, er gab an, sie hat angegeben
der **An|ge|ber**, die An|ge|ber
an|ge|be|risch
an|geb|lich
das **An|ge|bot**, die An|ge|bo|te
der (bei Frauen: die) **An|ge|hö|ri|ge**, die An|ge|hö|ri|gen
der (bei Frauen: die) **An|ge|klag|te**, die An|ge|klag|ten
die **An|gel**, die An|geln
der **An|gel|ha|ken**, die An|gel|ha|ken
an|geln, ich angle, du angelst
an|ge|nehm
an|ge|spannt
der (bei Frauen: die) **An|ge|stell|te**, die An|ge|stell|ten
sich **an|ge|wöh|nen**, du gewöhnst dir an
die **An|ge|wohn|heit**, die An|ge|wohn|hei|ten
die **An|gi|na**
der **Ang|ler**, die Ang|ler
an|grei|fen, du greifst an, er griff an, sie hat angegriffen
der **An|grei|fer**, die An|grei|fer
der **An|griff**, die An|grif|fe
an|griffs|lus|tig
die **Angst**, die Ängs|te

ängst|lich
an|ha|ben, du hast an, er hatte an, sie hat angehabt

an|hal|ten, du hältst an, er hielt an, sie hat angehalten
der An|hal|ter, die An|hal|ter
der An|hän|ger, die An|hän|ger

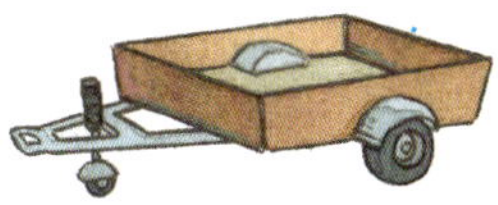

an|häng|lich
der An|ker, die An|ker
an|kla|gen, du klagst an
an|kom|men, du kommst an, er kam an, sie ist angekommen
an|kreu|zen, du kreuzt an
die An|kunft
die An|kunfts|zeit, die An|kunfts|zei|ten
die An|la|ge, die An|la|gen
der An|lass, die An|läs|se
an|las|sen, du lässt an, er ließ an, sie hat angelassen
der An|las|ser, die An|las|ser
an|läss|lich
der An|lauf, die An|läu|fe
der An|laut, die An|lau|te
sich an|leh|nen, du lehnst dich an
an|ma|len, du malst an
das An|mel|de|for|mu|lar, die An|mel|de|for|mu|la|re
sich an|mel|den, du meldest dich an
der An|mel|de|schluss
die An|mel|dung, die An|mel|dun|gen
die An|nah|me, die An|nah|men
an|neh|men, du nimmst an, er nahm an, sie hat angenommen

»annehmen« und Ähnliches

annehmen Alina nimmt an, dass es gleich regnen wird.
finden Ich finde, wir sollten nach Hause gehen.
glauben Pia glaubt, dass Viktor die Wahrheit sagt.
meinen Tim meint, Elefanten haben Angst vor Mäusen.

die An|non|ce, die An|non|cen
an|non|cie|ren, du annoncierst
der Ano|rak, die Ano|raks
der An|pfiff
die An|re|de, die An|re|den
an|re|den, du redest an
der An|ruf, die An|ru|fe
der An|ruf|be|ant|wor|ter, die An|ruf|be|ant|wor|ter
an|ru|fen, du rufst an, er rief an, sie hat angerufen
ans
an|sa|gen, du sagst an
der An|sa|ger, die An|sa|ger
an|schaf|fen, du schaffst an
die An|schaf|fung, die An|schaf|fun|gen
an|schau|en, du schaust an
an|schau|lich
an|schei|nend
an|schlie|ßen, du schließt an, er schloss an, sie hat angeschlossen
an|schlie|ßend
der An|schluss, die An|schlüs|se

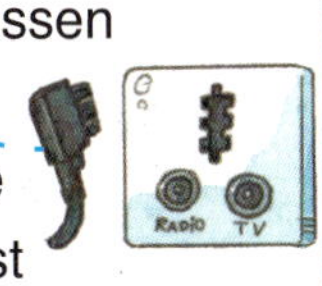

sich an|schmie|gen, du schmiegst dich an
an|schmieg|sam
sich an|schnal|len, du schnallst dich an
an|schnau|zen, du schnauzt an
die An|schrift, die An|schrif|ten
an|se|hen, du siehst an, er sah an, sie hat angesehen
die An|sicht, die An|sich|ten

die **An|sichts|kar|te**, die An|sichts|kar|ten
der **An|spruch**, die An|sprü|che
an|stän|dig
an|statt
sich **an|ste|cken**, du steckst dich an
an|ste|ckend
die **An|ste|ckung**
die **An|ste|ckungs|ge|fahr**
sich **an|stel|len**, du stellst dich an
an|stif|ten, du stiftest an
der **An|stif|ter**, die An|stif|ter
an|sto|ßen, du stößt an, er stieß an, sie hat angestoßen
sich **an|stren|gen**, du strengst dich an
an|stren|gend
die **An|stren|gung**, die An|stren|gun|gen
die **Ant|ark|tis**
der **An|teil**, die An|tei|le
die **An|ten|ne**, die An|ten|nen
an|tik
die **An|ti|ke**
die **An|ti|lo|pe**, die An|ti|lo|pen
der **An|trag**, die An|trä|ge
der **An|trieb**
die **Ant|wort**, die Ant|wor|ten
ant|wor|ten, du antwortest
an|wei|sen, du weist an, er wies an, sie hat angewiesen
an|wen|den, du wendest an, er wendete / wandte an, sie hat angewendet / angewandt
an|we|send
die **An|we|sen|heit**
die **An|zahl**
das **An|zei|chen**, die An|zei|chen
die **An|zei|ge**, die An|zei|gen
an|zei|gen, du zeigst an

an|zie|hen, du ziehst an, er zog an, sie hat angezogen
die **An|zie|hungs|kraft**
der **An|zug**, die An|zü|ge
an|zün|den, du zündest an
der **Ap|fel**, die Äp|fel
der **Ap|fel|baum**, die Ap|fel|bäu|me
das **Ap|fel|mus**
der **Ap|fel|saft**, die Ap|fel|säf|te
die **Ap|fel|si|ne**, die Ap|fel|si|nen
die **Apo|the|ke**, die Apo|the|ken
der **Apo|the|ker**, die Apo|the|ker
der **Ap|pa|rat**, die Ap|pa|ra|te
der **Ap|pe|tit**
ap|pe|tit|lich
ap|plau|die|ren, du applaudierst
der **Ap|plaus**
die **Ap|ri|ko|se**, die Ap|ri|ko|sen
der **Ap|ril**
der **Ap|ril|scherz**, die Ap|ril|scher|ze
das **Ap|ril|wet|ter**
das **Aqua|ri|um**, die Aqua|ri|en
der **Äqua|tor**
die **Ar|beit**, die Ar|bei|ten
ar|bei|ten, du arbeitest
der **Ar|bei|ter**, die Ar|bei|ter
die **Ar|bei|te|rin**, die Ar|bei|te|rin|nen
ar|beits|los
der (bei Frauen: die) **Ar|beits|lo|se**, die Ar|beits|lo|sen
die **Ar|beits|lo|sig|keit**
der **Ar|chi|tekt**, die Ar|chi|tek|ten
arg, är|ger, am ärgs|ten
Ar|gen|ti|ni|en
der **Ar|gen|ti|ni|er**, die Ar|gen|ti|ni|er
ar|gen|ti|nisch
der **Är|ger**
är|ger|lich
är|gern, du ärgerst

das **Är|ger|nis**, die Är|ger|nis|se
das **Ar|gu|ment**, die Ar|gu|men|te
die **Ark|tis**
ark|tisch
arm, är|mer, am ärms|ten
der **Arm**, die Ar|me

die **Ar|ma|tur**, die Ar|ma|tu|ren
das **Ar|ma|tu|ren|brett**
die **Ar|mee**, die Ar|me|en
der **Är|mel**, die Är|mel
är|mel|los
ärm|lich

die **Ar|mut**
das **Aro|ma**, die Aro|men
aro|ma|tisch
ar|ro|gant
die **Art**, die Ar|ten
ar|tig
der **Ar|ti|kel**, die Ar|ti|kel
die **Ar|ti|scho|cke**, die Ar|ti|scho|cken
der **Ar|tist**, die Ar|tis|ten
die **Arz|nei**, die Arz|nei|en
der **Arzt**, die Ärz|te
die **Ärz|tin**, die Ärz|tin|nen
der **As|best**
as|best|ver|seucht
die **Asche**

der **Asi|at**, die Asi|a|ten
asi|a|tisch
Asi|en
der **As|phalt**
as|phal|tie|ren, du asphaltierst

das **Ass**, die As|se
sie **aß** → **essen**
der **As|sis|tent**, die As|sis|ten|ten
der **Ast**, die Äs|te

die **As|ter**, die As|tern
die **Ast|ga|bel**, die Ast|ga|beln
das **Asth|ma**
der **Asth|ma|an|fall**,
die Asth|ma|an|fäl|le
ast|rein
der **As|tro|naut**, die As|tro|nau|ten
das **Asyl**, die Asy|le
der **Asyl|an|trag**, die Asyl|an|trä|ge
der **Asyl|be|wer|ber**,
die Asyl|be|wer|ber
das **Asyl|heim**, die Asyl|hei|me
das **Ate|lier**, die Ate|liers
der **Atem**
atem|los
der **Ath|let**, die Ath|le|ten
die **Ath|le|tin**, die Ath|le|tin|nen
der **At|lan|tik**
der **At|lan|ti|sche Oze|an**
der **At|las**, die At|lan|ten / At|las|se
at|men, du atmest
die **At|mo|sphä|re**
die **At|mung**
das **Atom**, die Ato|me
die **Atom|ener|gie**
das **Atom|kraft|werk**,
die Atom|kraft|wer|ke
ätsch!
das **At|ten|tat**, die At|ten|ta|te
der **At|ten|tä|ter**, die At|ten|tä|ter
das **At|test**, die At|tes|te
at|trak|tiv
ät|zend
au!
die **Au|ber|gi|ne**, die Au|ber|gi|nen

A B C D E F G H I J K L M N O P Q R S T U V W X Y Z

A B C D E F G H I J K L M N O P Q R S T U V W X Y Z

auch
auf
auf|be|wah|ren, du bewahrst auf
auf|brau|send
auf|de|cken, du deckst auf
auf|dring|lich
auf|ei|nan|der
auf|ei|nan|der|le|gen, du legst aufeinander
der **Auf|ent|halt**, die Auf|ent|hal|te
die **Auf|ent|halts|ge|neh|mi|gung**, die Auf|ent|halts|ge|neh|mi|gun|gen
auf|fah|ren, du fährst auf, er fuhr auf, sie ist aufgefahren
die **Auf|fahrt**, die Auf|fahr|ten
der **Auf|fahr|un|fall**, die Auf|fahr|un|fäl|le
auf|fal|len, du fällst auf, er fiel auf, sie ist aufgefallen
auf|fal|lend
auf|fäl|lig
auf|for|dern, du forderst auf
die **Auf|for|de|rung**, die Auf|for|de|run|gen
die **Auf|füh|rung**, die Auf|füh|run|gen
die **Auf|ga|be**, die Auf|ga|ben
der **Auf|gang**, die Auf|gän|ge
auf|ge|ben, du gibst auf, er gab auf, sie hat aufgegeben
auf|ge|hen, es geht auf, es ging auf, es ist aufgegangen
auf|ge|klärt
auf|ge|kratzt
auf|ge|räumt
auf|ge|regt
auf|grund, auch: **auf Grund**
auf|hän|gen, du hängst auf
der **Auf|hän|ger**, die Auf|hän|ger
auf|hö|ren, du hörst auf

auf|klä|ren, du klärst auf
die **Auf|klä|rung**
auf|kle|ben, du klebst auf
der **Auf|kle|ber**, die Auf|kle|ber
der **Auf|lauf**, die Auf|läu|fe
die **Auf|lö|sung**, die Auf|lö|sun|gen
auf|merk|sam
die **Auf|merk|sam|keit**, die Auf|merk|sam|kei|ten
die **Auf|nah|me**, die Auf|nah|men
die **Auf|nah|me|prü|fung**, die Auf|nah|me|prü|fun|gen
auf|pas|sen, du passt auf
der **Auf|prall**
auf|pral|len, es prallt auf
auf|räu|men, du räumst auf
auf|recht
sich **auf|re|gen**, du regst dich auf
auf|re|gend
die **Auf|re|gung**, die Auf|re|gun|gen
der **Auf|ruhr**
aufs

auf|säs|sig
der **Auf|satz**, die Auf|sät|ze
der **Auf|schnitt**
der **Auf|schub**, die Auf|schü|be
das **Auf|se|hen**
auf|se|hen|er|re|gend
die **Auf|sicht**
auf|sper|ren, du sperrst auf
auf|sta|cheln, du stachelst auf
der **Auf|stand**, die Auf|stän|de
auf|ste|hen, du stehst auf, er stand auf, sie ist aufgestanden
auf|stel|len, du stellst auf
der **Auf|stieg**, die Auf|stie|ge
auf|tei|len, du teilst auf
die **Auf|tei|lung**
der **Auf|trag**, die Auf|trä|ge

auf|tre|ten, du trittst auf, er trat auf, sie ist aufgetreten
der **Auf|trieb**, die Auf|trie|be
der **Auf|tritt**, die Auf|trit|te
auf|wa|chen, du wachst auf
der **Auf|wand**
auf|wän|dig → **auf|wen|dig**
auf|wärts
auf|we|cken, du weckst auf
auf|wen|dig, auch: **auf|wän|dig**
auf|zäh|len, du zählst auf
die **Auf|zäh|lung**, die Auf|zäh|lun|gen
auf|zeich|nen, du zeichnest auf
die **Auf|zeich|nung**, die Auf|zeich|nun|gen
der **Auf|zug**, die Auf|zü|ge

der **Aug|ap|fel**, die Aug|äp|fel
das **Au|ge**, die Au|gen

Die Farbe im Auge heißt Iris. In der Iris ist die schwarze Pupille. Mit dem Lid schließt man das Auge. Die Haare am Auge heißen „Wimpern“, die überm Auge „Augenbraue“.

der **Au|gen|blick**, die Au|gen|bli|cke
au|gen|blick|lich
die **Au|gen|braue**, die Au|gen|brau|en
das **Au|gen|lid**, die Au|gen|li|der
au|gen|zwin|kernd
der **Au|gust**
die **Auk|ti|on**, die Auk|ti|o|nen
aus
aus|bes|sern, du besserst aus
aus|beu|ten, du beutest aus
die **Aus|beu|tung**
aus|bil|den, du bildest aus
die **Aus|bil|dung**, die Aus|bil|dun|gen
der **Aus|blick**, die Aus|bli|cke

aus|bre|chen, du brichst aus, er brach aus, sie ist ausgebrochen
der **Aus|bre|cher**, die Aus|bre|cher
der **Aus|bruch**, die Aus|brü|che
die **Aus|dau|er**
aus|dau|ernd
aus|deh|nen, du dehnst aus
aus|den|ken, du denkst aus, er dachte aus, sie hat ausgedacht
der **Aus|druck**, die Aus|drü|cke
aus|dru|cken, du druckst aus
sich **aus|drü|cken**, du drückst dich aus
aus|drück|lich
aus|drucks|voll
aus|ei|nan|der
die **Aus|ei|nan|der|set|zung**, die Aus|ei|nan|der|set|zun|gen
die **Aus|fahrt**, die Aus|fahr|ten
aus|fal|len, es fällt aus, es fiel aus, es ist ausgefallen
aus|flip|pen, du flippst aus
der **Aus|flug**, die Aus|flü|ge
das **Aus|flugs|ziel**, die Aus|flugs|zie|le
aus|führ|lich
die **Aus|ga|be**, die Aus|ga|ben
der **Aus|gang**, die Aus|gän|ge

aus|ge|ben, du gibst aus, er gab aus, sie hat ausgegeben
aus|ge|fal|len
aus|ge|hen, du gehst aus, er ging aus, sie ist ausgegangen
aus|ge|rech|net
aus|ge|ruht
aus|ge|stopft
aus|ge|wach|sen
aus|ge|zeich|net
aus|gie|big
aus|gra|ben, du gräbst aus, er grub aus, sie hat ausgegraben

A B C D E F G H I J K L M N O P Q R S T U V W X Y Z

die **Aus|gra|bung**, die Aus|gra|bun|gen
der **Aus|guss**, die Aus|güs|se
aus|hal|ten, du hältst aus, er hielt aus, sie hat ausgehalten
die **Aus|kunft**, die Aus|künf|te
das **Aus|land**
der **Aus|län|der**, die Aus|län|der
die **Aus|län|de|rin**, die Aus|län|de|rin|nen
aus|län|disch
aus|las|sen, du lässt aus, er ließ aus, sie hat ausgelassen
der **Aus|laut**, die Aus|lau|te
aus|lee|ren, du leerst aus
aus|lei|hen, du leihst aus, er lieh aus, sie hat ausgeliehen
aus|lo|sen, du lost aus

die **Aus|lo|sung**, die Aus|lo|sun|gen
die **Aus|nah|me**, die Aus|nah|men
aus|nahms|wei|se
der **Aus|puff**, die Aus|puf|fe
aus|ras|ten, du rastest aus
aus|rech|nen, du rechnest aus
die **Aus|re|de**, die Aus|re|den
aus|rei|chend
die **Aus|rei|se**, die Aus|rei|sen
aus|rei|ßen, du reißt aus, er riss aus, sie ist ausgerissen
der **Aus|rei|ßer**, die Aus|rei|ßer
der **Aus|ritt**, die Aus|rit|te
der **Aus|ruf**, die Aus|ru|fe
aus|ru|fen, du rufst aus, er rief aus, sie hat ausgerufen
der **Aus|ru|fe|satz**, die Aus|ru|fe|sät|ze
das **Aus|ru|fe|zei|chen**, die Aus|ru|fe|zei|chen

Nach Wörtern macht man oft kleine Zeichen: ein Ausrufezeichen (!), ein Fragezeichen (?), ein Komma (,), ein Semikolon (;) oder einen Punkt (.).

sich **aus|ru|hen**, du ruhst dich aus
die **Aus|rüs|tung**, die Aus|rüs|tun|gen
die **Aus|saat**, die Aus|saa|ten
aus|sä|en, du säst aus
die **Aus|sa|ge**, die Aus|sa|gen
aus|sa|gen, du sagst aus
der **Aus|sa|ge|satz**, die Aus|sa|ge|sät|ze
aus|schei|den, du scheidest aus, er schied aus, sie ist ausgeschieden
die **Aus|schei|dung**, die Aus|schei|dun|gen
der **Aus|schlag**, die Aus|schlä|ge
aus|schlie|ßen, du schließt aus, er schloss aus, sie hat ausgeschlossen
aus|schließ|lich
aus|schnei|den, du schneidest aus, er schnitt aus, sie hat ausgeschnitten
der **Aus|schnitt**, die Aus|schnit|te
aus|se|hen, du siehst aus, er sah aus, sie hat ausgesehen
das **Aus|se|hen**
au|ßen
der **Au|ßen|sei|ter**, die Au|ßen|sei|ter
au|ßer
au|ßer|dem
au|ßer|ge|wöhn|lich
au|ßer|halb
au|ßer|ir|disch
äu|ßer|lich

sich **äu|ßern**, du äußerst dich
die **Äu|ße|rung**, die Äu|ße|run|gen
au|ßer|or|dent|lich
die **Aus|sicht**, die Aus|sich|ten
aus|sichts|los
der **Aus|sied|ler**, die Aus|sied|ler
die **Aus|spra|che**, die Aus|spra|chen

aus|spre|chen, du sprichst aus, er sprach aus, sie hat ausgesprochen
die **Aus|stat|tung**, die Aus|stat|tun|gen
aus|stei|gen, du steigst aus, er stieg aus, sie ist ausgestiegen
der **Aus|stei|ger**, die Aus|stei|ger
aus|stel|len, du stellst aus
die **Aus|stel|lung**, die Aus|stel|lun|gen
Aus|tra|li|en
der **Aus|tra|li|er**, die Aus|tra|li|er
aus|tra|lisch
aus|trick|sen, du trickst aus
aus|trin|ken, du trinkst aus, er trank aus, sie hat ausgetrunken
der **Aus|ver|kauf**, die Aus|ver|käu|fe
aus|ver|kauft
die **Aus|wahl**
aus|wäh|len, du wählst aus
aus|wan|dern, du wanderst aus
der **Aus|wan|de|rer**, die Aus|wan|de|rer
aus|wärts
das **Aus|wärts|spiel**, die Aus|wärts|spie|le
aus|wech|seln, du wechselst aus
der **Aus|weg**, die Aus|we|ge
aus|weg|los
der **Aus|weis**, die Aus|wei|se
die **Aus|weis|kon|trol|le**, die Aus|weis|kon|trol|len

aus|wen|dig
aus|wer|ten, du wertest aus
die **Aus|wer|tung**, die Aus|wer|tun|gen
sich **aus|wir|ken**, es wirkt sich aus
die **Aus|wir|kung**, die Aus|wir|kun|gen
die **Aus|zah|lung**, die Aus|zah|lun|gen
die **Aus|zeich|nung**, die Aus|zeich|nun|gen
aus|zie|hen, du ziehst aus, er zog aus, sie ist ausgezogen
sich **aus|zie|hen**, du ziehst dich aus, er zog sich aus, sie hat sich ausgezogen
der (bei Frauen: die) **Aus|zu|bil|den|de**, die Aus|zu|bil|den|den
der **Aus|zug**, die Aus|zü|ge
das **Au|to**, die Au|tos
Au|to fah|ren
die **Au|to|bahn**, die Au|to|bah|nen
der **Au|to|fah|rer**, die Au|to|fah|rer
das **Au|to|gramm**, die Au|to|gram|me
der **Au|to|mat**, die Au|to|ma|ten
au|to|ma|tisch
der **Au|tor**, die Au|to|ren
die **Au|to|rin**, die Au|to|rin|nen
der **Au|to|un|fall**, die Au|to|un|fäl|le
die **Avo|ca|do**, die Avo|ca|dos
die **Axt**, die Äx|te
der **Azu|bi**, die Azu|bis

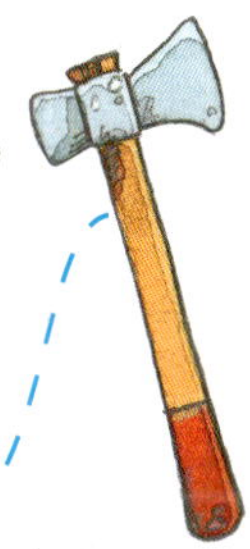

Bb

das **Ba|by**, die Ba|bys
der **Ba|by|sit|ter**, die Ba|by|sit|ter
der **Bach**, die Bä|che
die **Ba|cke**, die Ba|cken
ba|cken, du backst / bäckst
der **Ba|cken|zahn**, die Ba|cken|zäh|ne
der **Bä|cker**, die Bä|cker
die **Bä|cke|rei**, die Bä|cke|rei|en
die **Bä|cke|rin**, die Bä|cke|rin|nen
das **Back|obst**
der **Back|ofen**, die Back|öfen
die **Back|pfei|fe**, die Back|pfei|fen
der **Back|stein**, die Back|stei|ne
das **Bad**, die Bä|der
der **Ba|de|an|zug**, die Ba|de|an|zü|ge
die **Ba|de|ho|se**, die Ba|de|ho|sen

A B C D E F G H I J K L M N O P Q R S T U V W X Y Z

der **Ba|de|meis|ter**, die Ba|de|meis|ter
ba|den, du badest
Ba|den-Würt|tem|berg
ba|den-würt|tem|ber|gisch
die **Ba|de|wan|ne**, die Ba|de|wan|nen
das **Ba|de|zim|mer**, die Ba|de|zim|mer
ba|disch
das **Bad|min|ton**
baff
der **Bag|ger**, die Bag|ger
der **Bag|ger|füh|rer**, die Bag|ger|füh|rer
der **Bag|ger|see**, die Bag|ger|se|en
das **Ba|guette**, die Ba|guettes
die **Bahn**, die Bah|nen
bahn|bre|chend
der **Bahn|hof**, die Bahn|hö|fe

In Bahnhöfen stehen Züge auf Schienen, die *Gleise* heißen. Zwischen den Gleisen ist der Bahnsteig, auf dem die Reisenden warten.

der **Bahn|über|gang**, die Bahn|über|gän|ge
die **Bahn|schran|ke**, die Bahn|schran|ken
der **Bahn|steig**, die Bahn|stei|ge
die **Bah|re**, die Bah|ren
das **Bai|ser**, die Bai|sers
die **Bak|te|rie**, die Bak|te|ri|en
die **Ba|lan|ce**
der **Ba|lan|ce|akt**, die Ba|lan|ce|ak|te
ba|lan|cie|ren, du balancierst
bald
bald|mög|lichst
der **Bal|dri|an**
sich **bal|gen**, ihr balgt euch
der **Bal|ken**, die Bal|ken

der **Bal|kon**, die Bal|ko|ne / Bal|kons

der **Ball**, die Bäl|le
der **Bal|last**, die Bal|las|te
der **Bal|len**, die Bal|len
die **Bal|le|ri|na**, die Bal|le|ri|nen
bal|lern, du ballerst
das **Bal|lett**, die Bal|let|te
der **Bal|lett|tän|zer**, die Bal|lett|tän|zer
der **Bal|lon**, die Bal|lons / Bal|lo|ne
die **Bal|lon|fahrt**, die Bal|lon|fahr|ten
das **Ball|spiel**, die Ball|spie|le
der **Bam|bus**
der **Bam|mel**
die **Ba|na|ne**, die Ba|na|nen
ich **band** → **binden**
das **Band**, die Bän|der (zum Binden)
der **Band**, die Bän|de (Buch)
die **Band**, die Bands (Musikgruppe)
die **Ban|de**, die Ban|den
der **Bän|der|riss**, die Bän|der|ris|se
bän|di|gen, du bändigst
der **Ban|dit**, die Ban|di|ten
die **Band|schei|be**, die Band|schei|ben
der **Band|wurm**, die Band|wür|mer
bang, auch: **ban|ge**
die **Bank**, die Bän|ke (im Garten)
die **Bank**, die Ban|ken (z. B. Sparkasse)
das **Bank|kon|to**, die Bank|kon|tos / Bank|kon|ten
der **Bank|raub**, die Bank|rau|be
der **Bank|räu|ber**, die Bank|räu|ber
der **Bank|über|fall**, die Bank|über|fäl|le
bar
die **Bar**, die Bars
der **Bär**, die Bä|ren
die **Ba|ra|cke**, die Ba|ra|cken
der **Bar|bar**, die Bar|ba|ren
bar|ba|risch

der **Bä|ren|hun|ger**
bä|ren|stark
bar|fuß
sie **barg → bergen**
das **Bar|geld**
barm|her|zig
die **Bar-Miz|wa**, die Bar-Miz|was
das **Ba|ro|me|ter**, die Ba|ro|me|ter
der **Ba|ron**, die Ba|ro|ne
die **Ba|ro|nin**, die Ba|ro|nin|nen
der **Bar|ren**, die Bar|ren
barsch
der **Barsch**, die Bar|sche
der **Bart**, die Bär|te
bär|tig
der **Ba|sar**, die Ba|sa|re
das **Ba|si|li|kum**
der **Bas|ket|ball**, die Bas|ket|bäl|le
der **Bass**, die Bäs|se
der **Bast**
die **Bas|te|lei**, die Bas|te|lei|en
bas|teln, du bastelst
er **bat → bitten**
die **Ba|tik**, die Ba|ti|ken
ba|ti|ken, du batikst

die **Bat|te|rie**, die Bat|te|ri|en
der **Bat|zen**, die Bat|zen
der **Bau**, die Baue (Tierhöhle)
der **Bau**, die Bau|ten (Gebäude, Haus)
der **Bau|ar|bei|ter**, die Bau|ar|bei|ter
der **Bauch**, die Bäu|che
bauch|frei
bau|chig
bäuch|lings
der **Bauch|na|bel**, die Bauch|na|bel
der **Bauch|red|ner**, die Bauch|red|ner
die **Bauch|schmer|zen**
die **Bauch|spei|chel|drü|se**
der **Bauch|tanz**, die Bauch|tän|ze

das **Bauch|weh**
bau|en, du baust
der **Bau|er**, die Bau|ern

> Bauern haben Bauernhöfe und Traktoren. Acker nennt man ein Feld, auf dem ein Bauer Getreide und Gemüse anbaut.

der (auch: das) **Bau|er**, die Bau|er (Vogelbauer)
die **Bäu|e|rin**, die Bäu|e|rin|nen
der **Bau|ern|hof**, die Bau|ern|hö|fe
das **Bau|ern|brot**, die Bau|ern|bro|te
bau|fäl|lig
der **Bau|kas|ten**, die Bau|käs|ten
der **Baum**, die Bäu|me

bau|meln, du baumelst
die **Baum|kro|ne**, die Baum|kro|nen
der **Baum|ku|chen**, die Baum|ku|chen
der **Baum|stamm**, die Baum|stäm|me
die **Baum|wol|le**
die **Bau|stel|le**, die Bau|stel|len
Bay|ern
bay|risch, auch: **bay|e|risch**
die **Ba|zil|le**, die Ba|zil|len
be|ab|sich|ti|gen, du beabsichtigst
be|ach|ten, du beachtest
be|acht|lich
der **Be|am|te**, die Be|am|ten
die **Be|am|tin**, die Be|am|tin|nen
be|an|tra|gen, du beantragst
be|ar|bei|ten, du bearbeitest
be|at|men, du beatmest
die **Be|at|mung**
be|auf|sich|ti|gen, du beaufsichtigst
be|ben, es bebt
das **Be|ben**, die Be|ben

A B C D E F G H I J K L M N O P Q R S T U V W X Y Z

der **Be|cher**, die Be|cher
das **Be|cken**, die Be|cken
be|däch|tig
sich **be|dan|ken**, du bedankst dich
der **Be|darf**
be|dau|er|lich
be|dau|ern, ich bedaure, du bedauerst
be|de|cken, du bedeckst
be|deu|ten, es bedeutet
be|deu|tend
die **Be|deu|tung**, die Be|deu|tun|gen
be|deu|tungs|los
be|die|nen, du bedienst
die **Be|die|nung**, die Be|die|nun|gen
die **Be|din|gung**, die Be|din|gun|gen
be|drän|gen, du bedrängst
die **Be|dräng|nis**
be|dro|hen, du bedrohst
die **Be|dro|hung**, die Be|dro|hun|gen
das **Be|dürf|nis**, die Be|dürf|nis|se
sich **be|ei|len**, du beeilst dich
be|ein|flus|sen, du beeinflusst
be|en|den, du beendest
be|er|di|gen, du beerdigst
die **Be|er|di|gung**, die Be|er|di|gun|gen
die **Bee|re**, die Bee|ren
das **Beet**, die Bee|te

er **be|fahl** → **befehlen**
er **be|fand** sich → **befinden**
der **Be|fehl**, die Be|feh|le
be|feh|len, du befiehlst, er befahl, sie hat befohlen

Andere Wörter für »befehlen«

aufforden Der Lehrer forderte die Klasse auf, still zu sein.

bestimmen Immer bestimmst du, was wir machen.
kommandieren Der General kommandiert: »Halt!«

be|fes|ti|gen, du befestigst
sich **be|fin|den**, du befindest dich, er befand sich, sie hat sich befunden
be|foh|len → **befehlen**
be|fol|gen, du befolgst
be|för|dern, du beförderst
be|fra|gen, du befragst
be|frei|en, du befreist
die **Be|frei|ung**
be|freun|det
be|frie|di|gend
be|fruch|ten, etwas wird befruchtet
die **Be|fruch|tung**
be|gabt
die **Be|ga|bung**, die Be|ga|bun|gen
be|gann → **beginnen**
be|geg|nen, du begegnest
die **Be|geg|nung**, die Be|geg|nun|gen
be|geis|tern, du begeisterst
be|geis|tert
die **Be|geis|te|rung**
der **Be|ginn**
be|gin|nen, du beginnst, er begann, sie hat begonnen
be|glei|ten, du begleitest
der **Be|glei|ter**, die Be|glei|ter
be|gon|nen → **beginnen**
be|gra|ben, du begräbst, er begrub, sie hat begraben

das **Be|gräb|nis**, die Be|gräb|nis|se
be|grei|fen, du begreifst, er begriff, sie hat begriffen
der **Be|griff**, die Be|grif|fe

be|griffs|stut|zig
er **be|grub** → **begraben**
be|grün|den, du begründest
die **Be|grün|dung**, die Be|grün|dun|gen
be|grü|ßen, du begrüßt
die **Be|grü|ßung**, die Be|grü|ßun|gen
be|haart
be|hag|lich
be|hal|ten, du behältst, er behielt, sie hat behalten
der **Be|häl|ter**, die Be|häl|ter

be|han|deln, du behandelst
die **Be|hand|lung**, die Be|hand|lun|gen
be|haup|ten, du behauptest
die **Be|haup|tung**, die Be|haup|tun|gen
be|herr|schen, du beherrschst
die **Be|herr|schung**
be|hielt → **behalten**
be|hilf|lich
be|hin|dern, du behinderst
be|hin|dert
der (bei Frauen: die) **Be|hin|der|te**, die Be|hin|der|ten
die **Be|hin|de|rung**
die **Be|hör|de**, die Be|hör|den
be|hü|ten, du behütest
be|hut|sam
bei
bei|brin|gen, du bringst bei, er brachte bei, sie hat beigebracht
die **Beich|te**, die Beich|ten
beich|ten, du beichtest

der **Beicht|stuhl**, die Beicht|stüh|le
bei|de
bei|ei|nan|der
der **Bei|fah|rer**, die Bei|fah|rer
der **Bei|fah|rer|sitz**, die Bei|fah|rer|sit|ze
der **Bei|fall**

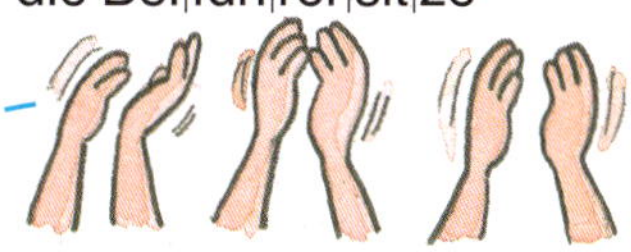

beige
das **Beil**, die Bei|le
beim
das **Bein**, die Bei|ne

bei|nah, auch: **bei|na|he**
bei|sam|men
bei|sei|te
bei|sei|te|le|gen, du legst beiseite
das **Bei|spiel**, die Bei|spie|le
bei|spiels|wei|se
bei|ßen, du beißt, er biss, sie hat gebissen
die **Beiß|zan|ge**, die Beiß|zan|gen
der **Bei|trag**, die Bei|trä|ge
be|kam → **bekommen**
be|kämp|fen, du bekämpfst
be|kannt
der (bei Frauen: die) **Be|kann|te**, die Be|kann|ten
die **Be|kannt|schaft**, die Be|kannt|schaf|ten
sich **be|kla|gen**, du beklagst dich
sich **be|kle|ckern**, du bekleckerst dich
die **Be|klei|dung**
be|kom|men, du bekommst, er bekam, sie hat bekommen
der **Be|lag**, die Be|lä|ge
be|läs|ti|gen, du belästigst
die **Be|läs|ti|gung**, die Be|läs|ti|gun|gen
be|lei|di|gen, du beleidigst
die **Be|lei|di|gung**, die Be|lei|di|gun|gen
be|lei|digt
die **Be|leuch|tung**

A B C D E F G H I J K L M N O P Q R S T U V W X Y Z

Bel|gi|en
der **Bel|gi|er**, die Bel|gi|er
bel|gisch
be|liebt
bel|len, der Hund bellt

be|loh|nen, du belohnst
die **Be|loh|nung**, die Be|loh|nun|gen
be|lü|gen, du belügst, er belog, sie hat belogen
be|ma|len, du bemalst
die **Be|ma|lung**, die Be|ma|lun|gen
be|mer|ken, du bemerkst
die **Be|mer|kung**, die Be|mer|kun|gen
sich **be|mü|hen**, du bemühst dich
die **Be|mü|hung**, die Be|mü|hun|gen
be|nach|rich|ti|gen, du benachrichtigst
die **Be|nach|rich|ti|gung**, die Be|nach|rich|ti|gun|gen
be|nach|tei|li|gen, du benachteiligst
sich **be|neh|men**, du benimmst dich, er benahm sich, sie hat sich benommen
das **Be|neh|men**
be|nei|den, du beneidest
be|nei|dens|wert
be|no|ten, du benotest
be|nö|ti|gen, du benötigst
die **Be|no|tung**, die Be|no|tun|gen
be|nut|zen, auch: **be|nüt|zen**, du benutzt / benützt
die **Be|nut|zung**
das **Ben|zin**

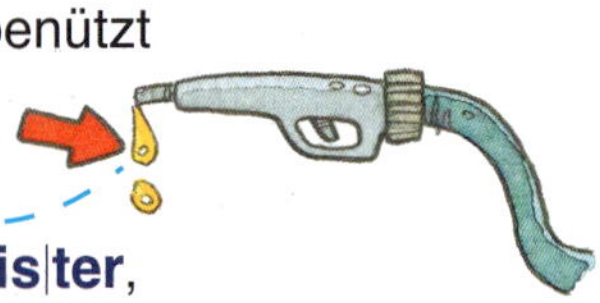

der **Ben|zin|ka|nis|ter**, die Ben|zin|ka|nis|ter
be|ob|ach|ten, du beobachtest
die **Be|ob|ach|tung**, die Be|ob|ach|tun|gen

be|quem
die **Be|quem|lich|keit**, die Be|quem|lich|kei|ten
be|ra|ten, du berätst, er beriet, sie hat beraten
der **Be|ra|ter**, die Be|ra|ter
die **Be|ra|tung**, die Be|ra|tun|gen
die **Be|rech|ti|gung**, die Be|rech|ti|gun|gen
der **Be|reich**, die Be|rei|che
be|reit
be|rei|ten, du bereitest
be|reits
die **Be|reit|schaft**
be|reu|en, du bereust
der **Berg**, die Ber|ge

In einem Gebirge gibt es viele Berge. Ein kleiner Berg heißt Hügel. Zwischen zwei Bergen gibt es steile Schluchten und flache Täler.

berg|ab
berg|auf
ber|gen, du birgst, er barg, sie hat geborgen
ber|gig
der **Berg|stei|ger**, die Berg|stei|ger
das **Berg|werk**, die Berg|wer|ke
der **Be|richt**, die Be|rich|te
be|rich|ten, du berichtest
be|rich|ti|gen, du berichtigst
die **Be|rich|ti|gung**, die Be|rich|ti|gun|gen
sie **be|riet** → **beraten**
Ber|lin

der **Ber|li|ner**, die Ber|li|ner
der **Bern|har|di|ner**, die Bern|har|di|ner
der **Bern|stein**

be|rück|sich|ti|gen, du berücksichtigst
der **Be|ruf**, die Be|ru|fe
be|ruf|lich
die **Be|rufs|schu|le**, die Be|rufs|schu|len
be|rufs|tä|tig
der (bei Frauen: die) **Be|rufs|tä|ti|ge**, die Be|rufs|tä|ti|gen
sich **be|ru|hi|gen**, du beruhigst dich
be|rühmt
be|rüh|ren, du berührst
die **Be|rüh|rung**, die Be|rüh|run|gen
sie **be|saß** → **besitzen**
be|schä|di|gen, du beschädigst
be|schä|digt
die **Be|schä|di|gung**, die Be|schä|di|gun|gen
be|schaf|fen, du beschaffst
be|schäf|ti|gen, du beschäftigst
be|schäf|tigt
die **Be|schäf|ti|gung**, die Be|schäf|ti|gun|gen
der **Be|scheid**, die Be|schei|de
Be|scheid sa|gen
be|schei|den
die **Be|schei|den|heit**
die **Be|schei|ni|gung**, die Be|schei|ni|gun|gen
be|sche|ren, du bescherst
die **Be|sche|rung**, die Be|sche|run|gen
be|scheu|ert
be|schimp|fen, du beschimpfst
die **Be|schimp|fung**, die Be|schimp|fun|gen
be|schleu|ni|gen, du beschleunigst
die **Be|schleu|ni|gung**
be|schlie|ßen, du beschließt, er beschloss, sie hat beschlossen

der **Be|schluss**, die Be|schlüs|se
be|schmie|ren, du beschmierst
be|schrän|ken, du beschränkst
be|schränkt
be|schrei|ben, du beschreibst, er beschrieb, sie hat beschrieben
die **Be|schrei|bung**, die Be|schrei|bun|gen
er **be|schrieb** → **beschreiben**
be|schrie|ben → **beschreiben**
be|schul|di|gen, du beschuldigst
die **Be|schul|di|gung**, die Be|schul|di|gun|gen
be|schüt|zen, du beschützt
die **Be|schwer|de**, die Be|schwer|den
sich **be|schwe|ren**, du beschwerst dich
be|sei|ti|gen, du beseitigst
der **Be|sen**, die Be|sen
der **Be|sen|stiel**, die Be|sen|stie|le

be|ses|sen
be|set|zen, du besetzt
be|setzt
be|sich|ti|gen, du besichtigst
die **Be|sich|ti|gung**, die Be|sich|ti|gun|gen
be|sie|gen, du besiegst
sich **be|sin|nen**, du besinnst dich, er besann sich, sie hat sich besonnen
be|sin|nungs|los
der **Be|sitz**
be|sit|zen, du besitzt, er besaß, sie hat besessen
der **Be|sit|zer**, die Be|sit|zer
be|son|ders
be|sor|gen, du besorgst
die **Be|sor|gung**, die Be|sor|gun|gen
be|sorgt
be|spre|chen, du besprichst, er besprach, sie hat besprochen

bes|ser → **gut**
der **Bes|ser|wis|ser**, die Bes|ser|wis|ser
bes|ser|wis|se|risch
er **be|stach** → **bestechen**
er **be|stand** → **bestehen**
der **Be|stand|teil**, die Be|stand|tei|le
be|stä|ti|gen, du bestätigst
die **Be|stä|ti|gung**, die Be|stä|ti|gun|gen
be|stäu|ben, die Biene bestäubt die Blüte
die **Be|stäu|bung**, die Be|stäu|bun|gen
be|ste|chen, du bestichst, er bestach, sie hat bestochen
be|stech|lich
die **Be|ste|chung**, die Be|ste|chun|gen
das **Be|steck**, die Be|ste|cke
be|ste|hen, du bestehst, er bestand, sie hat bestanden
be|stel|len, du bestellst
die **Be|stel|lung**, die Be|stel|lun|gen
am **bes|ten** → **gut**
die **Bes|tie**, die Bes|ti|en
be|stim|men, du bestimmst
be|stimmt
be|sto|chen → **bestechen**
be|stra|fen, du bestrafst
die **Be|stra|fung**, die Be|stra|fun|gen
be|strah|len, du bestrahlst
die **Be|strah|lung**, die Be|strah|lun|gen
der **Be|such**, die Be|su|che

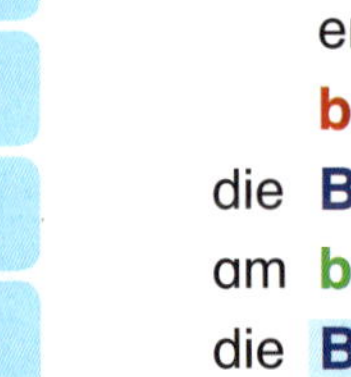

Wer bei dir zu Besuch ist, ist dein Gast, und du bist sein Gastgeber. Wer einen Besuch macht, bringt oft ein kleines Geschenk mit.

be|su|chen, du besuchst
der **Be|su|cher**, die Be|su|cher
die **Be|suchs|zeit**, die Be|suchs|zei|ten

be|täu|ben, du betäubst
die **Be|täu|bung**, die Be|täu|bun|gen
sich **be|tei|li|gen**, du beteiligst dich
die **Be|tei|li|gung**, die Be|tei|li|gun|gen
be|ten, du betest
der **Be|ton**

be|to|nen, du betonst
be|to|nie|ren, du betonierst
die **Be|to|nung**, die Be|to|nun|gen
be|trach|ten, du betrachtest
der **Be|trag**, die Be|trä|ge
sich **be|tra|gen**, du beträgst dich, er betrug sich, sie hat sich betragen
das **Be|tra|gen**
be|treu|en, du betreust
der **Be|treu|er**, die Be|treu|er
die **Be|treu|ung**
der **Be|trieb**, die Be|trie|be
das **Be|triebs|sys|tem**, die Be|triebs|sys|te|me
be|trof|fen
er **be|trog** → **betrügen**
der **Be|trug**
be|trü|gen, du betrügst, er betrog, sie hat betrogen
der **Be|trü|ger**, die Be|trü|ger
be|trun|ken
der (bei Frauen: die) **Be|trun|ke|ne**, die Be|trun|ke|nen
das **Bett**, die Bet|ten
die **Bett|de|cke**, die Bett|de|cken
bet|teln, du bettelst
das **Bett|la|ken**, die Bett|la|ken
der **Bett|ler**, die Bett|ler
die **Bett|wä|sche**
sich **beu|gen**, du beugst dich
die **Beu|le**, die Beu|len

be|ur|tei|len, du beurteilst
die **Be|ur|tei|lung**, die Be|ur|tei|lun|gen

die **Beu|te**
der **Beu|tel**, die Beu|tel
das **Beu|tel|tier**, die Beu|tel|tie|re
be|völ|kert
die **Be|völ|ke|rung**, die Be|völ|ke|run|gen
be|vor
be|vor|zu|gen, du bevorzugst
be|wa|chen, du bewachst
be|waff|net
er **be|warb** sich → **bewerben**
be|wäs|sern, du bewässerst
die **Be|wäs|se|rung**
be|we|gen, du bewegst
be|weg|lich
be|wegt
die **Be|we|gung**, die Be|we|gun|gen
be|we|gungs|los
der **Be|weis**, die Be|wei|se
be|wei|sen, du beweist, er bewies, sie hat bewiesen
sich **be|wer|ben**, du bewirbst dich, er bewarb sich, sie hat sich beworben
die **Be|wer|bung**, die Be|wer|bun|gen
die **Be|wer|tung**, die Be|wer|tun|gen
er **be|wies** → **beweisen**
sie **be|wie|sen** → **beweisen**
be|wir|ten, du bewirtest
be|wohn|bar
be|woh|nen, du bewohnst
der **Be|woh|ner**, die Be|woh|ner
be|wölkt
die **Be|wöl|kung**
be|wun|dern, du bewunderst
die **Be|wun|de|rung**
be|wusst
be|wusst|los
das **Be|wusst|sein**
be|zah|len, du bezahlst
die **Be|zah|lung**, die Be|zah|lun|gen
be|zau|bernd
be|zeich|nen, du bezeichnest
die **Be|zeich|nung**, die Be|zeich|nun|gen
die **Be|zie|hung**, die Be|zie|hun|gen
be|zie|hungs|wei|se, kurz: **bzw.**
der **Be|zirk**, die Be|zir|ke
der **Be|zug**, die Be|zü|ge
bib|bern, du bibberst

die **Bi|bel**, die Bi|beln
der **Bi|ber**, die Bi|ber
die **Bi|bli|o|thek**, die Bi|bli|o|the|ken
bie|gen, du biegst, er bog, sie hat gebogen
bieg|sam
die **Bie|gung**, die Bie|gun|gen
die **Bie|ne**, die Bie|nen
die **Bie|nen|kö|ni|gin**, die Bie|nen|kö|ni|gin|nen
der **Bie|nen|schwarm**, die Bie|nen|schwär|me
der **Bie|nen|stich**, die Bie|nen|sti|che
der **Bie|nen|stock**, die Bie|nen|stö|cke
das **Bier**, die Bie|re

das **Biest**, die Bies|ter
bie|ten, du bietest, er bot, sie hat geboten
der **Bi|ki|ni**, die Bi|ki|nis
das **Bild**, die Bil|der

bil|den, du bildest
das **Bil|der|buch**, die Bil|der|bü|cher
das **Bil|der|rät|sel**, die Bil|der|rät|sel
der **Bild|hau|er**, die Bild|hau|er
bild|hübsch
der **Bild|schirm**, die Bild|schir|me
die **Bil|dung**
das **Bil|lard**
das **Bil|let**, die Bil|lets / Bil|let|te

bil|lig

Statt billig sagt man auch preiswert oder günstig. Wenn einen Ware für kurze Zeit billig ist, dann ist sie im Angebot. Das Gegenteil von billig ist teuer.

bim|meln, du bimmelst
ich **bin** → **sein**
die **Bin|de**, die Bin|den
bin|den, du bindest, er band, sie hat gebunden
der **Bin|de|strich**, die Bin|de|stri|che
der **Bind|fa|den**, die Bind|fä|den
die **Bin|dung**, die Bin|dun|gen
das **Bin|go**
der **Bio|la|den**, die Bio|lä|den
die **Bio|lo|gie**
bio|lo|gisch
der **Bio|müll**
die **Bio|ton|ne**, die Bio|ton|nen
das **Bio|top**, die Bio|to|pe
die **Bir|ke**, die Bir|ken
die **Bir|ne**, die Bir|nen
bis
der **Bi|schof**, die Bi|schö|fe
die **Bi|schö|fin**, die Bi|schö|fin|nen
bis|her
bis|lang
er **biss** → **beißen**
der **Bis|sen**, die Bis|sen
ein **biss|chen**
der **Biss**, die Bis|se
bis|sig
die **Biss|wun|de**, die Biss|wun|den
du **bist** → **sein**
das **Bis|tro**, die Bis|tros
das **Bit**, die Bits
bit|te

die **Bit|te**, die Bit|ten
bit|ten, du bittest, er bat, sie hat gebeten
bit|ter
bit|ter|bö|se
bit|ter|kalt
bit|ter|lich
blä|hen, es bläht
die **Blä|hung**, die Blä|hun|gen
die **Bla|ma|ge**, die Bla|ma|gen
sich **bla|mie|ren**, du blamierst dich
blank

das **Bläs|chen**, die Bläs|chen
die **Bla|se**, die Bla|sen
der **Bla|se|balg**, die Bla|se|bäl|ge
bla|sen, du bläst, er blies, sie hat geblasen
das **Blas|in|stru|ment**, die Blas|in|stru|men|te
die **Blas|ka|pel|le**, die Blas|ka|pel|len
blass
die **Bläs|se**
blass|ro|sa
du **bläst** → **blasen**

das **Blatt**, die Blät|ter
blät|tern, du blätterst
der **Blät|ter|teig**, die Blät|ter|tei|ge
die **Blatt|laus**, die Blatt|läu|se
blau
blau|äu|gig
die **Blau|bee|re**, die Blau|bee|ren
blau|grün
das **Blau|kraut**
bläu|lich
das **Blau|licht**, die Blau|lich|ter
blau|ma|chen, du machst blau
das **Blech**, die Ble|che
der **Blech|scha|den**, die Blech|schä|den

das **Blei**
blei|ben, du bleibst, er blieb, sie ist geblieben
bleich
blei|frei
das **Bleich|ge|sicht**, die Bleich|ge|sich|ter
blei|schwer
der **Blei|stift**, die Blei|stif|te
die **Blen|de**, die Blen|den
blen|den, du blendest
der **Blick**, die Bli|cke
bli|cken, du blickst
die **Blick|rich|tung**, die Blick|rich|tun|gen
sie **blieb** → **bleiben**
er **blies** → **blasen**
blind
der **Blind|darm**, die Blind|där|me
die **Blind|darm|ent|zün|dung**, die Blind|darm|ent|zün|dun|gen
der (bei Frauen: die) **Blin|de**, die Blin|den
die **Blin|den|schrift**, die Blin|den|schrif|ten
die **Blind|schlei|che**, die Blind|schlei|chen

blin|ken, du blinkst
der **Blin|ker**, die Blin|ker
das **Blink|licht**, die Blink|lich|ter
blin|zeln, du blinzelst
der **Blitz**, die Blit|ze

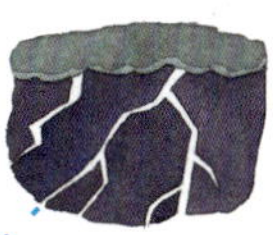

der **Blitz|ab|lei|ter**, die Blitz|ab|lei|ter
blitz|blank, auch: **blit|ze|blank**
blit|zen, es blitzt
das **Blitz|licht**, die Blitz|lich|ter
der **Blitz|schlag**, die Blitz|schlä|ge
blitz|schnell

der **Block**, die Blö|cke (Stein-, Holzblock)
der **Block**, die Blocks / Blö|cke (Papier-, Häuserblock)
die **Blo|cka|de**, die Blo|cka|den
die **Block|flö|te**, die Block|flö|ten
blo|ckie|ren, du blockierst
die **Block|schrift**, die Block|schrif|ten
blöd, auch: **blö|de**
der **Blöd|mann**, die Blöd|män|ner
der **Blöd|sinn**
blöd|sin|nig
blö|ken, das Schaf blökt
blond
die **Blon|di|ne**, die Blon|di|nen
bloß
blub|bern, es blubbert
blü|hen, es blüht
blü|hend
die **Blu|me**, die Blu|men

Blumen wachsen auf Wiesen, im Wald, auf Beeten oder im Blumentopf. Blumensorten sind: die Rose, die Sonnenblume, die Tulpe, das Veilchen.

das **Blu|men|beet**, die Blu|men|bee|te
der **Blu|men|kohl**
der **Blu|men|strauß**, die Blu|men|sträu|ße
die **Blu|se**, die Blu|sen
das **Blut**
der **Blut|druck**
die **Blü|te**, die Blü|ten
der **Blut|egel**, die Blut|egel
blu|ten, du blutest
der **Blut|er|guss**, die Blut|er|güs|se
das **Blut|ge|fäß**, die Blut|ge|fä|ße
die **Blut|grup|pe**, die Blut|grup|pen
blu|tig

blut|jung
der **Blut|kreis|lauf**, die Blut|kreis|läu|fe
blut|rot
blut|rüns|tig
bluts|ver|wandt
die **Blu|tung**, die Blu|tun|gen
die **Blut|ver|gif|tung**, die Blut|ver|gif|tun|gen
die **Bö**, auch: **Böe**, die Bö|en
die **Boa**, die Boas
der **Bob**, die Bobs
die **Bob|bahn**, die Bob|bah|nen
der **Bock**, die Bö|cke
bo|ckig
die **Bock|wurst**, die Bock|würs|te
der **Bo|den**, die Bö|den
das **Bo|den|tur|nen**
er **bog** → **biegen**
der **Bo|gen**, die Bo|gen / Bö|gen

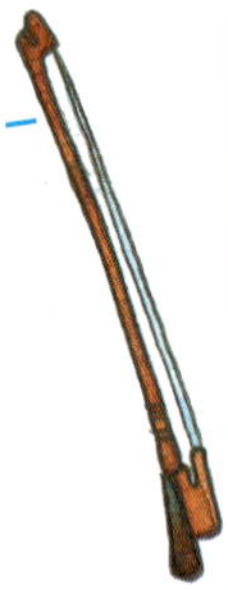

die **Boh|ne**, die Boh|nen
boh|ren, du bohrst
der **Boh|rer**, die Boh|rer
die **Bohr|in|sel**, die Bohr|in|seln
die **Bohr|ma|schi|ne**, die Bohr|ma|schi|nen
der **Boi|ler**, die Boi|ler
die **Bo|je**, die Bo|jen
der **Bolz|platz**, die Bolz|plät|ze
bom|bar|die|ren, du bombardierst
die **Bom|be**, die Bom|ben
bom|big
der **Bon**, die Bons
das (auch: der) **Bon|bon**, die Bon|bons
der **Bo|nus**, die Bo|nus / Bo|nus|se
das **Boot**, die Boo|te

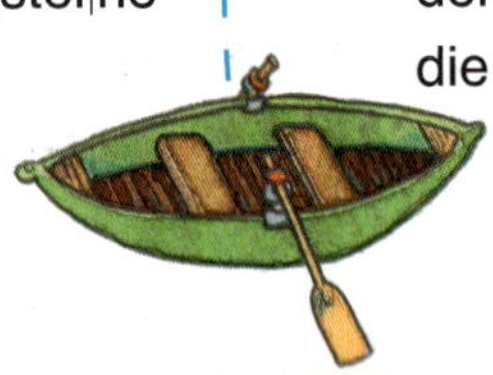

an **Bord ge|hen**
der **Bord|stein**, die Bord|stei|ne
die **Bord|stein|kan|te**, die Bord|stein|kan|ten

bor|gen, du borgst
die **Bor|ke**, die Bor|ken
die **Bör|se**, die Bör|sen
die **Bors|te**, die Bors|ten
bös|ar|tig
die **Bö|schung**, die Bö|schun|gen
bö|se, auch: **bös**

Andere Wörter für »böse«

gemein Es war gemein von Jan, Tom zu verpetzen.
sauer Anne ist sauer, weil Kim sie angelogen hat.
schlecht Unsere Nachbarn reden schlecht über uns.
wütend Tierquälerei macht mich wütend.

der **Bö|se|wicht**, die Bö|se|wich|te
bos|haft
die **Bos|heit**, die Bos|hei|ten
Bos|ni|en-Her|ze|go|wi|na
bos|nisch
der **Boss**, die Bos|se
er **bot** → **bieten**
der **Bo|te**, die Bo|ten
die **Bot|schaft**, die Bot|schaf|ten
der **Bot|schaf|ter**, die Bot|schaf|ter
der **Bot|tich**, die Bot|ti|che
die **Bou|tique**, die Bou|ti|quen
die **Box**, die Bo|xen
bo|xen, du boxt
der **Bo|xer**, die Bo|xer
der **Box|kampf**, die Box|kämp|fe
der **Box|ring**, die Box|rin|ge
die **Boy|group**, die Boy|groups
brab|beln, du brabbelst

er brach → brechen
er brach|te → bringen
der Brand, die Brän|de
Bran|den|burg
brand|heiß
das Brand|mal, die Brand|ma|le
der Brand|stif|ter, die Brand|stif|ter
die Brand|stif|tung, die Brand|stif|tun|gen
die Bran|dung, die Bran|dun|gen
es brann|te → brennen
der Bra|si|li|a|ner, die Bra|si|li|a|ner
bra|si|li|a|nisch
Bra|si|li|en
der Brat|ap|fel, die Brat|äp|fel
der Bra|ten, die Bra|ten
bra|ten, du brätst, er briet, sie hat gebraten
die Brat|kar|tof|feln
die Brat|wurst, die Brat|würs|te
der Brauch, die Bräu|che
brauch|bar
brau|chen, du brauchst
die Braue, die Brau|en
brau|en, du braust
die Brau|e|rei, die Brau|e|rei|en
braun
braun|äu|gig
sich bräu|nen, du bräunst dich
braun|haa|rig
bräun|lich
die Brau|se, die Brau|sen
brau|sen, du braust
die Braut, die Bräu|te
der Bräu|ti|gam, die Bräu|ti|ga|me
das Braut|kleid, die Braut|klei|der
das Braut|paar, die Braut|paa|re
brav
bra|vo!

bre|chen, du brichst, er brach, sie hat gebrochen
die Brech|stan|ge, die Brech|stan|gen
der Brei, die Breie
brei|ig
breit
breit|bei|nig
die Brei|te, die Brei|ten
der Brei|ten|grad, die Brei|ten|gra|de
sich breit|ma|chen, du machst dich breit
Bre|men
die Brem|se, die Brem|sen
brem|sen, du bremst
der Brems|klotz die Brems|klöt|ze
das Brems|pe|dal, die Brems|pe|da|le
die Brems|spur, die Brems|spu|ren
der Brems|weg, die Brems|we|ge
brenn|bar
bren|nen, es brennt, es brannte, es hat gebrannt
die Brenn|nes|sel, die Brenn|nes|seln

brenz|lig
das Brett, die Bret|ter
die Bret|ter|bu|de, die Bret|ter|bu|den
das Brett|spiel, die Brett|spie|le
die Bre|zel, die Bre|zeln
es bricht → brechen
der Brief, die Brie|fe
der Brief|freund, die Brief|freun|de
der Brief|kas|ten, die Brief|käs|ten
die Brief|mar|ke, die Brief|mar|ken
die Brief|tau|be, die Brief|tau|ben
der Brief|trä|ger, die Brief|trä|ger
er briet → braten
bril|lant
der Bril|lant, die Bril|lan|ten
die Bril|le, die Bril|len
das Bril|len|etui, die Bril|len|etu|is

brin|gen, du bringst, er brachte, sie hat gebracht

Was du *bringst*, das ist schon ganz nah bei dir. Wenn du aber etwas *holst*, dann gehst du erst an einen anderen Ort und nimmst es dort.

die **Bri|se**, die Bri|sen
der **Bri|te**, die Bri|ten
die **Bri|tin**, die Bri|tin|nen
bri|tisch
der **Broc|co|li** → **Brokkoli**
brö|cke|lig, auch: **bröck|lig**
brö|ckeln, es bröckelt
der **Bro|cken**, die Bro|cken
bro|deln, es brodelt
der **Brok|ko|li**, auch: **Broc|co|li**
die **Brom|bee|re**, die Brom|bee|ren
die **Bron|chi|en**
die **Bron|chi|tis**
die **Bron|ze**

die **Bron|ze|me|dail|le**, die Bron|ze|me|dail|len
die **Bro|sche**, die Bro|schen
die **Bro|schü|re**, die Bro|schü|ren
der **Brö|sel**, die Brö|sel
das **Brot**, die Bro|te
das **Bröt|chen**, die Bröt|chen
der **Brot|krü|mel**, die Brot|krü|mel
die **Brot|zeit**, die Brot|zei|ten
der **Bruch**, die Brü|che
die **Bruch|bu|de**, die Bruch|bu|den
brü|chig
die **Bruch|lan|dung**, die Bruch|lan|dun|gen
der **Bruch|teil**, die Bruch|tei|le
die **Brü|cke**, die Brü|cken
der **Bru|der**, die Brü|der

brü|der|lich
die **Brü|he**, die Brü|hen
der **Brüh|wür|fel**, die Brüh|wür|fel
brül|len, du brüllst
brum|men, du brummst
der **Brum|mer**, die Brum|mer
brum|mig

der **Brun|nen**, die Brun|nen
die **Brust**, die Brüs|te
das **Brust|schwim|men**
die **Brust|war|ze**, die Brust|war|zen
die **Brut**
bru|tal
die **Bru|ta|li|tät**, die Bru|ta|li|tä|ten
brü|ten, der Vogel brütet
der **Brut|kas|ten**, die Brut|käs|ten
brut|zeln, es brutzelt
der **Bub**, auch: **Bu|be,** die Bu|ben
das **Buch**, die Bü|cher
die **Bu|che**, die Bu|chen
die **Buch|ecker**, die Buch|eckern
die **Bü|che|rei**, die Bü|che|rei|en
der **Bü|cher|wurm**, die Bü|cher|wür|mer
die **Buch|hand|lung**, die Buch|hand|lun|gen
die **Büch|se**, die Büch|sen
der **Büch|sen|öff|ner**, die Büch|sen|öff|ner
der **Buch|sta|be**, die Buch|sta|ben

Die 26 Buchstaben sind: a, b, c, d, e, f, g, h, i, j, k, l, m, n, o, p, q, r, s, t, u, v, w, x, y, z. Das Deutsche hat dazu die Umlaute ä, ö und ü und das scharfe s, das ß.

buch|sta|bie|ren, du buchstabierst
die **Bucht**, die Buch|ten
der **Bu|ckel**, die Bu|ckel

sich **bü|cken**, du bückst dich
buck|lig, auch: **bu|cke|lig**
bud|deln, du buddelst
Bud|dha
der **Bud|dhis|mus**
der **Bud|dhist**, die Bud|dhis|ten
bud|dhis|tisch
die **Bu|de**, die Bu|den
der **Büf|fel**, die Büf|fel
die **Büf|fel|her|de**, die Büf|fel|her|den
büf|feln, du büffelst
der **Bü|gel**, die Bü|gel
das **Bü|gel|ei|sen**, die Bü|gel|ei|sen

bü|geln, du bügelst
der **Bug|gy**, die Bug|gys
die **Büh|ne**, die Büh|nen
der **Bul|ga|re**, die Bul|ga|ren
Bul|ga|ri|en
bul|ga|risch
das **Bull|au|ge**, die Bull|au|gen
die **Bull|dog|ge**, die Bull|dog|gen
der **Bul|le**, die Bul|len
der **Bu|me|rang**, die Bu|me|rangs / Bu|me|ran|ge
bum|meln, du bummelst
das **Bund**, die Bun|de (Hosenbund; Bund Petersilie)
der **Bund**, die Bün|de (Vereinigung)
das **Bün|del**, die Bün|del
bün|deln, du bündelst
der **Bun|des|kanz|ler**, die Bun|des|kanz|ler
die **Bun|des|kanz|le|rin**, die Bun|des|kanz|ler|in|nen
das **Bun|des|land**, die Bun|des|län|der
die **Bun|des|li|ga**, die Bun|des|li|gen
der **Bun|des|prä|si|dent**, die Bun|des|prä|si|den|ten
die **Bun|des|re|gie|rung**
die **Bun|des|re|pu|blik**
die **Bun|des|wehr**
das **Bünd|nis**, die Bünd|nis|se
der **Bun|ker**, die Bun|ker
bunt
das **Bunt|pa|pier**
der **Bunt|stift**, die Bunt|stif|te
die **Burg**, die Bur|gen

der **Bur|ger**, die Bur|ger
der **Bür|ger**, die Bür|ger
die **Bür|ge|rin**, die Bür|ge|rin|nen
der **Bür|ger|meis|ter**, die Bür|ger|meis|ter
der **Bür|ger|steig**, die Bür|ger|stei|ge
der **Burg|gra|ben**, die Burg|grä|ben
das **Bü|ro**, die Bü|ros
der **Bur|sche**, die Bur|schen
die **Bürs|te**, die Bürs|ten

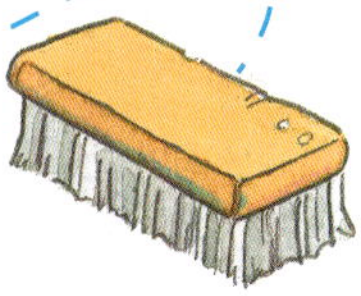

bürs|ten, du bürstest
der **Bus**, die Bus|se
der **Busch**, die Bü|sche
das **Bü|schel**, die Bü|schel
bu|schig
der **Bu|sen**
der **Bus|fah|rer**, die Bus|fah|rer
die **Bus|hal|te|stel|le**, die Bus|hal|te|stel|len
die **Bus|li|nie**, die Bus|li|ni|en
der **Bus|sard**, die Bus|sar|de
die **Bu|ße**, die Bu|ßen
bü|ßen, du büßt
das **Buß|geld**, die Buß|gel|der
die **But|ter**
die **But|ter|blu|me**, die But|ter|blu|men
das **But|ter|brot**, die But|ter|bro|te
die **But|ter|milch**
but|ter|weich
der **But|ton**, die But|tons
das **Byte**, die Bytes

Farbiges Obst

Am Baum hängen ***rote*** Kirschen.

Zitronen leuchten ***gelb***.

Grüne Äpfel sind sauer.

Reife Bananen sind ***gelb***.

Orange ist die Farbe der Orange.

ein Kuchen mit ***roten*** Erdbeeren

Kiwis haben eine ***braune*** Schale und sind innen ***grün***.

eine Kiste voller ***blauer*** Pflaumen

Die Kinder pflücken ***gelbe*** Birnen vom Baum.

Buntes Gemüse

Das Kaninchen isst eine ***orangefarbene*** Möhre.

Die meisten Gurken sind ***grün*** und saftig.

ein Sack mit ***braunen*** Kartoffeln

eine Dose mit ***grünen*** Erbsen

Auf der Pizza liegen ***rote*** Tomaten.

Die Schale einer Zwiebel ist ***braun***.

Kürbisse sind oft ***orange***.

Es gibt ***grüne, rote*** und ***gelbe*** Paprika.

Grüne Bohnen sind lang und dünn.

Cc

das **Ca|brio**, die Ca|brios
das **Ca|fé**, die Ca|fés
cam|pen, du campst
der **Cam|ping|platz**, die Cam|ping|plät|ze
der **Ca|ra|van**, die Ca|ra|vans
der **Car|toon**, die Car|toons
das **Ca|si|no**, auch: **Ka|si|no**, die Ca|si|nos
cat|chen, du catchst

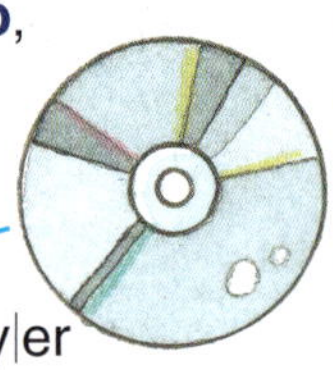

die **CD**, die CDs
der **CD-Play|er**, die CD-Play|er
die **CD-ROM**, die CD-ROMs
das **Cel|lo**, die Cel|los / Cel|li
Cel|si|us, kurz: C
der **Cent**, die Cents
das **Cen|ter**, die Cen|ter
das **Cha|mä|le|on**, die Cha|mä|le|ons
der **Cham|pi|gnon**, die Cham|pi|gnons
der **Cham|pi|on**, die Cham|pi|ons
die **Chan|ce**, die Chan|cen
das **Cha|os**
cha|o|tisch
der **Cha|rak|ter**, die Cha|rak|te|r
cha|rak|te|ris|tisch
char|mant
der **Charme**
der **Char|ter|flug**, die Char|ter|flü|ge
die **Charts**
chat|ten, du chattest
der **Chauf|feur**, die Chauf|feu|re
che|cken, du checkst
der **Chef**, die Chefs
die **Che|fin**, die Che|fin|nen
die **Che|mie**
der **Che|mi|ker**, die Che|mi|ker

chic, auch: **schick**
der **Chi|co|rée**, die Chi|co|rées
Chi|na
der **Chi|ne|se**, die Chi|ne|sen
chi|ne|sisch
der **Chip**, die Chips
der **Chi|rurg**, die Chi|rur|gen
das **Chlor**
der **Chor**, die Chö|re
der **Christ**, die Chris|ten
der **Christ|baum**, die Christ|bäu|me
das **Chris|ten|tum**
die **Chris|tin**, die Chris|tin|nen
das **Christ|kind**

christ|lich
Chris|tus
die **Chro|nik**, die Chro|ni|ken
cir|ca → **zirka**
Cir|kus → **Zirkus**
die **Ci|ty**, die Ci|tys
der **Clan**, auch: **Klan**, die Clans
cle|ver
die **Cli|que**, die Cli|quen
der **Clown**, die Clowns
der **Club**, auch: **Klub**, die Clubs
der **Cock|pit**, die Cock|pits
der **Code**, auch: **Kode**, die Codes
die (auch: das) **Co|la**, die Co|las
der **Colt**, die Colts
der **Co|mic**, die Co|mics
der **Com|pu|ter**, die Com|pu|ter

Mit Computern kann man schreiben, rechnen und spielen, aber auch im Internet surfen, fernsehen, Musik hören oder telefonieren.

der **Con|tai|ner**, die Con|tai|ner
cool

die **Cord|ho|se**, auch: **Kord|ho|se**, die Cord|ho|sen
die **Corn|flakes**
die **Couch**, die Couchs / Cou|chen
der **Count|down**, auch: **Count-down**, die Count|downs
der **Cou|sin**, die Cou|sins
die **Cou|si|ne**, auch: **Ku|si|ne**, die Cou|si|nen
das (auch: der) **Cous|cous**, auch: **Kus|kus**

der **Cow|boy**, die Cow|boys
die **Creme**, auch: **Crème**, die Cremes
cre|mig
das **Crois|sant**, die Crois|sants
der (auch: das) **Cur|ry**
die **Cur|ry|wurst**, die Cur|ry|würs|te
der **Cur|sor**, die Cur|sor

Dd

da
da|bei
da|blei|ben, du bleibst da, er blieb da, sie ist dageblieben
das **Dach**, die Dä|cher
der **Dach|de|cker**, die Dach|de|cker
das **Dach|ge|schoss**, die Dach|ge|schos|se
die **Dach|rin|ne**, die Dach|rin|nen
der **Dachs**, die Dach|se
ich **dach|te** → **denken**
der **Dach|zie|gel**, die Dach|zie|gel
der **Da|ckel**, die Da|ckel
da|durch
da|für
da|ge|gen
da|heim
da|her
da|hin
da|hin|ter
da|hin|ter|ste|cken, du steckst dahinter
die **Dah|lie**, die Dah|li|en
dal|li!
da|mals
die **Da|me**, die Da|men
das **Da|me|spiel**, die Da|me|spie|le
da|mit
däm|lich
der **Damm**, die Däm|me
däm|me|rig, auch: **dämm|rig**
däm|mern, es dämmert
die **Däm|me|rung**
der **Dä|mon**, die Dä|mo|nen

der **Dampf**, die Dämp|fe
damp|fen, es dampft
dämp|fen, es dämpft
der **Damp|fer**, die Damp|fer
die **Dampf|lok**, die Dampf|loks
die **Dampf|ma|schi|ne**, die Dampf|ma|schi|ne
die **Dampf|nu|del**, die Dampf|nu|deln
da|nach
der **Dä|ne**, die Dä|nen
da|ne|ben
da|ne|ben|ge|hen, es geht daneben, es ging daneben, es ist danebengegangen
Dä|ne|mark
die **Dä|nin**, die Dä|nin|nen
dä|nisch
der **Dank**
dank|bar
die **Dank|bar|keit**
dan|ke
dan|ken, du dankst

das **Dan|ke|schön**
dann

Andere Wörter für »dann«

anschließend Wir gehen essen und anschließend ins Kino.
danach Zuerst lese ich, und danach sehe ich fern.
daraufhin Eva küsste Mio, daraufhin wurde Mio rot.
nachher Oma backt, weil nachher Besuch kommt.
später Ich räume später auf, jetzt habe ich keine Zeit.

da|ran
da|rauf
da|rauf|hin
da|raus
du **darfst** → **dürfen**
da|rin
der **Darm**, die Där|me

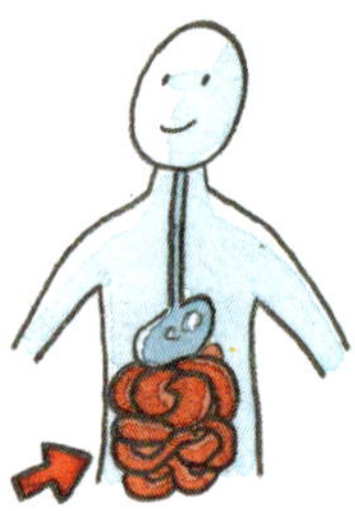

dar|stel|len, du stellst dar
der **Dar|stel|ler**, die Dar|stel|ler
die **Dar|stel|lung**, die Dar|stel|lun|gen
da|rü|ber
da|rum
da|run|ter
das

Vor Substantiven stehen die Artikel *der, die* und *das: der* Mann, *die* Frau, *das* Kind. Artikel verändern sich: *das* Haus – ich wohne in *dem* Haus da.

dass, es kann sein, dass ...
das|sel|be

die **Da|tei**, die Da|tei|en
der **Da|tiv**, die Da|ti|ve

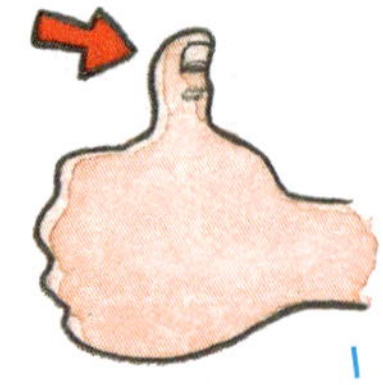

die **Dat|tel**, die Dat|teln
das **Da|tum**, die Da|ten
die **Dau|er**
dau|er|haft
die **Dau|er|kar|te**, die Dau|er|kar|ten
der **Dau|er|lauf**, die Dau|er|läu|fe
dau|ern, es dauert
dau|ernd
die **Dau|er|wel|le**, die Dau|er|wel|len
der **Dau|men**, die Dau|men
dau|men|dick
die **Dau|ne**, die Dau|nen
die **Dau|nen|de|cke**, die Dau|nen|de|cken

da|von
da|vor
da|zu
da|zu|ge|hö|ren, du gehörst dazu
da|zwi|schen
das **Deck**, die Decks
das **Deck|blatt**, die Deck|blät|ter
die **De|cke**, die De|cken
der **De|ckel**, die De|ckel
de|cken, du deckst
die **Deck|far|be**, die Deck|far|ben
die **De|ckung**
de|fekt
der **De|fekt**, die De|fek|te
de|fi|nie|ren, du definierst
die **De|fi|ni|ti|on**, die De|fi|ni|ti|o|nen
def|tig
der **De|gen**, die De|gen
dehn|bar
deh|nen, du dehnst
die **Deh|nung**, die Deh|nun|gen
der **Deich**, die Dei|che
die **Deich|sel**, die Deich|seln

dein, dei|ne, dei|ner, dei|nes
dei|net|we|gen
die **De|ko|ra|ti|on**, die De|ko|ra|ti|o|nen
de|ko|rie|ren, du dekorierst
der **Del|fin**, auch: **Del|phin**, die Del|fi|ne
die **De|li|ka|tes|se**, die De|li|ka|tes|sen
die **Del|le**, die Del|len
dem → **der**

dem|nächst
die **De|mo|kra|tie**, die De|mo|kra|ti|en
de|mo|kra|tisch
die **De|mons|tra|ti|on**, kurz: **De|mo**
de|mons|trie|ren, du demonstrierst
die **De|mut**
de|mü|tig
de|mü|ti|gen, du demütigst
die **De|mü|ti|gung**, die De|mü|ti|gun|gen
den → **der**
de|nen
denk|bar
den|ken, du denkst, er dachte, sie hat gedacht
denk|faul
das **Denk|mal**, die Denk|mä|ler

der **Denk|zet|tel**, die Denk|zet|tel
denn
den|noch
das **Deo**, die Deos
das **Deo|do|rant**, die Deo|do|rants
die **De|po|nie**, die De|po|ni|en
der **Depp**, die Dep|pen
de|pri|miert
der, des, dem, den
der|ar|tig
derb
de|ren
der|je|ni|ge
der|sel|be

des → **der**
des|halb
des|in|fi|zie|ren, du desinfizierst
der **Desk|top**, die Desk|tops
des|sen
das **Des|sert**, die Des|serts
des|to
des|we|gen

das **De|tail**, die De|tails
der **De|tek|tiv**, die De|tek|ti|ve
deu|ten, du deutest
deut|lich
deutsch
das **Deutsch**
der (bei Frauen: die) **Deut|sche**, die Deut|schen
Deutsch|land

In Deutschland leben mehr als 80 Millionen Menschen. Deutschland hat 16 Bundesländer, die deutsche Hauptstadt heißt Berlin.

deutsch|spra|chig
der **Deutsch|un|ter|richt**
die **Deu|tung**, die Deu|tun|gen
der **De|zem|ber**
der **De|zi|me|ter**, die De|zi|me|ter
das **Dia**, die Dias
der **Dia|be|ti|ker**, die Dia|be|ti|ker
die **Dia|gno|se**, die Dia|gno|sen
dia|go|nal
der **Dia|lekt**, die Dia|lek|te
der **Dia|mant**, die Dia|man|ten
der **Dia|pro|jek|tor**, die Dia|pro|jek|to|ren
die **Di|ät**, die Di|ä|ten
dich
dicht

dich|ten, du dichtest
der **Dich|ter**, die Dich|ter
die **Dich|te|rin**, die Dich|te|rin|nen
die **Dich|tung**, die Dich|tun|gen
dick
dick|flüs|sig
das **Di|ckicht**, die Di|ckich|te
der **Dick|kopf**, die Dick|köp|fe
dick|köp|fig
die
der **Dieb**, die Die|be
die|bisch
der **Dieb|stahl**, die Dieb|stäh|le
die|je|ni|ge
die **Die|le**, die Die|len
die|nen, du dienst
der **Die|ner**, die Die|ner
die **Die|ne|rin**, die Die|ne|rin|nen
der **Dienst**, die Diens|te
der **Diens|tag**, die Diens|ta|ge
am **Diens|tag|abend**
diens|tags
dies
der **Die|sel**
der **Die|sel|mo|tor**, die Die|sel|mo|to|ren
die|sel|be
die|se, die|ser, die|ses
die|sig
dies|mal
dies|seits
die **Dif|fe|renz**, die Dif|fe|ren|zen
di|gi|tal
die **Di|gi|tal|ka|me|ra**, die Di|gi|tal|ka|me|ras
die **Di|gi|tal|uhr**, die Di|gi|tal|uh|ren
das **Dik|tat**, die Dik|ta|te
dik|tie|ren, du diktierst
der **Dik|ta|tor**, die Dik|ta|to|ren
die **Dik|ta|tur**, die Dik|ta|tu|ren

das **Di|lem|ma**, die Di|lem|mas
der **Dill**
das **Ding**, die Din|ge
der **Din|kel**
der **Di|no|sau|ri|er**, die Di|no|sau|ri|er
di|plo|ma|tisch
dir
di|rekt
der **Di|rek|tor**, die Di|rek|to|ren
die **Di|rek|to|rin**, die Di|rek|to|rin|nen
der **Di|ri|gent**, die Di|ri|gen|ten
di|ri|gie|ren, du dirigierst
das **Dirndl**, die Dirndln
der **Disc|jo|ckey**, auch: **Disk|jo|ckey**, kurz: der **DJ**, die Disc|jo|ckeys
die **Dis|co**, auch: **Dis|ko**, die Dis|cos
die **Dis|ket|te**, die Dis|ket|ten
die **Dis|ko|thek**, auch: **Dis|co|thek**, kurz: die **Dis|co**, die Dis|ko|the|ken
die **Dis|kri|mi|nie|rung**, die Dis|kri|mi|nie|run|gen
die **Dis|kus|si|on**, die Dis|kus|si|o|nen
dis|ku|tie|ren, du diskutierst
das **Dis|play**, die Dis|plays
dis|qua|li|fi|zie|ren, du wirst disqualifiziert
die **Dis|tanz**, die Dis|tan|zen
die **Dis|tel**, die Dis|teln
die **Dis|zi|plin**
dis|zi|pli|niert
dis|zi|plin|los
di|vi|die|ren, du dividierst
die **Di|vi|si|on**, die Di|vi|si|o|nen
der **DJ**, die DJs
der **Do|ber|mann**, die Do|ber|män|ner
doch
der **Docht**, die Doch|te
die **Dog|ge**, die Dog|gen
die **Doh|le**, die Doh|len

der **Dok|tor**, die Dok|to|ren
die **Dok|to|rin**, die Dok|to|rin|nen
das **Do|ku|ment**, die Do|ku|men|te
die **Do|ku|men|ta|ti|on**,
die Do|ku|men|ta|ti|o|nen
der **Dolch**, die Dol|che
der **Dol|lar**, die Dol|lars
der **Dol|met|scher**, die Dol|met|scher
der **Dom**, die Do|me
das **Do|mi|no**, die Do|mi|nos
der **Domp|teur**, die Domp|teu|re
die **Domp|teu|rin**, die Domp|teu|rin|nen
die **Domp|teu|se**, die Domp|teu|sen
die **Do|nau**
der **Dö|ner**, die Dö|ner
der **Don|ner**, die Don|ner

Was am Himmel passiert,
das nennt man „Wetter“:
Sonne, Wolken, Donner,
Blitz, Gewitter, Regen, Schnee,
Hagel, Nebel, Wind, Sturm.

don|nern, es donnert
der **Don|ners|tag**, die Don|ners|ta|ge
am **Don|ners|tag|abend**
don|ners|tags
das **Don|ner|wet|ter**
doof
die **Doof|heit**, die Doof|hei|ten
das **Do|ping**
der **Dop|pel|gän|ger**,
die Dop|pel|gän|ger
der **Dop|pel|klick**, die Dop|pel|klicks
der **Dop|pel|punkt**, die Dop|pel|punk|te
dop|pelt
das **Dop|pel|te**
das **Dorf**, die Dör|fer
dörf|lich

der **Dorn**, die Dor|nen
dor|nig
das **Dorn|rös|chen**
das **Dörr|obst**
der **Dorsch**, die Dor|sche
dort
dort|hin
die **Do|se**, die Do|sen
dö|sen, du döst
der **Do|sen|öff|ner**, die Do|sen|öff|ner
do|sie|ren, du dosierst
die **Do|sis**, die Do|sen
der (auch: das) **Dot|ter**, die Dot|ter
down|loa|den, du downloadest,
sie hat downgeloadet
der **Dra|che**, die Dra|chen (Fabeltier)
der **Dra|chen**, die Dra|chen (Fluggerät)
der **Dra|chen|flie|ger**,
die Dra|chen|flie|ger
das **Dra|gee**, die Dra|gees
der **Draht**, die Dräh|te
drah|tig
das **Dra|ma**, die Dra|men
dra|ma|tisch
dran
der **Drang**
drän|geln, du drängelst
die **Drän|ge|lei**
drän|gen, du drängst
dras|tisch
drauf
drau|ßen
der **Dreck**
dre|ckig
der **Dreh**
das **Dreh|buch**, die Dreh|bü|cher
dre|hen, du drehst
die **Dreh|or|gel**, die Dreh|or|geln
die **Dre|hung**, die Dre|hun|gen

der Dreh|wurm
drei, 3
die Drei, die Drei|en
drei|bei|nig
drei|di|men|si|o|nal

das Drei|eck, die Drei|ecke
drei|eckig
drei|er|lei
drei|mal
das Drei|me|ter|brett, die Drei|me|ter|bret|ter
das Drei|rad, die Drei|rä|der
drei|ßig, 30
dreist
die Drei|vier|tel|stun|de
drei|zehn, 13
dre|schen, du drischst, er drosch, sie hat gedroschen
die Dresch|ma|schi|ne, die Dresch|ma|schi|nen
Dres|den
dres|sie|ren, du dressierst
die Dres|sur, die Dres|su|ren
drib|beln, du dribbelst
der Dril|ling, die Dril|lin|ge
drin
drin|gend
drin|nen
du drischst → dreschen
zu dritt
drit|te, drit|ter, drit|tes
das Drit|tel, die Drit|tel
drit|tens, 3.
die Dro|ge, die Dro|gen
dro|gen|ab|hän|gig
die Dro|ge|rie, die Dro|ge|ri|en
dro|hen, du drohst
dröh|nen, es dröhnt
die Dro|hung, die Dro|hun|gen

drol|lig
das Dro|me|dar, die Dro|me|da|re
er drosch → dreschen
die Dros|sel, die Dros|seln
dros|seln, du drosselst
drü|ben
drü|ber
der Druck
der Drü|cke|ber|ger, die Drü|cke|ber|ger
dru|cken, du druckst
drü|cken, drückst
drü|ckend
der Dru|cker, die Dru|cker
die Dru|cke|rei, die Dru|cke|rei|en
der Druck|feh|ler, die Druck|feh|ler
die Druck|schrift
drum
drun|ter

die Drü|se, die Drü|sen
der Dschun|gel, die Dschun|gel
du, dir, dich
der Dü|bel, die Dü|bel
sich du|cken, du duckst dich

der Du|del|sack, die Du|del|sä|cke
das Du|ell, die Du|el|le
das Du|ett, die Du|etts
der Duft, die Düf|te
duf|ten, es duftet
duf|tig
dul|den, du duldest
dumm, düm|mer, am dümms|ten

die **Dumm|heit**, die Dumm|hei|ten
der **Dumm|kopf**, die Dumm|köp|fe
dumpf
die **Dü|ne**, die Dü|nen
dün|gen, du düngst
der **Dün|ger**, die Dün|ger
dun|kel, dunk|ler, am dun|kels|ten
dun|kel|blau
dun|kel|haa|rig
die **Dun|kel|heit**
dünn
dünn|flüs|sig
der **Dunst**, die Düns|te
düns|ten, du dünstest
duns|tig
das **Duo**, die Duos
das **Dur**
durch
durch|aus
durch|blät|tern, du blätterst durch
der **Durch|blick**
die **Durch|blu|tung**
der **Durch|bruch**
durch|dre|hen, du drehst durch
durch|ei|nan|der
das **Durch|ei|nan|der**
die **Durch|fahrt**, die Durch|fahr|ten
der **Durch|fall**
durch|fal|len, du fällst durch, er fiel durch, sie ist durchgefallen
der **Durch|gang**, die Durch|gän|ge
durch|hal|ten, du hältst durch, er hielt durch, sie hat durchgehalten
durch|läs|sig
durch|le|sen, du liest durch, er las durch, sie hat durchgelesen
der **Durch|mes|ser**, die Durch|mes|ser
durch|que|ren, du durchquerst
die **Durch|sa|ge**, die Durch|sa|gen

durch|schnei|den, du schneidest durch, er schnitt durch, sie hat durchgeschnitten
der **Durch|schnitt**, die Durch|schnit|te
durch|schnitt|lich
durch|set|zen, du setzt durch
durch|sich|tig
durch|strei|chen, du streichst durch, er strich durch, sie hat durchgestrichen
durch|su|chen, du durchsuchst
der **Durch|zug**
dür|fen, du darfst, er durfte, sie hat gedurft
dürf|tig
dürr
die **Dür|re**, die Dür|ren
der **Durst**
durs|tig
durst|lö|schend
die **Du|sche**, die Du|schen
du|schen, du duschst
die **Dü|se**, die Dü|sen
das **Dü|sen|flug|zeug**, die Dü|sen|flug|zeu|ge
der **Dü|sen|jä|ger**, die Dü|sen|jä|ger
der **Dus|sel**, die Dus|sel
Düs|sel|dorf
dus|se|lig, auch: **duss|lig**
düs|ter
das **Dut|zend**, die Dut|zen|de
dut|zend|wei|se
sich **du|zen**, sie duzt mich
die **DVD**, die DVDs
der **DVD-Play|er**, die DVD-Play|er
dy|na|misch
das **Dy|na|mit**
der **Dy|na|mo**, die Dy|na|mos
die **Dy|nas|tie**, die Dy|nas|ti|en

Ee

die **Eb|be**
eben
die **Ebe|ne**, die Ebe|nen
eben|falls
eben|so
der **Eber**, die Eber
das **Echo**, die Echos
die **Ech|se**, die Ech|sen
echt
die **Echt|heit**
die **Ecke**, die Ecken
eckig

In der Mathematik brauchst du das Wort *eckig* sehr oft: ein Dreieck ist *dreieckig*, ein Viereck ist *viereckig*, ein Rechteck ist *rechteckig*.

der **Eck|zahn**, die Eck|zäh|ne
edel, ed|ler, am edels|ten
der **Edel|stein**, die Edel|stei|ne
der **Efeu**
der **Ef|fekt**, die Ef|fek|te
egal
die **Eg|ge**, die Eg|gen
der **Ego|ist**, die Ego|is|ten
ego|is|tisch
ehe
die **Ehe**, die Ehen
die **Ehe|frau**, die Ehe|frau|en
ehe|ma|lig
ehe|mals
der **Ehe|mann**, die Ehe|män|ner
das **Ehe|paar**, die Ehe|paa|re
der **Ehe|ring**, die Ehe|rin|ge
die **Eh|re**

eh|ren|amt|lich
das **Eh|ren|wort**
der **Ehr|geiz**
ehr|gei|zig
ehr|lich

die **Ehr|lich|keit**
das **Ei**, die Ei|er
die **Ei|che**, die Ei|chen
die **Ei|chel**, die Ei|cheln
der **Ei|chel|hä|her**, die Ei|chel|hä|her
das **Eich|hörn|chen**, die Eich|hörn|chen
der **Eid**, die Ei|de
die **Ei|dech|se**, die Ei|dech|sen
der (auch: das) **Ei|dot|ter**, die Ei|dot|ter
der **Ei|er|be|cher**, die Ei|er|be|cher
die **Ei|er|scha|le**, die Ei|er|scha|len
der **Ei|fer**
die **Ei|fer|sucht**
ei|fer|süch|tig
ei|för|mig
eif|rig
das **Ei|gelb**, die Ei|gel|ber
ei|gen
ei|gen|ar|tig
der **Ei|gen|na|me**, die Ei|gen|na|men
die **Ei|gen|schaft**, die Ei|gen|schaf|ten
das **Ei|gen|schafts|wort**, die Ei|gen|schafts|wör|ter
ei|gent|lich
das **Ei|gen|tor**, die Ei|gen|to|re
das **Ei|gen|tum**, die Ei|gen|tü|mer
ei|gen|wil|lig
sich **eig|nen**, du eignest dich
die **Ei|le**
ei|len, du eilst
ei|lig
der **Ei|mer**, die Ei|mer
ein, ei|ne, ei|ner, ei|nes

ei|nan|der

> Präpositionen und „einander" werden oft zu neuen Wörtern:
> *aneinander, auseinander, durcheinander, miteinander, untereinander, zueinander.*

die **Ein|bahn|stra|ße**, die Ein|bahn|stra|ßen
der **Ein|band**, die Ein|bän|de
sich **ein|bil|den**, du bildest dir etwas ein
die **Ein|bil|dung**
ein|bin|den, du bindest ein, er band ein, sie hat eingebunden
ein|bre|chen, du brichst ein, er brach ein, sie ist eingebrochen
der **Ein|bre|cher**, die Ein|bre|cher
der **Ein|bruch**, die Ein|brü|che
ein|che|cken, du checkst ein

sich **ein|cre|men**, du cremst dich ein
ein|deu|tig
ein|drin|gen, du dringst ein, er drang ein, sie ist eingedrungen
der **Ein|dring|ling**, die Ein|dring|lin|ge
der **Ein|druck**, die Ein|drü|cke
ein|drucks|voll
ein|ei|ig, eineiige Zwillinge
ein|ein|halb
ei|ner|lei
ei|ner|seits
ein|fach
ein|fä|deln, du fädelst ein
die **Ein|fahrt**, die Ein|fahr|ten
der **Ein|fall**, die Ein|fäl|le
ein|fal|len, es fällt mir ein, es fiel ihm ein, es ist ihr eingefallen
ein|falls|reich
der **Ein|falts|pin|sel**, die Ein|falts|pin|sel

das **Ein|fa|mi|li|en|haus**, die Ein|fa|mi|li|en|häu|ser
ein|far|big
der **Ein|fluss**, die Ein|flüs|se
ein|fluss|reich
ein|füh|ren, du führst ein
die **Ein|füh|rung**, die Ein|füh|run|gen
der **Ein|gang**, die Ein|gän|ge
ein|ge|bil|det
ein|ge|schnappt
sich **ein|ge|wöh|nen**, du gewöhnst dich ein
die **Ein|ge|wöh|nungs|zeit**
ein|grei|fen, du greifst ein, er griff ein, sie hat eingegriffen
ein|hal|ten, du hältst ein, er hielt ein, sie hat eingehalten
ein|hef|ten, du heftest ein
ein|hei|misch
die **Ein|heit**, die Ein|hei|ten
ein|heit|lich
ei|nig sein
ei|ni|ge, ei|ni|ges
sich **ei|ni|gen**, ihr einigt euch
ei|ni|ger|ma|ßen
die **Ei|nig|keit**
der **Ein|kauf**, die Ein|käu|fe
ein|kau|fen, du kaufst ein
der **Ein|kaufs|bum|mel**
das **Ein|kaufs|zen|trum**, die Ein|kaufs|zen|tren
ein|klam|mern, du klammerst ein
sich **ein|klem|men**, du klemmst dir den Finger ein
das **Ein|kom|men**, die Ein|kom|men
ein|la|den, du lädst ein, er lud ein, sie hat eingeladen
die **Ein|la|dung**, die Ein|la|dun|gen
der **Ein|lass**, die Ein|läs|se

ein

A B C D E F G H I J K L M N O P Q R S T U V W X Y Z

die **Ein|lei|tung**, die Ein|lei|tun|gen
ein|leuch|tend
sich **ein|log|gen**, du loggst dich ein
ein|ma|chen, du machst ein
das **Ein|mach|glas**, die Ein|mach|glä|ser
ein|mal, auf einmal
das **Ein|mal|eins**
ein|ma|lig
die **Ein|mün|dung**, die Ein|mün|dun|gen
die **Ein|nah|me**, die Ein|nah|men
ein|pa|cken, du packst ein

sich **ein|prä|gen**, du prägst dir ein
ein|rah|men, du rahmst ein
ein|räu|men, du räumst ein
ein|rei|ben, du reibst ein, er rieb ein, sie hat eingerieben
die **Ein|rich|tung**, die Ein|rich|tun|gen
eins, **1**
die **Eins**, die Ein|sen
ein|sam
die **Ein|sam|keit**
ein|sam|meln, du sammelst ein
der **Ein|satz**, die Ein|sät|ze
ein|satz|be|reit
ein|schal|ten, du schaltest ein
ein|schen|ken, du schenkst ein
ein|schla|fen, du schläfst ein, er schlief ein, sie ist eingeschlafen
ein|schlä|fern, er schläfert ein
ein|schlie|ßen, du schließt ein, er schloss ein, sie hat eingeschlossen
ein|schließ|lich
das **Ein|schrei|ben**, die Ein|schrei|ben
die **Ein|schu|lung**
ein|se|hen, du siehst ein, er sah ein, sie hat eingesehen
ein|sei|fen, du seifst ein
der **Ein|sen|de|schluss**
die **Ein|sicht**, die Ein|sich|ten
ein|sper|ren, du sperrst ein
der **Ein|spruch**, die Ein|sprü|che
ein|spu|rig
einst
ein|ste|cken, du steckst ein
ein|stei|gen, du steigst ein, er stieg ein, sie ist eingestiegen
ein|stel|lig
die **Ein|stel|lung**, die Ein|stel|lun|gen
der **Ein|stich**, die Ein|sti|che
der **Ein|stieg**, die Ein|stie|ge
ein|stim|mig
ein|stün|dig
der **Ein|sturz**, die Ein|stür|ze
ein|stür|zen, es stürzt ein
ein|tei|len, du teilst ein
die **Ein|tei|lung**
ein|tö|nig
der **Ein|topf**, die Ein|töp|fe
ein|tra|gen, du trägst ein, er trug ein, sie hat eingetragen
die **Ein|tra|gung**, die Ein|tra|gun|gen
ein|tref|fen, du triffst ein, er traf ein, sie ist eingetroffen
der **Ein|tritt**
die **Ein|tritts|kar|te**, die Ein|tritts|kar|ten
ein|ver|stan|den
das **Ein|ver|ständ|nis**
der **Ein|wand**, die Ein|wän|de
der **Ein|wan|de|rer**, die Ein|wan|de|rer
ein|wan|dern, du wanderst ein
die **Ein|wan|de|rung**, die Ein|wan|de|run|gen
ein|wand|frei
die **Ein|weg|fla|sche**, die Ein|weg|fla|schen
die **Ein|wei|hung**, die Ein|wei|hun|gen

ein|wer|fen, du wirfst ein, er warf ein, sie hat eingeworfen
der **Ein|woh|ner**, die Ein|woh|ner
die **Ein|woh|ne|rin**, die Ein|woh|ne|rin|nen
der **Ein|wurf**, die Ein|wür|fe
die **Ein|zahl**
der **Ein|zel|gän|ger**, die Ein|zel|gän|ger
die **Ein|zel|heit**, die Ein|zel|hei|ten
ein|zeln
ein|zie|hen, du ziehst ein, er zog ein, sie ist eingezogen
ein|zig|ar|tig
ein|zi|ge, ein|zi|ger, ein|zi|ges
der **Ein|zug**, die Ein|zü|ge
das **Eis**

der **Eis|bär**, die Eis|bä|ren
das **Ei|sen**, die Ei|sen
die **Ei|sen|bahn**, die Ei|sen|bah|nen
ei|sern
eis|ge|kühlt
das **Eis|ho|ckey**

ei|sig
eis|kalt
der **Eis|kunst|lauf**
eis|lau|fen, du läufst eis, er lief eis, sie ist eisgelaufen
der **Eis|pi|ckel**, die Eis|pi|ckel
der **Eis|vo|gel**, die Eis|vö|gel
der **Eis|zap|fen**, die Eis|zap|fen
die **Eis|zeit**, die Eis|zei|ten
ei|tel, eit|ler, am ei|tels|ten
die **Ei|tel|keit**, die Ei|tel|kei|ten
der **Ei|ter**
ei|tern, die Wunde eitert
das **Ei|weiß**, die Ei|wei|ße
der **Ekel** (Abscheu)
das **Ekel**, die Ekel (gemeine Person)
ekel|haft

eke|lig, auch: **ek|lig**
sich **ekeln**, du ekelst dich
elas|tisch
die **El|be**
der **Elch**, die El|che
der **Ele|fant**, die Ele|fan|ten
ele|gant
die **Ele|ganz**
der **Elek|tri|ker**, die Elek|tri|ker
elek|trisch
die **Elek|tri|zi|tät**
das **Elek|tri|zi|täts|werk**, die Elek|tri|zi|täts|wer|ke
das **Elek|tro|ge|rät**, die Elek|tro|ge|rä|te
elek|tro|nisch
das **Ele|ment**, die Ele|men|te
elend
das **Elend**
das **Elends|vier|tel**, die Elends|vier|tel
elf, 11
die **Elf**, die El|fen
die **El|fe**, die El|fen
das **El|fen|bein**
elf|mal

das **Elf|me|ter**, die Elf|me|ter
das **Elf|me|ter|schie|ßen**
der **Ell|bo|gen**, auch: **El|len|bo|gen**, die Ell|bo|gen
die **Els|ter**, die Els|tern
die **El|tern**

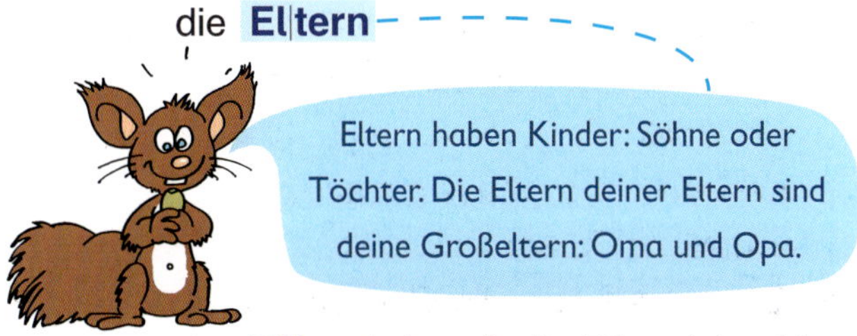

der **El|tern|abend**, die El|tern|aben|de
die (auch: das) **E-Mail**, die E-Mails
die **Eman|zi|pa|ti|on**
eman|zi|piert

der **Em|bryo**, die Em|bry|os

der **Emi|grant**, die Emi|gran|ten

die **Emi|gra|ti|on**

emi|grie|ren, du emigrierst

emo|ti|o|nal

der **Emp|fang**, die Emp|fän|ge

emp|fan|gen, du empfängst, er empfing, sie hat empfangen

der **Emp|fän|ger**, die Emp|fän|ger

die **Emp|fäng|nis|ver|hü|tung**

emp|feh|len, du empfiehlst, er empfahl, sie hat empfohlen

emp|feh|lens|wert

die **Emp|feh|lung**, die Emp|feh|lun|gen

emp|fin|den, du empfindest, er empfand, sie hat empfunden

emp|find|lich

emp|find|sam

die **Emp|fin|dung**, die Emp|fin|dun|gen

die **Em|po|re**, die Em|po|ren

sich **em|pö|ren**, du empörst dich

em|pö|rend

em|por|stei|gen, du steigst empor, er stieg empor, sie ist emporgestiegen

em|pört

die **Em|pö|rung**

em|sig

das **En|de**, die En|den

en|den, es endet

end|gül|tig

end|lich

end|los

das **End|spiel**, die End|spie|le

der **End|spurt**, die End|spur|te / End|spurts

die **En|dung**, die En|dun|gen

die **Ener|gie**, die Ener|gi|en

ener|gie|spa|rend

ener|gisch

eng

der **En|gel**, die En|gel

der **En|ger|ling**, die En|ger|lin|ge

Eng|land

der **Eng|län|der**, die Eng|län|der

eng|lisch

eng|stir|nig

der **En|kel**, die En|kel

die **En|ke|lin**, die En|ke|lin|nen

das **En|kel|kind**, die En|kel|kin|der

enorm

ent|beh|ren, du entbehrst

ent|behr|lich

ent|bin|den, sie entbindet, sie entband, sie hat entbunden

die **Ent|bin|dung**, die Ent|bin|dun|gen

ent|de|cken, du entdeckst

der **Ent|de|cker**, die Ent|de|cker

die **Ent|de|ckung**, die Ent|de|ckun|gen

die **Ent|de|ckungs|rei|se**, die Ent|de|ckungs|rei|sen

die **En|te**, die En|ten

der **En|ter|tai|ner**, die En|ter|tai|ner

ent|fer|nen, du entfernst

ent|fernt

die **Ent|fer|nung**, die Ent|fer|nun|gen

ent|füh|ren, du entführst

der **Ent|füh|rer**, die Ent|füh|rer

die **Ent|füh|rung**, die Ent|füh|run|gen

ent|ge|gen

ent|geg|nen, du entgegnest

ent|ge|hen, du entgehst, er entging, sie ist entgangen
ent|geis|tert
ent|glei|sen, der Zug entgleist
ent|hal|ten, es enthält, es enthielt, es hat enthalten
die Ent|hal|tung, die Ent|hal|tun|gen
ent|kom|men, du entkommst, er entkam, sie ist entkommen
ent|lang
ent|lar|ven, du entlarvst
ent|las|sen, du entlässt, er entließ, sie hat entlassen
die Ent|las|sung, die Ent|las|sun|gen
ent|lau|fen, du entläufst, er entlief, sie ist entlaufen
ent|le|gen
ent|mu|ti|gen, du entmutigst
ent|nervt
ent|rin|nen, du entrinnst, er entrann, sie ist entronnen
ent|rüm|peln, du entrümpelst
die Ent|rüm|pe|lung, auch: Ent|rümp|lung
sich ent|rüs|ten, du entrüstest dich
die Ent|rüs|tung
die Ent|schä|di|gung, die Ent|schä|di|gun|gen
ent|schei|den, du entscheidest, er entschied, sie hat entschieden
ent|schei|dend
die Ent|schei|dung, die Ent|schei|dun|gen
sich ent|schlie|ßen, du entschließt dich, er entschloss sich, sie hat sich entschlossen
der Ent|schluss, die Ent|schlüs|se
sich ent|schul|di|gen, du entschuldigst dich

die Ent|schul|di|gung, die Ent|schul|di|gun|gen
das Ent|set|zen
ent|setz|lich
ent|setzt
ent|sor|gen, du entsorgst
sich ent|span|nen, du entspannst dich
die Ent|span|nung
ent|spre|chend
ent|ste|hen, es entsteht, es entstand, es ist entstanden
die Ent|ste|hung, die Ent|ste|hun|gen
ent|stellt
ent|täu|schen, du enttäuschst
ent|täuscht
die Ent|täu|schung, die Ent|täu|schun|gen
die Ent|war|nung, die Ent|war|nun|gen
ent|we|der – oder
ent|wer|fen, du entwirfst, er entwarf, sie hat entworfen
ent|wer|ten, du entwertest
ent|wi|ckeln, du entwickelst
die Ent|wick|lung, die Ent|wick|lun|gen
die Ent|wick|lungs|hil|fe
ent|wi|schen, du entwischst
der Ent|wurf, die Ent|wür|fe

ent|zif|fern, du entzifferst
ent|zü|ckend
ent|zün|den, du entzündest
die Ent|zün|dung, die Ent|zün|dun|gen
ent|zwei
ent|zwei|en, du entzweist
der En|zi|an, die En|zi|a|ne
die Epo|che, die Epo|chen
er, ihm, ihn
sich er|bar|men, du erbarmst dich
das Er|bar|men
er|bärm|lich

A B C D E F G H I J K L M N O P Q R S T U V W X Y Z

er|bar|mungs|los
das **Er|be**
der **Er|be**, die Er|ben
er|ben, du erbst
er|beu|ten, du er|beu|test
die **Er|bin**, die Er|bin|nen
erb|lich
sich **er|bre|chen**, du erbrichst dich, er erbrach sich, sie hat sich erbrochen
die **Erb|schaft**, die Erb|schaf|ten
die **Erb|se**, die Erb|sen
erb|sen|groß
die **Erd|ach|se**, die Erd|ach|sen
der **Erd|ap|fel**, die Erd|äp|fel (Kartoffel)
der **Erd|ball**
das **Erd|be|ben**, die Erd|be|ben
die **Erd|bee|re**, die Erd|bee|ren
das **Erd|beer|eis**
der **Erd|bo|den**
die **Er|de**
das **Erd|ge|schoss**, die Erd|ge|schos|se
die **Erd|kun|de**
die **Erd|nuss**, die Erd|nüs|se

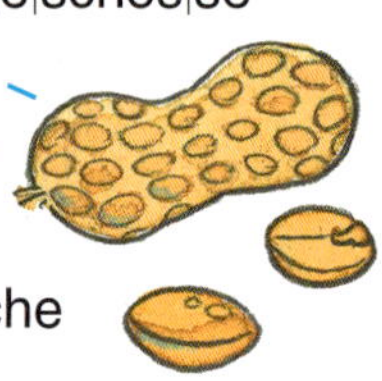

das **Erd|öl**
der **Erd|rutsch**, die Erd|rut|sche
der **Erd|teil**, die Erd|tei|le
sich **er|eig|nen**, es ereignet sich
das **Er|eig|nis**, die Er|eig|nis|se
er|eig|nis|reich
er|fah|ren, du erfährst, er erfuhr, sie hat erfahren
die **Er|fah|rung**, die Er|fah|run|gen
er|fas|sen, du erfasst
er|fin|den, du erfindest, er erfand, sie hat erfunden
der **Er|fin|der**, die Er|fin|der
er|fin|de|risch
die **Er|fin|dung**, die Er|fin|dun|gen

der **Er|folg**, die Er|fol|ge
er|folg|los
er|folg|reich
er|for|schen, du erforschst
die **Er|for|schung**
er|freu|lich
er|frie|ren, du erfrierst, er erfror, sie ist erfroren
sich **er|fri|schen**, du erfrischst dich
er|fri|schend
die **Er|fri|schung**, die Er|fri|schun|gen
sie **er|fuhr** → **erfahren**
er|fül|len, du erfüllst
die **Er|fül|lung**
Er|furt
er|gän|zen, du ergänzt
die **Er|gän|zung**, die Er|gän|zun|gen
sich **er|ge|ben**, es ergibt sich, es ergab sich, es hat sich ergeben
das **Er|geb|nis**, die Er|geb|nis|se
er|geb|nis|los
er|gie|big
er|hal|ten, du erhältst, er erhielt, sie hat erhalten
er|hit|zen, du erhitzt
er|hö|hen, du erhöhst
sich **er|ho|len**, du erholst
er|hol|sam
die **Er|ho|lung**
sich **er|in|nern**, du erinnerst dich
die **Er|in|ne|rung**, die Er|in|ne|run|gen
sich **er|käl|ten**, du erkältest dich
die **Er|käl|tung**, die Er|käl|tun|gen
er|ken|nen, du erkennst, er erkannte, sie hat erkannt
die **Er|kennt|nis**, die Er|kennt|nis|se
der **Er|ker**, die Er|ker
er|klä|ren, du erklärst
die **Er|klä|rung**, die Er|klä|run|gen

er|kran|ken, du erkrankst
die Er|kran|kung, die Er|kran|kun|gen
sich er|kun|di|gen, du erkundigst dich
er|lau|ben, du erlaubst
die Er|laub|nis
er|läu|tern, du erläuterst
die Er|läu|te|rung, die Er|läu|te|run|gen
die Er|le, die Er|len
er|le|ben, du erlebst

das Er|leb|nis, die Er|leb|nis|se
die Er|leb|nis|er|zäh|lung, die Er|leb|nis|er|zäh|lun|gen
er|leb|nis|reich
er|le|di|gen, du erledigst
er|le|digt
er|leich|tert
die Er|leich|te|rung
der Er|lös, die Er|lö|se
er|lö|sen, du erlöst
die Er|lö|sung
er|mah|nen, du ermahnst
die Er|mah|nung, die Er|mah|nun|gen
er|mä|ßigt
die Er|mä|ßi|gung, die Er|mä|ßi|gun|gen
er|mög|li|chen, du ermöglichst
er|mor|den, er ermordet
er|mu|ti|gen, du ermutigst
die Er|mu|ti|gung, die Er|mu|ti|gun|gen
sich er|näh|ren, du ernährst dich
die Er|näh|rung
er|neu|ern, du erneuerst
ernst

ernst neh|men

der Ernst
ernst|haft
die Ern|te, die Ern|ten
das Ern|te|dank|fest
ern|ten, du erntest
der Er|obe|rer, die Er|obe|rer
er|obern, du eroberst
die Er|obe|rung, die Er|obe|run|gen
der Er|pel, die Er|pel
er|pres|sen, du erpresst
der Er|pres|ser, die Er|pres|ser
die Er|pres|sung, die Er|pres|sun|gen
er|ra|ten, du errätst, er erriet, sie hat erraten
er|regt
die Er|re|gung
er|reich|bar
er|rei|chen, du erreichst
er|rö|ten, du errötest
der Er|satz
das Er|satz|rad, die Er|satz|rä|der
das Er|satz|teil, die Er|satz|tei|le
er|schei|nen, du erscheinst, er erschien, sie ist erschienen
die Er|schei|nung, die Er|schei|nun|gen
er|schöpft
die Er|schöp|fung
er|schre|cken, du erschrickst, er erschrak, sie ist erschrocken (selbst einen Schreck bekommen)
er|schre|cken, du erschreckst ihn, er erschreckte ihn, sie hat ihn erschreckt (jemand anderen erschrecken)
er|schüt|ternd
er|schüt|tert
die Er|schüt|te|rung, die Er|schüt|te|run|gen

er|set|zen, du ersetzt
erst
er|stau|nen, es erstaunt
das **Er|stau|nen**
er|staun|lich
er|staunt
ers|te, ers|ter, ers|tes
die **Ers|te Hil|fe,** auch: **ers|te Hil|fe**
ers|tens, **1.**
er|sti|cken, du erstickst
die **Er|sti|ckungs|ge|fahr**
erst|klas|sig
der **Erst|kläss|ler**, die Erst|kläss|ler
erst mal, auch: **erst|mal**
erst|mals
er|tap|pen, du ertappst
er|tra|gen, du erträgst, er ertrug, sie hat ertragen
er|träg|lich
er|trin|ken, du ertrinkst, er ertrank, sie ist ertrunken
er|wach|sen
der (bei Frauen: die) **Er|wach|se|ne**, die Er|wach|se|nen
er|wäh|nen, du erwähnst
er|war|ten, du erwartest
die **Er|war|tung**, die Er|war|tun|gen
er|wer|ben, du erwirbst, er erwarb, sie hat erworben
er|werbs|tä|tig
er|wi|dern, du erwiderst
die **Er|wi|de|rung**, die Er|wi|de|run|gen
er|wi|schen, du erwischst
er|wünscht
das **Erz**, die Er|ze
er|zäh|len, du erzählst
der **Er|zäh|ler**, die Er|zäh|ler
die **Er|zäh|lung**, die Er|zäh|lun|gen

er|zeu|gen, du erzeugst
er|zie|hen, du erziehst, er erzog, sie hat erzogen
der **Er|zie|her**, die Er|zie|her
die **Er|zie|he|rin**, die Er|zie|he|rin|nen
die **Er|zie|hung**
es
die **Esche**, die Eschen
der **Esel**, die Esel
die **Esels|brü|cke**, die Esels|brü|cken
das **Esels|ohr**, die Esels|oh|ren
der **Es|ki|mo**, die Es|ki|mos
ess|bar
es|sen, du isst, er aß, sie hat gegessen

Andere Wörter für »essen«

beißen Mark beißt kräftig in einen saftigen Apfel.
futtern Zufrieden futtern die Kinder ihre Nudeln.
knabbern Maren knabbert eifrig an einer Möhre.
naschen Lisa nascht heimlich vom Kuchen.
schlürfen Berit schlürft laut ihre Suppe.
verschlingen Tim verschlingt gierig seine Pizza.

das **Es|sen**

der **Es|sig**, die Es|si|ge
der **Ess|löf|fel**, die Ess|löf|fel
der **Ess|tisch**, die Ess|ti|sche
das **Ess|zim|mer**, die Ess|zim|mer
die **Eta|ge**, die Eta|gen
die **Etap|pe**, die Etap|pen
das **Eti|kett**, die Eti|ket|ten
das **Etui**, die Etu|is
et|wa
et|was, etwas Schönes
euch
eu|er, eu|re
die **Eu|le**, die Eu|len
eu|ret|we|gen
der **Eu|ro**, die Eu|ro / Eu|ros
Eu|ro|pa
der **Eu|ro|pä|er**, die Eu|ro|pä|er
die **Eu|ro|pä|e|rin**, die Eu|ro|pä|e|rin|nen
eu|ro|pä|isch
die **Eu|ro|pä|i|sche Uni|on** (kurz: EU)
die **Eu|ro|pa|meis|ter|schaft**, die Eu|ro|pa|meis|ter|schaf|ten (kurz: EM)
das **Eu|ter**, die Eu|ter
eva|ku|ie|ren, du evakuierst
evan|ge|lisch
das **Evan|ge|li|um**, die Evan|ge|li|en
even|tu|ell
ewig
die **Ewig|keit**, die Ewig|kei|ten
ex|akt
das **Ex|a|men**, die Ex|a|men
das **Ex|em|plar**, die Ex|em|pla|re
das **Exil**
die **Exis|tenz**, die Exis|ten|zen
exis|tie|ren, du existierst
ex|klu|siv
exo|tisch
die **Ex|pe|di|ti|on**, die Ex|pe|di|ti|o|nen

das **Ex|pe|ri|ment**, die Ex|pe|ri|men|te
ex|pe|ri|men|tie|ren, du experimentierst
der **Ex|per|te**, die Ex|per|ten
die **Ex|per|tin**, die Ex|per|tin|nen
ex|plo|die|ren, es explodiert
die **Ex|plo|si|on**, die Ex|plo|si|o|nen
ex|por|tie|ren, du exportierst
ex|qui|sit
ex|tern
ex|tra
die **Ex|tra|wurst**, die Ex|tra|würs|te
ex|trem

Ff

die **Fa|bel**, die Fa|beln
fa|bel|haft
das **Fa|bel|tier**, die Fa|bel|tie|re
die **Fa|brik**, die Fa|bri|ken
fa|bri|zie|ren, du fabrizierst
das **Fach**, die Fä|cher
der **Fä|cher**, die Fä|cher
die **Fach|frau**, die Fach|frau|en
der **Fach|mann**, die Fach|män|ner / Fach|leu|te
das **Fach|werk|haus**, die Fach|werk|häu|ser
die **Fa|ckel**, die Fa|ckeln
fad, auch: **fa|de**
der **Fa|den**, die Fä|den
das **Fa|gott**, die Fa|got|te
fä|hig
die **Fä|hig|keit**, die Fä|hig|kei|ten
fahl
fahn|den, du fahndest
die **Fahn|dung**, die Fahn|dun|gen
die **Fah|ne**, die Fah|nen

die **Fah|nen|stan|ge**, die Fah|nen|stan|gen
die **Fahr|bahn**, die Fahr|bah|nen
die **Fäh|re**, die Fäh|ren
fah|ren, du fährst, er fuhr, sie ist gefahren
der **Fah|rer**, die Fah|rer
die **Fah|rer|flucht**
die **Fah|re|rin**, die Fah|re|rin|nen
der **Fahr|gast**, die Fahr|gäs|te
das **Fahr|geld**, die Fahr|gel|der
die **Fahr|kar|te**, die Fahr|kar|ten
der **Fahr|plan**, die Fahr|plä|ne
das **Fahr|rad**, die Fahr|rä|der
die **Fahr|rad|tour**, die Fahr|rad|tou|ren
die **Fahr|schu|le**, die Fahr|schu|len
der **Fahr|stuhl**, die Fahr|stüh|le
die **Fahrt**, die Fahr|ten
die **Fähr|te**, die Fähr|ten
das **Fahr|zeug**, die Fahr|zeu|ge
fair
die **Fair|ness**
der **Fa|kir**, die Fa|ki|re
die **Fak|ten**
der **Fal|ke**, die Fal|ken
der **Fall**, die Fäl|le
die **Fal|le**, die Fal|len
fal|len, du fällst, er fiel, sie ist gefallen
fäl|len, du fällst einen Baum
fäl|lig
falls
der **Fall|schirm**, die Fall|schir|me
der **Fall|schirm|sprin|ger**, die Fall|schirm|sprin|ger
falsch
fäl|schen, du fälschst
das **Falsch|geld**, die Falsch|gel|der
die **Fäl|schung**, die Fäl|schun|gen

das **Falt|blatt**, die Falt|blät|ter
das **Falt|boot**, die Falt|boo|te
die **Fal|te**, die Fal|ten
fal|ten, du faltest
der **Fal|ter**, die Fal|ter
fal|tig
die **Fa|mi|lie**, die Fa|mi|li|en
die **Fa|mi|li|en|fei|er**, die Fa|mi|li|en|fei|ern
der **Fa|mi|li|en|na|me**, die Fa|mi|li|en|na|men
der **Fan**, die Fans
der **Fan|club**, auch: **Fan|klub**, die Fan|clubs
sie **fand** → **finden**
der **Fang**, die Fän|ge
fan|gen, du fängst, er fing, sie hat gefangen
die **Fang|fra|ge**, die Fang|fra|gen
die **Fan|ta|sie** → **Phantasie**
fan|ta|sie|los → **phantasielos**
fan|ta|sie|ren → **phantasieren**
fan|ta|sie|voll → **phantasievoll**
fan|tas|tisch → **phantastisch**
die **Far|be**, die Far|ben

Aus den Grundfarben rot, gelb und blau kann man die anderen Farben mischen: grün, türkis, lila, rosa, orange oder braun.

fär|ben, du färbst
far|ben|blind
far|ben|froh
far|big
der **Farb|kas|ten**, die Farb|käs|ten
farb|los
der **Farb|stift**, die Farb|stif|te

der **Farb|ton**, die Farb|tö|ne
die **Farm**, die Far|men
der **Farn**, die Far|ne
der **Fa|san**, die Fa|sa|ne / Fa|sa|nen
der **Fa|sching**
fa|seln, du faselst
die **Fa|ser**, die Fa|sern
fa|se|rig, auch: **fas|rig**
die **Fas|nacht**
das **Fass**, die Fäs|ser

die **Fas|sa|de**, die Fas|sa|den
fas|sen, du fasst
die **Fas|sung**
fas|sungs|los
fast
fas|ten, du fastest
das **Fas|ten**
die **Fas|ten|zeit**
das **Fast|food**, auch: **Fast Food**
die **Fast|nacht**
fas|zi|nie|rend
die **Fa|ta Mor|ga|na**, die Fa|ta Mor|ga|nas
fau|chen, der Tiger faucht
faul
fau|len|zen, du faulenzt
die **Faul|heit**
fau|lig
der **Faul|pelz**, die Faul|pel|ze
das **Faul|tier**, die Faul|tie|re
die **Faust**, die Fäus|te

faust|dick
der **Faust|hand|schuh**, die Faust|hand|schu|he
die **Faust|re|gel**, die Faust|re|geln
der **Fa|vo|rit**, die Fa|vo|ri|ten
die **Fa|vo|ri|tin**, die Fa|vo|ri|tin|nen
das **Fax**, die Fa|xe

fa|xen, du faxt
Fa|xen ma|chen
das **Fax|ge|rät**, die Fax|ge|rä|te
der **Fe|bru|ar**
fech|ten, du fichtst, er focht, sie hat gefochten
der **Fech|ter**, die Fech|ter
die **Fe|der**, die Fe|dern

der **Fe|der|ball**, die Fe|der|bäl|le
fe|der|leicht
die **Fee**, die Fe|en
das **Fe|ge|feu|er**
fe|gen, du fegst
feh|len, du fehlst
der **Feh|ler**, die Feh|ler
feh|ler|frei
feh|ler|haft
die **Fehl|ge|burt**, die Fehl|ge|bur|ten
die **Fei|er**, die Fei|ern
der **Fei|er|abend**, die Fei|er|aben|de
fei|er|lich
fei|ern, du feierst
der **Fei|er|tag**, die Fei|er|ta|ge
fei|ge, auch: **feig**
die **Fei|ge**, die Fei|gen
die **Feig|heit**
der **Feig|ling**, die Feig|lin|ge
die **Fei|le**, die Fei|len
fei|len, du feilst
fein
der **Feind**, die Fein|de
feind|lich
die **Feind|schaft**, die Feind|schaf|ten
feind|se|lig
fein|füh|lig
der **Fein|schme|cker**, die Fein|schme|cker

A B C D E F G H I J K L M N O P Q R S T U V W X Y Z

das Feld, die Fel|der
der Feld|weg, die Feld|we|ge
die Fel|ge, die Fel|gen
das Fell, die Fel|le
der Fels, auch: Fel|sen, die Fel|sen
der Fels|block, die Fels|blö|cke
fel|sen|fest
fel|sig
die Fels|wand, die Fels|wän|de
der Fen|chel
der Fen|chel|tee
das Fens|ter, die Fens|ter
der Fens|ter|rah|men, die Fens|ter|rah|men
die Fens|ter|schei|be, die Fens|ter|schei|ben
die Fe|ri|en
der Fe|ri|en|job, die Fe|ri|en|jobs
das Fer|kel, die Fer|kel
fern
die Fern|be|die|nung, die Fern|be|die|nun|gen
die Fer|ne
der Fern|fah|rer, die Fern|fah|rer
das Fern|ge|spräch, die Fern|ge|sprä|che
das Fern|glas, die Fern|glä|ser
das Fern|rohr, die Fern|roh|re
fern|se|hen, du siehst fern, er sah fern, sie hat ferngesehen
das Fern|se|hen
der Fern|se|her, die Fern|se|her
das Fern|seh|ge|rät, die Fern|seh|ge|rä|te
das Fern|seh|pro|gramm, die Fern|seh|pro|gram|me
die Fer|se, die Fer|sen
fer|tig
fesch

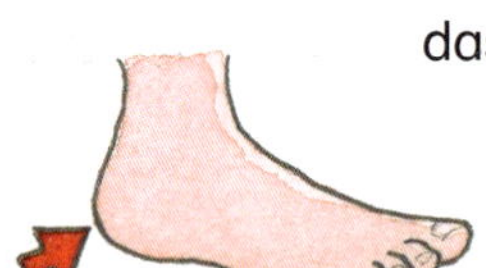

die Fes|sel, die Fes|seln
fes|seln, du fesselst
fest

das Fest, die Fes|te
fest|hal|ten, du hältst fest, er hielt fest, sie hat festgehalten
das Fes|ti|val, die Fes|ti|vals
das Fest|land
fest|lich
das Fest|netz
der Fest|tag, die Fest|ta|ge
die Fest|plat|te, die Fest|plat|ten
fest|stel|len, du stellst fest
die Fes|tung, die Fes|tun|gen
die Fe|te, die Fe|ten
fett
das Fett, die Fet|te
fett|arm
der Fett|fleck, die Fett|fle|cken
fet|tig
das Fett|näpf|chen, die Fett|näpf|chen
der Fet|zen, die Fet|zen
fet|zig
feucht
die Feuch|tig|keit
das Feu|er, die Feu|er

feu|er|fest
die Feu|er|lei|ter, die Feu|er|lei|tern
der Feu|er|lö|scher, die Feu|er|lö|scher
die Feu|er|wehr, die Feu|er|weh|ren
das Feu|er|werk
das Feu|er|zeug, die Feu|er|zeu|ge
feu|rig

die **Fi|bel**, die Fi|beln
die **Fich|te**, die Fich|ten
du **fichtst** → **fechten**
das **Fie|ber**
fie|ber|frei
fie|be|rig, auch: **fieb|rig**
das **Fie|ber|ther|mo|me|ter**, die Fie|ber|ther|mo|me|ter
ich **fiel** → **fallen**
fies
der **Fies|ling**, die Fies|lin|ge
die **Fi|gur**, die Fi|gu|ren
der **Film**, die Fil|me
fil|men, du filmst
der (auch: das) **Fil|ter**, die Fil|ter
fil|tern, du filterst
das **Fil|ter|pa|pier**
der **Filz**, die Fil|ze
fil|zen, du filzt
die **Filz|pan|tof|feln**
der **Filz|stift**, die Filz|stif|te
der **Fim|mel**, die Fim|mel
das **Fi|na|le**, die Fi|na|le / Fi|nals
das **Fi|nanz|amt**, die Fi|nanz|äm|ter
die **Fi|nan|zen**
fi|nan|zie|ren, du finanzierst
fin|den, du findest, er fand, sie hat gefunden
das **Fin|del|kind**, die Fin|del|kin|der
der **Fin|der**, die Fin|der
der **Fin|der|lohn**
der **Find|ling**, die Find|lin|ge
sie **fing** → **fangen**
der **Fin|ger**, die Fin|ger
der **Fin|ger|ab|druck**, die Fin|ger|ab|drü|cke
fin|ger|breit
der **Fin|ger|hut**, die Fin|ger|hü|te
fin|gern, du fingerst
der **Fin|ger|na|gel**, die Fin|ger|nä|gel
der **Fink**, die Fin|ken
der **Fin|ne**, die Fin|nen
die **Fin|nin**, die Fin|nin|nen
fin|nisch
Finn|land
fins|ter
die **Fins|ter|nis**
die **Fir|ma**, die Fir|men
der **Fir|men|chef**, die Fir|men|chefs
die **Fir|mung**, die Fir|mun|gen
der **Fisch**, die Fi|sche
fi|schen, du fischst
der **Fi|scher**, die Fi|scher
das **Fi|scher|boot**, die Fi|scher|boo|te
die **Fisch|grä|te**, die Fisch|grä|ten
der **Fisch|kut|ter**, die Fisch|kut|ter
die **Fisch|stäb|chen**
fit, fit|ter, am fit|tes|ten
das **Fit|ness|cen|ter**, die Fit|ness|cen|ter
fix und fer|tig
flach
die **Flä|che**, die Flä|chen
das **Flach|land**
der **Flachs**, die Flach|se
fla|ckern, das Licht flackert
der **Fla|den**, die Fla|den
das **Fla|den|brot**, die Fla|den|bro|te
die **Flag|ge**, die Flag|gen
der **Fla|min|go**, die Fla|min|gos
die **Flam|me**, die Flam|men
die **Flan|ke**, die Flan|ken
die **Fla|sche**, die Fla|schen
der **Fla|schen|öff|ner**, die Fla|schen|öff|ner
die **Fla|schen|post**
die **Flat|rate**, die Flat|rates
flat|tern, der Vogel flattert

fla

flau
der **Flaum**
flau|schig
flech|ten, du flichtst, er flocht, sie hat geflochten
der **Fleck**, auch: **Fle|cken**, die Fle|cken
fle|cken|los
fle|ckig
die **Fle|der|maus**, die Fle|der|mäu|se
der **Fle|gel**, die Fle|gel
fle|hen, du flehst
das **Fleisch**

Wenn man Kühe, Schweine, Schafe oder Geflügel schlachtet, isst man ihr Fleisch: Wurst, Schinken, Salami, Schnitzel, Kotelett oder Braten.

der **Flei|scher**, die Flei|scher
die **Flei|sche|rei**, die Flei|sche|rei|en
flei|schig
die **Fleisch|wurst**, die Fleisch|würs|te
der **Fleiß**
flei|ßig
flen|nen, du flennst
flet|schen, der Hund fletscht die Zähne
du **flichtst** → **flechten**
fli|cken, du flickst
der **Fli|cken**, die Fli|cken
das **Flick|zeug**
der **Flie|der**
die **Flie|ge**, die Flie|gen
flie|gen, du fliegst, er flog, sie ist geflogen
die **Flie|gen|klat|sche**, die Flie|gen|kla|tschen
der **Flie|gen|pilz**, die Flie|gen|pil|ze
der **Flie|ger**, die Flie|ger

fli

flie|hen, du fliehst, er floh, sie ist geflohen
die **Flie|se**, die Flie|sen
flie|sen, du fliest
der **Flie|sen|le|ger**, die Flie|sen|le|ger
das **Fließ|band**, die Fließ|bän|der
flie|ßen, es fließt, es floss, es ist geflossen
flie|ßend
flim|mern, es flimmert
flink
die **Flin|te**, die Flin|ten
der **Flip|flop**, die Flip|flops
der **Flip|per**, die Flip|per
flip|pig
flir|ren, es flirrt
der **Flit|ter**
die **Flit|ter|wo|chen**
flit|zen, du flitzt
er **flocht** → **flechten**
die **Flo|cke**, die Flo|cken
flo|ckig
er **flog** → **fliegen**
er **floh** → **fliehen**
der **Floh**, die Flö|he
der **Floh|markt**, die Floh|märk|te
der **Flop**, die Flops
es **floss** → **fließen**
der **Floß**, die Flö|ße
die **Flos|se**, die Flos|sen
die **Floß|fahrt**, die Floß|fahr|ten
die **Flö|te**, die Flö|ten
flö|ten, du flötest
flott
die **Flot|te**, die Flot|ten
der **Fluch**, die Flü|che
flu|chen, du fluchst
die **Flucht**, die Fluch|ten

flucht|ar|tig
flüch|ten, du flüchtest
flüch|tig
der **Flüch|tig|keits|feh|ler**, die Flüch|tig|keits|feh|ler
der **Flücht|ling**, die Flücht|lin|ge
der **Flucht|ver|such**, die Flucht|ver|su|che
der **Flucht|weg**, die Flucht|we|ge
der **Flug**, die Flü|ge
der **Flü|gel**, die Flü|gel

flüg|ge
der **Flug|ha|fen**, die Flug|hä|fen
der **Flug|lot|se**, die Flug|lot|sen
der **Flug|platz**, die Flug|plät|ze
das **Flug|zeug**, die Flug|zeu|ge
die **Flun|der**, die Flun|dern
flun|kern, du flunkerst
der **Flur**, die Flu|re
die **Flu|se**, die Flu|sen
der **Fluss**, die Flüs|se

Viele große Städte liegen an Flüssen: Köln liegt am Rhein, Dresden liegt an der Elbe, Frankfurt liegt am Main und Wien an der Donau.

fluss|ab|wärts
fluss|auf|wärts
das **Fluss|bett**, die Fluss|bet|ten
flüs|sig
die **Flüs|sig|keit**, die Flüs|sig|kei|ten
die **Fluss|mün|dung**, die Fluss|mün|dun|gen
das **Fluss|pferd**, die Fluss|pfer|de
das **Fluss|ufer**, die Fluss|ufer
flüs|tern, du flüsterst
die **Flut**, die Flu|ten
das **Flut|licht**, die Flut|lich|ter

flu|ten, du flutest
flut|schen, es flutscht
er **focht** → **fechten**
das **Foh|len**, die Foh|len
der **Föhn**, die Föh|ne

föh|nen, du föhnst
die **Fol|ge**, die Fol|gen
fol|gen, du folgst
fol|gend
fol|gern, du folgerst
die **Fol|ge|rung**, die Fol|ge|run|gen
folg|sam
die **Fo|lie**, die Fo|li|en
die **Fol|klo|re**
die **Fol|ter**, die Fol|tern
fol|tern, er foltert
das **Fon|due**
die **Fon|tä|ne**, die Fon|tä|nen
das **För|der|band**, die För|der|bän|der
for|dern, du forderst
för|dern, du förderst
die **För|der|schu|le**, die För|der|schu|len
die **For|de|rung**, die For|de|run|gen
die **För|de|rung**
der **För|der|un|ter|richt**
die **Fo|rel|le**, die Fo|rel|len
die **For|ke**, die For|ken
die **Form**, die For|men
das **For|mat**, die For|ma|te
die **For|mel**, die For|meln
die **For|mel 1**
das **For|mel-1-Ren|nen**
for|men, du formst
das **For|mu|lar**, die For|mu|la|re
for|mu|lie|ren, du formulierst
forsch
for|schen, du forschst
der **For|scher**, die For|scher

Tiere und Bäume im Wald

Der Marder läuft ***von*** der Pappel ***zur*** Linde.

Neben der Fichte spielt ein Fuchs.

Der Hirsch hat ein großes Geweih.

Die Biene fliegt ***um*** eine Blume herum.

Die Blindschleiche schlängelt sich ***durch*** das Gras.

Der Hase läuft ***über*** das Feld.

Zwei Eichhörnchen klettern ***auf*** eine Eiche.

Hinter dem Ameisenhügel steht eine Kiefer.

Vor der Buche hockt ein Dachs.

Der Ahorn steht ***zwischen*** einer Birke und einer Kastanie.

Am Teich steht eine Weide.

der **Förs|ter**, die Förs|ter
das **Forst|haus**, die Forst|häu|ser
fort
sich **fort|be|we|gen**, du bewegst dich fort
das **Fort|be|we|gungs|mit|tel**, die Fort|be|we|gungs|mit|tel
sich **fort|bil|den**, du bildest dich fort
die **Fort|bil|dung**, die Fort|bil|dun|gen
fort|fah|ren, du fährst fort, er fuhr fort, sie ist fortgefahren
fort|ge|schrit|ten
sich **fort|pflan|zen**, sie pflanzt sich fort
die **Fort|pflan|zung**
der **Fort|schritt**, die Fort|schrit|te
fort|schritt|lich
fort|set|zen, du setzt fort
die **Fort|set|zung**, die Fort|set|zun|gen
das **Fos|sil**, die Fos|si|li|en
das **Fo|to**, die Fo|tos
der **Fo|to|ap|pa|rat**, die Fo|to|ap|pa|ra|te

der **Fo|to|graf**, die Fo|to|gra|fen
die **Fo|to|gra|fie**, die Fo|to|gra|fi|en
fo|to|gra|fie|ren, du fotografierst
die **Fo|to|gra|fin**, die Fo|to|gra|fin|nen
die **Fo|to|ko|pie**, die Fo|to|ko|pi|en
fo|to|ko|pie|ren, du fotokopierst
das **Foul**, die Fouls
fou|len, du foulst
die **Fracht**, die Frach|ten
der **Frach|ter**, die Frach|ter
das **Fracht|schiff**, die Fracht|schif|fe
der **Frack**, die Fracks / Frä|cke
die **Fra|ge**, die Fra|gen
der **Fra|ge|bo|gen**, die Fra|ge|bo|gen
fra|gen, du fragst
der **Fra|ge|satz**, die Fra|ge|sät|ze
das **Fra|ge|wort**, die Fra|ge|wör|ter
das **Fra|ge|zei|chen**, die Fra|ge|zei|chen
Frank|reich
die **Fran|se**, die Fran|sen
der **Fran|zo|se**, die Fran|zo|sen
die **Fran|zö|sin**, die Fran|zö|sin|nen
fran|zö|sisch
er **fraß** → **fressen**
der **Fraß**
der **Fratz**, die Frat|zen
die **Frat|ze**, die Frat|zen
die **Frau**, die Frau|en
der **Frau|en|arzt**, die Frau|en|ärz|te
frech
der **Frech|dachs**, die Frech|dach|se
die **Frech|heit**, die Frech|hei|ten
frei
das **Frei|bad**, die Frei|bä|der
im **Frei|en**
frei|hän|dig
die **Frei|heit**, die Frei|hei|ten
die **Frei|kar|te**, die Frei|kar|ten
frei|las|sen, du lässt frei, er ließ frei, sie hat freigelassen
die **Frei|las|sung**, die Frei|las|sun|gen
frei|lich
das **Frei|licht|the|a|ter**, die Frei|licht|the|a|ter
der **Frei|spruch**, die Frei|sprü|che
der **Frei|stoß**, die Frei|stö|ße
die **Frei|stun|de**, die Frei|stun|den
der **Frei|tag**, die Frei|ta|ge
am **Frei|tag|abend**
frei|tags
frei|wil|lig
der **Frei|wurf**, die Frei|wür|fe
die **Frei|zeit**
die **Frei|zeit|be|schäf|ti|gung**, die Frei|zeit|be|schäf|ti|gun|gen

fremd
der (bei Frauen: die) Frem|de, die Frem|den
frem|deln, du fremdelst
die Fremd|spra|che, die Fremd|spra|chen
das Fremd|wort, die Fremd|wör|ter
fres|sen, es frisst, es fraß, es hat gefressen
der Fress|napf, die Fress|näp|fe
das Frett|chen, die Frett|chen
die Freu|de, die Freu|den
der Freu|den|schrei, die Freu|den|schreie
freu|de|strah|lend
freu|dig
sich freu|en, du freust dich

»sich freuen« mal anders

begeistert sein Nils ist vom neuen Freibad begeistert.
froh sein Jonas ist froh über seine Eins in Mathe.
glücklich lächeln Anna lächelt glücklich und zufrieden.
jauchzen Alle jauchzten, als der Clown die Bühne betrat.
vor Freude strahlen Benjamin strahlt vor Freude.

der Freund, die Freun|de
der Freun|des|kreis, die Freun|des|krei|se
die Freun|din, die Freun|din|nen
freund|lich
die Freund|lich|keit, die Freund|lich|kei|ten

fre

die Freund|schaft, die Freund|schaf|ten
freund|schaft|lich
der Frie|den, auch: Frie|de
der Frie|dens|ver|trag, die Frie|dens|ver|trä|ge
der Fried|hof, die Fried|hö|fe
fried|lich
frie|ren, du frierst, er fror, sie hat gefroren
die Fri|ka|del|le, die Fri|ka|del|len
das Fri|kas|see, die Fri|kas|sees
das Fris|bee, die Fris|bees
die Fris|bee|schei|be, die Fris|bee|schei|ben

frisch
die Frisch|milch
der Fri|seur, auch: Fri|sör, die Fri|seu|re
die Fri|seu|rin, auch: Fri|sö|rin, die Fri|seu|rin|nen
fri|sie|ren, du frisierst
es frisst → fressen
die Frist, die Fris|ten
frist|los
die Fri|sur, die Fri|su|ren
die Frit|teu|se, die Frit|teu|sen
frit|tie|ren, du frittierst
froh
fröh|lich
die Fröh|lich|keit
fromm
die Fröm|mig|keit
Fron|leich|nam
die Front, die Fron|ten
fron|tal

sie fror → frieren
der Frosch, die Frö|sche
der Frost, die Frös|te

A B C D E F G H I J K L M N O P Q R S T U V W X Y Z

die Frost|beu|le, die Frost|beu|len
fros|tig
der (auch: das) Frot|tee, auch: Frot|té
die Frucht, die Früch|te

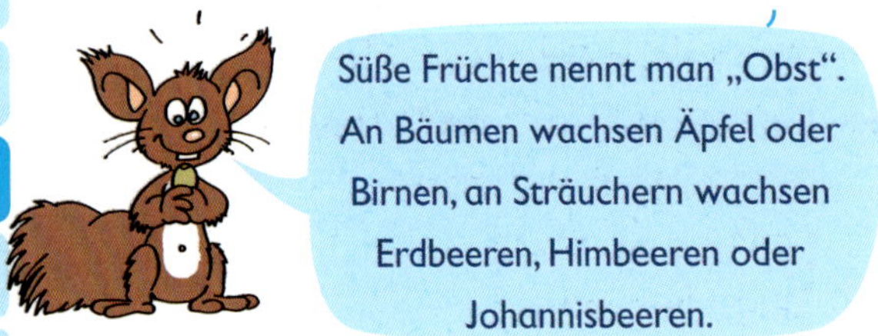

frucht|bar
das Frucht|eis
fruch|tig
der Frucht|zu|cker
früh, morgen früh / Früh
der Früh|auf|ste|her, die Früh|auf|ste|her
frü|her
frü|hes|tens
die Früh|ge|burt, die Früh|ge|bur|ten
das Früh|jahr
der Früh|ling
der Früh|lings|an|fang
früh|mor|gens

die Früh|schicht
der Früh|sport
das Früh|stück, die Früh|stü|cke
früh|stü|cken, du frühstückst
früh|zei|tig
der Frust
frus|triert
der Fuchs, die Füch|se
fuch|sig
fuchs|teu|fels|wild
fuch|teln, du fuchtelst
die Fu|ge, die Fu|gen
füh|len, du fühlst
der Füh|ler, die Füh|ler

sie fuhr → fahren
die Fuh|re, die Fuh|ren
füh|ren, du führst
der Füh|rer, die Füh|rer
der Füh|rer|schein, die Füh|rer|schei|ne
der Fuhr|park, die Fuhr|parks
die Füh|rung, die Füh|run|gen
die Fül|le
fül|len, du füllst
der Fül|ler, die Fül|ler
der Füll|fe|der|hal|ter, die Füll|fe|der|hal|ter
die Fül|lung, die Fül|lun|gen
fum|meln, du fummelst
der Fund, die Fun|de
das Fun|da|ment, die Fun|da|men|te
das Fund|bü|ro, die Fund|bü|ros
die Fund|gru|be, die Fund|gru|ben
fün|dig wer|den
der Fund|ort, die Fund|or|te
fünf, 5
die Fünf, die Fün|fen
das Fünf|cent|stück, die Fünf|cent|stü|cke
das Fünf|eck, die Fünf|ecke
fünf|mal
zu fünft
das Fünf|tel, die Fünf|tel
fünf|zehn, 15
fünf|zig, 50

der Funk
der Fun|ke, auch: Fun|ken, die Fun|ken
fun|keln, du funkelst
fun|kel|na|gel|neu
fun|ken, du funkst
der Fun|ker, die Fun|ker
das Funk|ge|rät, die Funk|ge|rä|te

der **Funk|spruch**, die Funk|sprü|che
die **Funk|ti|on**, die Funk|ti|o|nen
funk|ti|o|nie|ren, es funktioniert
die **Funk|stil|le**
der **Funk|turm**, die Funk|tür|me
für
die **Fur|che**, die Fur|chen
die **Furcht**
furcht|bar
sich **fürch|ten**, du fürchtest dich
fürch|ter|lich
furcht|los
für|ei|nan|der
die **Fu|rie**, die Fu|ri|en
die **Für|sor|ge**
für|sorg|lich
der **Fürst**, die Fürs|ten
die **Fürs|tin**, die Fürs|tin|nen
fürst|lich
das **Für|wort**, die Für|wör|ter
der **Furz**, die Für|ze
fur|zen, du furzt
der **Fuß**, die Fü|ße
der **Fuß|ball**, die Fuß|bäl|le
der **Fuß|bal|ler**, die Fuß|bal|ler
der **Fuß|bo|den**, die Fuß|bö|den
der (auch: die) **Fus|sel**, die Fus|seln
der **Fuß|gän|ger**, die Fuß|gän|ger
die **Fuß|gän|ge|rin**, die Fuß|gän|ge|rin|nen
die **Fuß|gän|ger|zo|ne**, die Fuß|gän|ger|zo|nen
der **Fuß|tritt**, die Fuß|trit|te
der **Fuß|weg**, die Fuß|we|ge
das **Fut|ter**
fut|tern, du futterst
füt|tern, du fütterst
die **Füt|te|rung**, die Füt|te|run|gen
das **Fu|tur**

Gg

er **gab** → **geben**
die **Ga|be**, die Ga|ben
die **Ga|bel**, die Ga|beln
der **Ga|bel|stap|ler**, die Ga|bel|stap|ler
ga|ckern, du gackerst
gaf|fen, du gaffst
der **Gag**, die Gags
gäh|nen, du gähnst
die **Ga|la|xie**, die Ga|la|xi|en
die **Ga|lee|re**, die Ga|lee|ren
die **Ga|le|rie**, die Ga|le|ri|en
der **Gal|gen**, die Gal|gen
die **Gal|le**
der **Ga|lopp**, die Ga|lop|pe
ga|lop|pie|ren, das Pferd galoppiert
es **galt** → **gelten**
der **Game|boy**, die Game|boys
gam|meln, es gammelt
die **Gäm|se**, die Gäm|sen
der **Gang**, die Gän|ge
die **Gang|schal|tung**, die Gang|schal|tun|gen
der **Gangs|ter**, die Gangs|ter
der **Ga|no|ve**, die Ga|no|ven
die **Gans**, die Gän|se

das **Gän|se|blüm|chen**, die Gän|se|blüm|chen
das **Gän|se|füß|chen**, die Gän|se|füß|chen
die **Gän|se|haut**
der **Gän|se|marsch**, die Gän|se|mär|sche
der **Gän|se|rich**, die Gän|se|ri|che
ganz, gan|ze, gan|zer, gan|zes
ganz und gar

ganz|tags
die **Ganz|tags|schu|le**, die Ganz|tags|schu|len
gar
gar nicht
die **Ga|ra|ge**, die Ga|ra|gen
die **Ga|ran|tie**, die Ga|ran|ti|en
ga|ran|tie|ren, du garantierst
die **Gar|de|ro|be**, die Gar|de|ro|ben
die **Gar|di|ne**, die Gar|di|nen
ga|ren, es gart
gä|ren, es gärt, es gärte / gor, es ist / hat gegärt / gegoren
das **Garn**, die Gar|ne
gar|nie|ren, du garnierst
gars|tig
der **Gar|ten**, die Gär|ten
der **Gärt|ner**, die Gärt|ner
die **Gärt|ne|rei**, die Gärt|ne|rei|en
das **Gas**, die Ga|se
die **Gas|hei|zung**, die Gas|hei|zun|gen
die **Gas|se**, die Gas|sen
Gas|si ge|hen
der **Gast**, die Gäs|te
das **Gäs|te|zim|mer**, die Gäs|te|zim|mer
gast|freund|lich
das **Gast|haus**, die Gast|häu|ser
die **Gast|stät|te**, die Gast|stät|ten
der **Gast|wirt**, die Gast|wir|te
das **Gat|ter**, die Gat|ter
die **Gat|tung**, die Gat|tun|gen
die (auch: das) **Gau|di**
gau|keln, du gaukelst
der **Gauk|ler**, die Gauk|ler
der **Gaul**, die Gäu|le
der **Gau|men**, die Gau|men

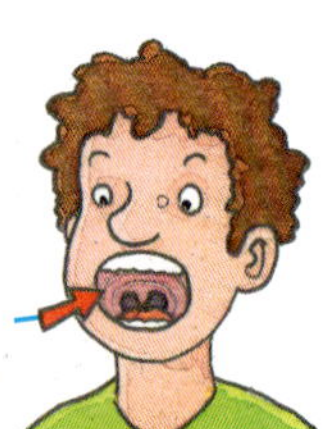

der **Gau|ner**, die Gau|ner
die **Gau|ne|rei**, die Gau|ne|rei|en
das **Ge|bäck**, die Ge|bä|cke

sie **ge|bar** → **gebären**
die **Ge|bär|de**, die Ge|bär|den
die **Ge|bär|den|spra|che**, die Ge|bär|den|spra|chen
ge|bä|ren, du gebierst, sie gebar, sie hat geboren
das **Ge|bäu|de**, die Ge|bäu|de

Gebäude sind Häuser, Hütten, Burgen, Paläste, Pyramiden, Schlösser, Türme. Brücken und Mauern heißen nicht „Gebäude", sondern „Bauwerke".

ge|ben, du gibst, er gab, sie hat gegeben
das **Ge|bet**, die Ge|be|te
das **Ge|biet**, die Ge|bie|te
ge|bil|det
das **Ge|bir|ge**, die Ge|bir|ge
ge|bir|gig
das **Ge|biss**, die Ge|bis|se
ge|blümt

ge|bo|gen
ge|bo|ren
ge|bor|gen
die **Ge|bor|gen|heit**
das **Ge|bot**, die Ge|bo|te
der **Ge|brauch**, die Ge|bräu|che
ge|brau|chen, du gebrauchst
ge|bräuch|lich
die **Ge|brauchs|an|wei|sung**, die Ge|brauchs|an|wei|sun|gen
ge|braucht
der **Ge|braucht|wa|gen**, die Ge|braucht|wa|gen
ge|brech|lich
die **Ge|brü|der**

das **Ge|brüll**
die **Ge|bühr**, die Ge|büh|ren
ge|büh|ren|pflich|tig
die **Ge|burt**, die Ge|bur|ten
ge|bür|tig
das **Ge|burts|jahr**, die Ge|burts|jah|re
der **Ge|burts|tag**, die Ge|burts|ta|ge
die **Ge|burts|tags|fei|er**, die Ge|burts|tags|fei|ern
das **Ge|büsch**, die Ge|bü|sche
das **Ge|dächt|nis**, die Ge|dächt|nis|se
der **Ge|dan|ke**, die Ge|dan|ken
ge|dan|ken|los
ge|dei|hen, du gedeihst, er gedieh, sie ist gediehen
das **Ge|dicht**, die Ge|dich|te

das **Ge|drän|ge**
ge|druckt
die **Ge|duld**
ge|dul|dig
ge|eig|net
die **Ge|fahr**, die Ge|fah|ren
ge|fähr|den, du gefährdest
ge|fähr|lich
ge|fahr|los
das **Ge|fäl|le**, die Ge|fäl|le
der **Ge|fal|len**, die Ge|fal|len
ge|fal|len, du gefällst mir, er gefiel ihr, sie hat ihm gefallen
die **Ge|fäl|lig|keit**, die Ge|fäl|lig|kei|ten
ge|fäl|ligst

der (bei Frauen: die) **Ge|fan|ge|ne**, die Ge|fan|ge|nen
das **Ge|fäng|nis**, die Ge|fäng|nis|se
das **Ge|fäß**, die Ge|fä|ße
das **Ge|fecht**, die Ge|fech|te
das **Ge|fie|der**, die Ge|fie|der
ge|fie|dert

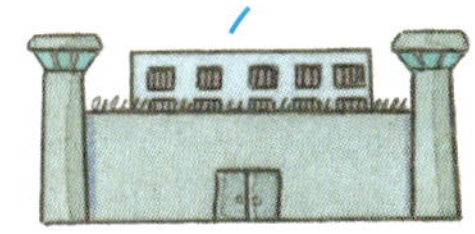

es **ge|fiel** → **gefallen**
ge|fleckt
das **Ge|flü|gel**
das **Ge|fol|ge**, die Ge|fol|ge
ge|frä|ßig
die **Ge|frä|ßig|keit**
ge|frie|ren, es gefriert, es gefror, es ist gefroren
das **Ge|fühl**, die Ge|füh|le
ge|fühl|los
ge|fühls|be|tont
ge|fühl|voll
ge|gen
die **Ge|gend**, die Ge|gen|den
ge|gen|ei|nan|der
das **Ge|gen|gift**, die Ge|gen|gif|te
der **Ge|gen|satz**, die Ge|gen|sät|ze
ge|gen|sätz|lich
ge|gen|sei|tig
der **Ge|gen|stand**, die Ge|gen|stän|de
das **Ge|gen|teil**, die Ge|gen|tei|le
ge|gen|über
ge|gen|über|si|tzen, du sitzt gegenüber, er saß gegenüber, sie hat gegenübergesessen
der **Ge|gen|ver|kehr**
die **Ge|gen|wart**
ge|gen|wär|tig
der **Ge|gen|wind**
der **Geg|ner**, die Geg|ner
die **Geg|ne|rin**, die Geg|ne|rin|nen
das **Ge|halt**, die Ge|häl|ter

A B C D E F G H I J K L M N O P Q R S T U V W X Y Z

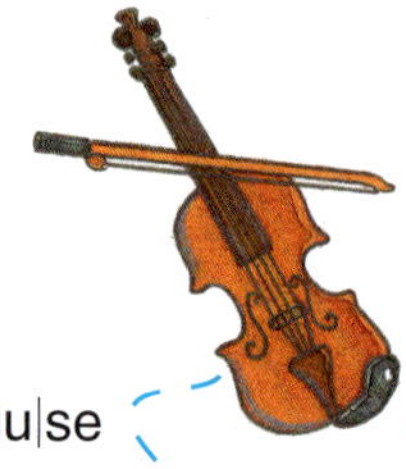

ge|häs|sig
die **Ge|häs|sig|keit**, die Ge|häs|sig|kei|ten
das **Ge|häu|se**, die Ge|häu|se
das **Ge|he|ge**, die Ge|he|ge
ge|heim
der **Ge|heim|dienst**, die Ge|heim|diens|te
das **Ge|heim|nis**, die Ge|heim|nis|se
ge|heim|nis|voll
der **Ge|heim|tipp**, die Ge|heim|tipps
ge|hen, du gehst, er ging, sie ist gegangen

Andere Wörter für »gehen«

bummeln Samstags bummeln viele Leute durch die Stadt.
schleichen Leise schleicht sich der Dieb aus dem Haus.
schreiten Elegant schreitet die Königin durch den Saal.
stapfen Lars stapft fröhlich durch den Schnee.
wandern Anne wandert gern lange durch den Wald.

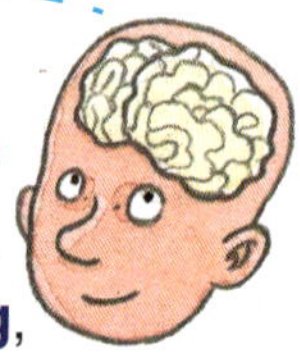

ge|heu|er
der **Ge|hil|fe**, die Ge|hil|fen
das **Ge|hirn**, die Ge|hir|ne
die **Ge|hirn|er|schüt|te|rung**, die Ge|hirn|er|schüt|te|run|gen
das **Ge|hör**
ge|hor|chen, du gehorchst
ge|hö|ren, das gehört dir
ge|hör|los
ge|hor|sam
der **Ge|hor|sam**

der **Geh|weg**, die Geh|we|ge
der **Gei|er**, die Gei|er
die **Gei|ge**, die Gei|gen
geil
die **Gei|sel**, die Gei|seln
der **Geist** (Verstand)
der **Geist**, die Geis|ter (Gespenst)
die **Geis|ter|bahn**, die Geis|ter|bah|nen
geis|tes|ge|gen|wär|tig
der **Geiz**
der **Geiz|hals**, die Geiz|häl|se
gei|zig
das **Ge|jam|mer**
das **Ge|ki|cher**
ge|kränkt
das **Ge|krit|zel**
das **Gel**, die Ge|le
das **Ge|läch|ter**, die Ge|läch|ter
ge|lähmt
das **Ge|län|de**, die Ge|län|de
das **Ge|län|der**, die Ge|län|der

es **ge|lang** → **gelingen**
ge|lang|weilt
ge|las|sen
die **Ge|las|sen|heit**
gelb
gelb|lich
das **Geld**, die Gel|der
der **Geld|beu|tel**, die Geld|beu|tel
das **Ge|lee**, die Ge|lees
die **Ge|le|gen|heit**, die Ge|le|gen|hei|ten
ge|le|gent|lich
ge|lehrt
der (bei Frauen: die) **Ge|lehr|te**, die Ge|lehr|ten
das **Ge|lenk**, die Ge|len|ke
ge|len|kig

ge|lin|gen, es gelingt, es gelang, es ist gelungen
ge|lo|gen → lügen
gel|ten, es gilt, es galt, es hat gegolten
das Ge|lüb|de, die Ge|lüb|de
ge|mäch|lich
das Ge|mäl|de, die Ge|mäl|de
das Ge|mäu|er, die Ge|mäu|er
ge|mein
die Ge|mein|de, die Ge|mein|den
die Ge|mein|heit, die Ge|mein|hei|ten
ge|mein|sam
die Ge|mein|sam|keit, die Ge|mein|sam|kei|ten
die Ge|mein|schaft, die Ge|mein|schaf|ten
ge|mein|schaft|lich
das Ge|mü|se
ge|mus|tert
das Ge|müt, die Ge|mü|ter
ge|müt|lich
die Ge|müt|lich|keit
das Gen, die Ge|ne
ge|nau
ge|nau|so
der Gen|darm, die Gen|dar|men
ge|neh|mi|gen, du genehmigst
die Ge|neh|mi|gung, die Ge|neh|mi|gun|gen
der Ge|ne|ral, die Ge|ne|rä|le
die Ge|ne|ral|pro|be, die Ge|ne|ral|pro|ben
die Ge|ne|ra|ti|on, die Ge|ne|ra|ti|o|nen
ge|ne|rell
ge|ni|al
das Ge|nie, die Ge|nies
das Ge|nick
sich ge|nie|ren, du genierst dich

ge|nie|ßen, du genießt, er genoss, sie hat genossen
der Ge|nie|ßer, die Ge|nie|ßer
der Ge|ni|tiv, die Ge|ni|ti|ve
ge|noss → genießen
ge|nug
ge|nü|gen, es genügt dir
ge|nü|gend
ge|nüg|sam
der Ge|nuss, die Ge|nüs|se
ge|nüss|lich
das Geo|drei|eck, die Geo|drei|ecke
die Geo|gra|fie, auch: Geo|gra|phie
geo|gra|fisch, auch: geo|gra|phisch
die Geo|me|trie
geo|me|trisch
das Ge|päck

der Ge|päck|trä|ger, die Ge|päck|trä|ger
ge|pan|zert
der Ge|pard, die Ge|par|de
ge|pflegt
das Ge|plap|per
das Ge|plät|scher
ge|ra|de
ge|ra|de|aus
es ge|rann → gerinnen
das Ge|rät, die Ge|rä|te
ge|ra|ten, du gerätst, er geriet, sie ist geraten
das Ge|rä|te|tur|nen
aufs Ge|ra|te|wohl
ge|räu|mig
das Ge|räusch, die Ge|räu|sche
ge|räusch|los
ge|recht
die Ge|rech|tig|keit
das Ge|re|de

das **Ge|richt**, die Ge|rich|te
er **ge|riet** → **geraten**
ge|ring
ge|rin|nen, es gerinnt, es gerann, es ist geronnen
das **Ge|rip|pe**, die Ge|rip|pe
ge|ris|sen
der **Ger|ma|ne**, die Ger|ma|nen
gern, ger|ne, lie|ber, am liebs|ten
das **Ge|röll**
die **Gers|te**, die Gers|ten
die **Ger|te**, die Ger|ten
der **Ge|ruch**, die Ge|rü|che

ge|ruch|los
das **Ge|rücht**, die Ge|rüch|te
das **Ge|rüm|pel**
das **Ge|rüst**, die Ge|rüs|te
ge|sal|zen
ge|samt
der **Ge|sang**, die Ge|sän|ge
das **Ge|säß**, die Ge|sä|ße
das **Ge|schäft**, die Ge|schäf|te
ge|schäft|lich
ge|sche|hen, es geschieht, es geschah, es ist geschehen
das **Ge|sche|hen**
ge|scheit
das **Ge|schenk**, die Ge|schen|ke
die **Ge|schich|te**, die Ge|schich|ten
die **Ge|schick|lich|keit**
ge|schickt
ge|schie|den

das **Ge|schirr**
das **Ge|schlecht**, die Ge|schlech|ter
ge|schlos|sen
der **Ge|schmack**, die Ge|schmä|cker
ge|schmack|los
ge|schmack|voll
ge|schmei|dig
das **Ge|schnat|ter**
das **Ge|schöpf**, die Ge|schöp|fe
das **Ge|schoss**, die Ge|schos|se
das **Ge|schrei**
das **Ge|schwätz**
ge|schwät|zig
ge|schwind
die **Ge|schwin|dig|keit**
die **Ge|schwis|ter**
ge|schwol|len
ge|schwom|men → **schwimmen**
das **Ge|schwür**, die Ge|schwü|re
der **Ge|sel|le**, die Ge|sel|len
ge|sel|lig
die **Ge|sell|schaft**, die Ge|sell|schaf|ten
ge|sell|schaft|lich
das **Ge|setz**, die Ge|set|ze
ge|setz|lich
das **Ge|sicht**, die Ge|sich|ter
ge|spannt
das **Ge|spenst**, die Ge|spens|ter
ge|spens|tisch
ge|sperrt
das **Ge|spräch**, die Ge|sprä|che
ge|sprä|chig
ge|spren|kelt
das **Ge|spür**
die **Ge|stalt**, die Ge|stal|ten
ge|stal|ten, du gestaltest
die **Ge|stal|tung**
er **ge|stand** → **gestehen**

ges

das **Ge|ständ|nis**, die Ge|ständ|nis|se
der **Ge|stank**
die **Ges|te**, die Ges|ten
ge|ste|hen, du gestehst, er gestand, sie hat gestanden
das **Ge|stein**, die Ge|stei|ne
das **Ge|stell**, die Ge|stel|le
ges|tern
ge|streift
das **Ge|strüpp**
das **Ge|stüt**, die Ge|stü|te
ge|sund, ge|sün|der, am ge|sün|des|ten
die **Ge|sund|heit**
ge|sund|heit|lich
ge|sund|heits|schäd|lich
das **Ge|tränk**, die Ge|trän|ke

das **Ge|trei|de**, die Ge|trei|de
ge|trennt
das **Ge|trie|be**, die Ge|trie|be
das **Ge|tu|schel**
das **Ge|wächs**, die Ge|wäch|se
das **Ge|wächs|haus**, die Ge|wächs|häu|ser
die **Ge|währ**
die **Ge|walt**, die Ge|wal|ten
ge|wal|tig
ge|walt|los
ge|walt|tä|tig
das **Ge|wand**, die Ge|wän|der
ge|wandt
er **ge|wann** → **gewonnen**
das **Ge|wäs|ser**, die Ge|wäs|ser

gew

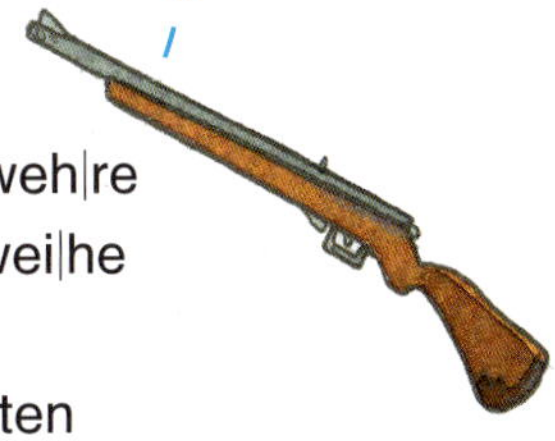

das **Ge|wehr**, die Ge|weh|re
das **Ge|weih**, die Ge|wei|he
die **Ge|werk|schaft**, die Ge|werk|schaf|ten
ge|we|sen → **sein**
das **Ge|wicht**, die Ge|wich|te
das **Ge|wim|mel**
das **Ge|win|de**, die Ge|win|de
der **Ge|winn**, die Ge|win|ne
ge|win|nen, du gewinnst, sie gewann, er hat gewonnen
ge|wiss
das **Ge|wis|sen**
ge|wis|sen|haft
ge|wis|sen|los
die **Ge|wiss|heit**
das **Ge|wit|ter**, die Ge|wit|ter
ge|wit|trig
sich **ge|wöh|nen**, du gewöhnst dich daran
die **Ge|wohn|heit**, die Ge|wohn|hei|ten
ge|wöhn|lich
ge|wohnt
das **Ge|wöl|be**, die Ge|wöl|be
ge|wölbt
das **Ge|würz**, die Ge|wür|ze
ge|würzt
das **Ge|wu|sel**
ge|zackt
die **Ge|zei|ten**
das **Ge|zwit|scher**
es **gibt** → **geben**

der **Gie|bel**, die Gie|bel
gie|rig
gie|ßen, du gießt, er goss, sie hat gegossen
die **Gie|ße|rei**, die Gie|ße|rei|en
die **Gieß|kan|ne**, die Gieß|kan|nen
das **Gift**, die Gif|te

gif|tig
gi|gan|tisch
es **gilt** → **gelten**
sie **ging** → **gehen**
der **Gip|fel**, die Gip|fel
der **Gips**
gip|sen, du gipst
die **Gi|raf|fe**, die Gi|raf|fen
die **Gir|lan|de**, die Gir|lan|den
die **Gischt**, die Gisch|ten

die **Gi|tar|re**, die Gi|tar|ren
das **Git|ter**, die Git|ter
der **Gla|di|a|tor**, die Gla|di|a|to|ren
der **Glanz**
glän|zen, es glänzt
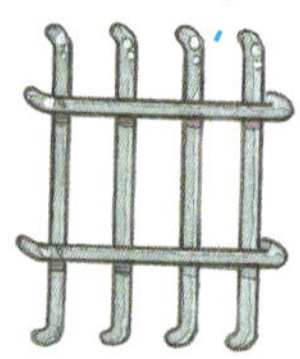
das **Glas**, die Glä|ser
glä|sern
gla|sie|ren, du glasierst
die **Gla|sur**, die Gla|su|ren
glatt
die **Glät|te**
das **Glatt|eis**
die **Glat|ze**, die Glat|zen
glatz|köp|fig
der **Glau|be**, auch: **Glau|ben**
glau|ben, du glaubst
gläu|big
glaub|wür|dig
gleich
gleich|be|rech|tigt
die **Gleich|be|rech|ti|gung**
das **Gleich|ge|wicht**
gleich|gül|tig
gleich|lau|tend
gleich|mä|ßig
gleich|zei|tig
das **Gleis**, die Glei|se
glei|ten, du gleitest, er glitt, sie ist geglitten

der **Glet|scher**, die Glet|scher
glib|be|rig
das **Glied**, die Glie|der
glie|dern, du gliederst
die **Glie|de|rung**, die Glie|de|run|gen
glimpf|lich
glit|schig
er **glitt** → **gleiten**
glit|zern, es glitzert
der **Glo|bus**, die Glo|bus|se / Glo|ben
die **Glo|cke**, die Glo|cken

glot|zen, du glotzt
das **Glück**
glu|ckern, es gluckert
glück|lich
glück|li|cher|wei|se
der **Glück|wunsch**, die Glück|wün|sche
die **Glüh|bir|ne**, die Glüh|bir|nen
glü|hen, du glühst
glü|hend
die **Glut**, die Glu|ten
die **Gna|de**, die Gna|den
gna|den|los
gnä|dig
der **Go|ckel**, die Go|ckel
das **Gold**
gol|den
gol|dig
die **Gold|me|dail|le**, die Gold|me|dail|len
das **Golf**
die **Gon|del**, die Gon|deln
der **Gong**, die Gongs
gön|nen, du gönnst
das **Gör**, auch: die **Gö|re**, die Gö|ren
der **Go|ril|la**, die Go|ril|las
es **goss** → **gießen**
der **Gott**, die Göt|ter

die **Göt|tin**, die Göt|tin|nen
gött|lich
das **Grab**, die Grä|ber
der **Gra|ben**, die Grä|ben
gra|ben, du gräbst, er grub, sie hat gegraben
der **Grad**, die Gra|de
der **Graf**, die Gra|fen
das **Graf|fi|to**, die Graf|fi|ti
die **Grä|fin**, die Grä|fin|nen
das **Gramm**, die Gramm
die **Gram|ma|tik**, die Gram|ma|ti|ken
gram|ma|tisch
der **Gra|nit**
gran|tig
die **Grape|fruit**, die Grape|fruits
das **Gras**, die Grä|ser

Gras wächst oft in Gärten. Ein Stück Land, auf dem nur Gras wächst, heißt *Rasen*. Getrocknetes Gras heißt *Heu*, trockene Getreidereste heißen *Stroh*.

gräss|lich
die **Grä|te**, die Grä|ten

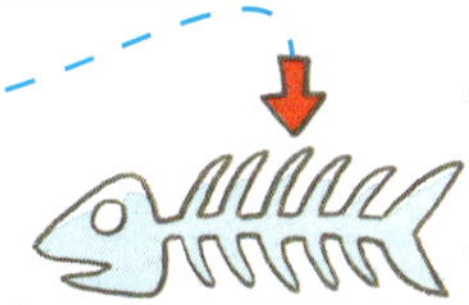

gra|tis
die **Grät|sche**, die Grät|schen
die **Gra|tu|la|ti|on**, die Gra|tu|la|ti|o|nen
gra|tu|lie|ren, du gratulierst
grau
das **Grau**
das **Grau|en**
grau|en, dir graut
grau|en|haft
grau|haa|rig
gräu|lich
grau|sam

die **Grau|sam|keit**, die Grau|sam|kei|ten
grau|sig
grei|fen, du greifst, er griff, sie hat gegriffen
der **Greif|vo|gel**, die Greif|vö|gel
der **Greis**, die Grei|se
grell
die **Gren|ze**, die Gren|zen

gren|zen|los
der **Grie|che**, die Grie|chen
Grie|chen|land
grie|chisch
gries|grä|mig
der **Grieß**
er **griff** → **greifen**
der **Griff**, die Grif|fe

der **Grill**, die Grills
die **Gril|le**, die Gril|len
gril|len, du grillst
die **Gri|mas|se**, die Gri|mas|sen
grim|mig
grin|sen, du grinst
die **Grip|pe**, die Grip|pen
grob, grö|ber, am gröbs|ten
die **Grob|heit**, die Grob|hei|ten
grö|len, du grölst
der **Groll**
grol|len, du grollst
groß, grö|ßer, am größ|ten
Groß|bri|tan|ni|en
die **Grö|ße**, die Grö|ßen

Aus Adjektiven können Substantive werden. Aus *groß* wird *Größe*, aus *lang* wird *Länge*, aus *hoch* wird *Höhe*. Was wird wohl aus *tief*, *breit* oder *weit*?

die **Groß|el|tern**
die **Groß|mut|ter**, die Groß|müt|ter
der **Groß|va|ter**, die Groß|vä|ter
er **grub** → **graben**
die **Gru|be**, die Gru|ben

grü|beln, du grübelst
grün
der **Grund**, die Grün|de
gründ|lich
das **Grund|stück**, die Grund|stü|cke
grun|zen, du grunzt
die **Grup|pe**, die Grup|pen
sich **gru|seln**, du gruselst dich
der **Gruß**, die Grü|ße
grü|ßen, du grüßt
gu|cken, du guckst
das (auch: der) **Gu|lasch**
die **Gül|le**, die Gül|len
der (auch: das) **Gul|ly**, die Gul|lys
gül|tig
die **Gül|tig|keit**
das (auch: der) **Gum|mi**, die Gum|mis
der **Gum|mi|stie|fel**, die Gum|mi|stie|fel
güns|tig
gur|geln, du gurgelst
die **Gur|ke**, die Gur|ken
gur|ren, die Taube gurrt
der **Gurt**, die Gur|te
der **Gür|tel**, die Gür|tel

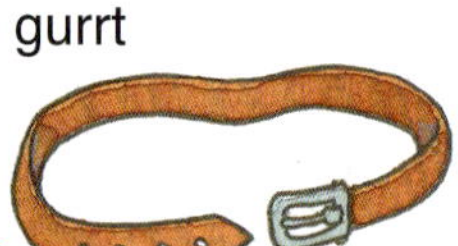

der **Guss**, die Güs|se
gut, bes|ser, am bes|ten

Andere Wörter für »gut«

ausgezeichnet Annika spielt ausgezeichnet Klavier.
geil Jan-Hendrik hat ein echt geiles Fahrrad.
klasse In dem Kleid siehst du klasse aus.
super Die Stimmung auf der Party ist super.
toll Unser Urlaub war ein tolles Erlebnis.

das **Gut**, die Gü|ter
der **Gü|ter|zug**, die Gü|ter|zü|ge
gut|mü|tig
der **Gut|schein**, die Gut|schei|ne
das **Gym|na|si|um**, die Gym|na|si|en
die **Gym|nas|tik**

Hh

das **Haar**, die Haa|re
die **Haar|bürs|te**, die Haar|bürs|ten
haar|ge|nau
haar|scharf
das **Haar|spray**, die Haar|sprays
haar|sträu|bend
das **Hab und Gut**
ha|ben, du hast, er hatte, sie hat gehabt
die **Hab|gier**
hab|gie|rig
der **Ha|bicht**, die Ha|bich|te
die **Ha|cke**, die Ha|cken
der **Hack|bra|ten**, die Hack|bra|ten
ha|cken, du hackst
das **Hack|fleisch**
ha|dern, du haderst
der **Ha|fen**, die Hä|fen
der **Ha|fer**
die **Ha|fer|flo|cken**
die **Haft**

haf|ten, du haftest
der Häft|ling, die Häft|lin|ge
die Ha|ge|but|te, die Ha|ge|but|ten
der Ha|gel
ha|geln, es hagelt
ha|ger
der Hahn, die Häh|ne
das Hähn|chen, die Hähn|chen
der Hai, die Haie

der Hain, die Hai|ne
hä|keln, du häkelst
der Ha|ken, die Ha|ken
halb
der Halb|bru|der, die Halb|brü|der
halb|her|zig
hal|bie|ren, du halbierst
die Halb|in|sel, die Halb|in|seln

der Halb|mond
der Halb|schwes|ter, die Halb|schwes|tern
halb|tags
halb|wegs
die Halb|zeit, die Halb|zei|ten
er half → helfen
die Hälf|te, die Hälf|ten
das (auch: der) Half|ter, die Half|ter
die Hal|le, die Hal|len
das Hal|len|bad, die Hal|len|bä|der
die Hal|lig, die Hal|li|gen
der Halm, die Hal|me
der Hals, die Häl|se
hals|bre|che|risch
das Hals|weh
halt|bar
die Halt|bar|keit
hal|ten, du hältst, er hielt, sie hat gehalten
die Hal|te|stel|le, die Hal|te|stel|len
die Hal|tung, die Hal|tun|gen

halt|ma|chen, du machst halt
Ham|burg
der Ham|bur|ger, die Ham|bur|ger
hä|misch
der Ham|mel, die Ham|mel
der Ham|mer, die Häm|mer
häm|mern, du hämmerst
ham|peln, du hampelst
der Hams|ter, die Hams|ter
hams|tern, du hamsterst

die Hand, die Hän|de
die Hand|ar|beit
der Hand|ball
der Han|del
han|deln, du handelst
der Händ|ler, die Händ|ler
hand|lich
die Hand|lung, die Hand|lun|gen
die Hand|schrift, die Hand|schrif|ten
der Hand|schuh, die Hand|schu|he
der Hand|stand, die Hand|stän|de
die Hand|ta|sche, die Hand|ta|schen
das Hand|tuch, die Hand|tü|cher
die Hand|voll, auch: Hand voll
das Hand|werk
der Hand|wer|ker, die Hand|wer|ker
das Han|dy, die Han|dys
der Hang, die Hän|ge
die Hän|ge|mat|te, die Hän|ge|mat|ten
hän|gen, es hängt, es hing, es hat gehangen
hän|gen, du hängst, er hängte, sie hat gehängt
Han|no|ver
hän|seln, du hänselst
han|tie|ren, du hantierst
das Här|chen, die Här|chen
die Hard|ware
die Har|fe, die Har|fen

die **Har|ke**, die Har|ken
har|ken, du harkst
harm|los
die **Har|mo|nie**, die Har|mo|ni|en
har|mo|nisch
der **Harn**
die **Har|pu|ne**, die Har|pu|nen
hart, här|ter, am här|tes|ten
die **Här|te**, die Här|ten
hart|her|zig
hart|nä|ckig
das **Harz**, die Har|ze
der **Ha|se**, die Ha|sen
die **Ha|sel|maus**, die Ha|sel|mäu|se
die **Ha|sel|nuss**, die Ha|sel|nüs|se
der **Hass**
has|sen, du hasst
häss|lich
hast, hat, hat|te → **haben**
die **Hast**
has|ten, du hastet
has|tig
hät|scheln, du hätschelst
die **Hau|be**, die Hau|ben
der **Hauch**
hauch|dünn
hau|chen, du hauchst
hau|en, du haust
das **Häuf|chen**, die Häuf|chen
der **Hau|fen**, die Hau|fen
häu|fig
das **Haupt**, die Häup|ter
der **Haupt|bahn|hof**, die Haupt|bahn|hö|fe
der **Häupt|ling**, die Häupt|lin|ge
die **Haupt|sa|che**
haupt|säch|lich
die **Haupt|schu|le**, die Haupt|schu|len
die **Haupt|stadt**, die Haupt|städ|te

das **Haupt|wort**, die Haupt|wör|ter
das **Haus**, die Häu|ser

Viele Häuser sind so hoch, dass sie mehrere Stockwerke oder Etagen haben. Oben im Haus ist das Dach, und unter der Erde ist der Keller.

Andere Wörter für »Haus«

Baracke Flüchtlinge wohnen oft in alten Baracken.
Hütte Maries Eltern haben eine Hütte in den Bergen.
Palast Katja besichtigt gerne die Paläste von Königen.
Villa Viele reiche Leute leben in einer großen Villa.

die **Haus|auf|ga|be**, die Haus|auf|ga|ben
das **Häus|chen**, die Häus|chen
hau|sen, du haust
die **Haus|frau**, die Haus|frau|en
der **Haus|halt**, die Haus|hal|te
haus|hoch
der **Haus|mann**, die Haus|män|ner
der **Haus|meis|ter**, die Haus|meis|ter
der **Haus|schlüs|sel**, die Haus|schlüs|sel
das **Haus|tier**, die Haus|tie|re
die **Haut**, die Häu|te
sich **häu|ten**, die Schlange häutet sich
haut|eng
die **Haut|far|be**
die **Ha|xe**, die Ha|xen
die **Heb|am|me**, die Heb|am|men
der **He|bel**, die He|bel

he|ben, du hebst, er hob, sie hat gehoben
der Hecht, die Hech|te
hech|ten, du hechtest
der Hecht|sprung, die Hecht|sprün|ge
das Heck, die Hecks / He|cke
die He|cke, die He|cken
das Heer, die Hee|re
der Heh|ler, die Heh|ler

die He|fe
das Heft, die Hef|te
hef|ten, du heftest
der Hef|ter, die Hef|ter
hef|tig
das Heft|pflas|ter, die Heft|pflas|ter
die Hei|de, die Hei|den
die Hei|del|bee|re, die Hei|del|bee|ren
hei|kel
heil
heil|bar
hei|len, du heilst
heil|froh
hei|lig
der Hei|lig|abend
die Heil|pflan|ze, die Heil|pflan|zen
die Hei|lung
das Heim, die Hei|me
die Hei|mat
hei|mat|los
heim|fah|ren, du fährst heim, er fuhr heim, sie ist heimgefahren
heim|ge|hen, du gehst heim, er ging heim, sie ist heimgegangen
heim|lich
die Heim|rei|se, die Heim|rei|sen
der Heim|weg
das Heim|weh
die Hei|rat
hei|ra|ten, du heiratest

hei|ser
die Hei|ser|keit
heiß

Heiß sind: die Sonne, das Feuer, der Ofen, der Herd, die Glut im Kamin, die Flamme einer Kerze. Das Gegenteil von *heiß* ist *kalt*.

hei|ßen, du heißt, er hieß, sie hat geheißen
der Heiß|hun|ger
hei|ter
die Hei|ter|keit
hei|zen, du heizt
der Heiz|kör|per, die Heiz|kör|per
das Heiz|öl, die Heiz|öle
die Hei|zung, die Hei|zun|gen
die Hek|tik
hek|tisch
der Held, die Hel|den
hel|fen, du hilfst, er half, sie hat geholfen
der Hel|fer, die Hel|fer
hell
hell|blond
die Hel|lig|keit
der Hell|se|her, die Hell|se|her
hell|wach
der Helm, die Hel|me

das Hemd, die Hem|den
hem|men, du hemmst
die Hem|mung, die Hem|mun|gen
hem|mungs|los
das Hendl, die Hendln
der Hengst, die Hengs|te
der Hen|kel, die Hen|kel

die Hen|ne, die Hen|nen
her

he|rab
he|ran
he|rauf
he|raus
he|raus|fin|den, du findest heraus, er fand heraus, sie hat herausgefunden
he|raus|for|dern, du forderst heraus
die **He|raus|for|de|rung**, die He|raus|for|de|run|gen
her|bei
die **Her|ber|ge**, die Her|ber|gen
der **Herbst**
herbst|lich
der **Herd**, die Her|de
die **Her|de**, die Her|den
he|rein
der **He|ring**, die He|rin|ge
die **Her|kunft**
der **Herr**, die Her|ren
herr|lich
die **Herr|lich|keit**
herr|schaft|lich
herr|schen, du herrschst
der **Herr|scher**, die Herr|scher
her|stel|len, du stellst her
der **Her|stel|ler**, die Her|stel|ler
die **Her|stel|lung**
he|rü|ber
he|rum
he|run|ter
her|vor
her|vor|ra|gend

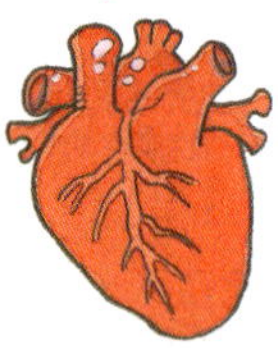

das **Herz**, die Her|zen
herz|haft
herz|lich
der **Herz|schlag**, die Herz|schlä|ge
herz|zer|rei|ßend

Hes|sen
hes|sisch
die **Het|ze**
het|zen, du hetzt
die **Het|ze|rei**
das **Heu**
heu|cheln, du heuchelst
der **Heuch|ler**, die Heuch|ler

heuch|le|risch
heu|er
heu|len, du heulst
der **Heu|schnup|fen**
die **Heu|schre|cke**, die Heu|schre|cken
heu|te
heu|tig
heut|zu|ta|ge
die **He|xe**, die He|xen
die **He|xe|rei**
der **Hieb**, die Hie|be
sie **hielt** → **halten**
hier
hier|her
hier|mit
die **Hie|ro|gly|phe**, die Hie|ro|gly|phen
er **hieß** → **heißen**
die **Hil|fe**, die Hil|fen
hilf|los
die **Hilf|lo|sig|keit**

hilf|reich
hilfs|be|reit
sie **hilft** → **helfen**
die **Him|bee|re**, die Him|bee|ren
der **Him|mel**, die Him|mel

him|mel|hoch

die **Him|mels|rich|tung**, die Him|mels|rich|tun|gen
himm|lisch
hin
hi|nauf
hi|naus
hin|dern, du hinderst mich
das **Hin|der|nis**, die Hin|der|nis|se
der **Hin|du**, die Hin|dus
der **Hin|du|is|mus**
hin|durch
hi|nein
es **hing** → **hängen**
hin|ken, du hinkst
sich **hin|set|zen**, du setzt dich hin
hin|stel|len, du stellst es hin
hin|ten
hin|ter
hin|ter|ei|nan|der
der **Hin|ter|grund**, die Hin|ter|grün|de
der **Hin|ter|halt**
hin|ter|her
hin|ter|lis|tig
der **Hin|tern**, die Hin|tern
das **Hin|ter|rad**, die Hin|ter|rä|der
hi|nü|ber
hi|nun|ter
der **Hin|weis**, die Hin|wei|se
hin|zu
das **Hirn**, die Hir|ne
der **Hirsch**, die Hir|sche
die **Hir|se**
der **Hir|te**, die Hir|ten
his|to|risch
der **Hit**, die Hits
die **Hit|pa|ra|de**, die Hit|pa|ra|den
die **Hit|ze**
hit|ze|frei
die **H-Milch**

er **hob** → **heben**
das **Hob|by**, die Hob|bys
der **Ho|bel**, die Ho|bel
ho|beln, du hobelst
das **Hoch**, die Hochs
hoch, hö|her, am höchs|ten
hoch|be|gabt
hoch|ge|hen, du gehst hoch, er ging hoch, sie ist hochgegangen
das **Hoch|haus**, die Hoch|häu|ser
der **Hoch|mut**
hoch|mü|tig
hoch|nä|sig
der **Hoch|sprung**, die Hoch|sprün|ge
höchst
höchs|tens
die **Höchst|ge|schwin|dig|keit**
höchst|wahr|schein|lich
das **Hoch|was|ser**
die **Hoch|zeit**, die Hoch|zei|ten
die **Ho|cke**
ho|cken, du hockst

der **Ho|cker**, die Ho|cker
der **Ho|den**, die Ho|den
das **Ho|ckey**
der **Hof**, die Hö|fe
hof|fen, du hoffst
hof|fent|lich
die **Hoff|nung**, die Hoff|nun|gen
hoff|nungs|los
höf|lich
die **Höf|lich|keit**
ho|he Bäu|me → **hoch**
die **Hö|he**, die Hö|hen
hö|her → **hoch**
hohl
die **Höh|le**, die Höh|len
der **Hohn**
höh|nisch

A B C D E F G H I J K L M N O P Q R S T U V W X Y Z

A B C D E F G H I J K L M N O P Q R S T U V W X Y Z

der **Ho|kus|po|kus**
ho|len, du holst
Hol|land
der **Hol|län|der**, die Hol|län|der
hol|län|disch
die **Höl|le**
hol|pe|rig, auch: **holp|rig**
der **Ho|lun|der**, die Ho|lun|der
das **Holz**, die Höl|zer
höl|zern
die **Home|page**, die Home|pa|ges
ho|möo|pa|thisch
ho|mo|se|xu|ell
der **Ho|nig**, die Ho|ni|ge
ho|nig|süß
der **Hop|fen**
hop|peln, du hoppelst
hop|sen, du hopst
hor|chen, du horchst
die **Hor|de**, die Hor|den
hö|ren, du hörst
der **Hö|rer**, die Hö|rer
das **Hör|ge|rät**, die Hör|ge|rä|te
der **Ho|ri|zont**, die Ho|ri|zon|te
das **Horn**, die Hör|ner
das **Hörn|chen**, die Hörn|chen
die **Hor|nis|se**, die Hor|nis|sen
der **Hor|ror**
der **Horst**, die Hors|te
der **Hort**, die Hor|te
hor|ten, du hortest
die **Ho|se**, die Ho|sen
die **Hos|tie**, die Hos|ti|en
der **Hot|dog**, auch: **Hot Dog**, die Hot|dogs
das **Ho|tel**, die Ho|tels
hübsch
der **Hub|schrau|ber**, die Hub|schrau|ber

hu|cke|pack
der **Huf**, die Hu|fe
die **Hüf|te**, die Hüf|ten
der **Hü|gel**, die Hü|gel
hüg|lig, auch: **hü|ge|lig**
das **Huhn**, die Hüh|ner
das **Hühn|chen**, die Hühn|chen
der **Hüh|ner|stall**, die Hüh|ner|stäl|le
die **Hül|le**, die Hül|len
die **Hül|se**, die Hül|sen
die **Hum|mel**, die Hum|meln
der **Hum|mer**, die Hum|mer
der **Hu|mor**
hu|mor|los
hu|mor|voll
hum|peln, du humpelst
der **Hu|mus**
der **Hund**, die Hun|de
hun|de|mü|de
hun|dert, 100
hun|dert|mal
hun|dert|tau|send
der **Hun|ger**
hun|gern, du hungerst
hung|rig
die **Hu|pe**, die Hu|pen
hu|pen, du hupst
hüp|fen, du hüpfst
die **Hür|de**, die Hür|den
hur|ra!
hu|schen, du huschst
hus|ten, du hustest
der **Hus|ten**
der **Hut**, die Hü|te
hü|ten, du hütest
die **Hüt|te**, die Hüt|ten
die **Hy|ä|ne**, die Hy|ä|nen
die **Hy|a|zin|the**, die Hy|a|zin|then
der **Hy|drant**, die Hy|dran|ten

die **Hy|gi|e|ne**
hy|gi|e|nisch
die **Hym|ne**, die Hym|nen
hys|te|risch

Ii

der **IC**, die ICs
der **ICE**, die ICEs
ich
ide|al
die **Idee**, die Ide|en
der **Idi|ot**, die Idi|o|ten
idi|o|tisch

der **Igel**, die Igel
das **Ig|lu**, die Ig|lus
ihm
ihn
ih|nen
ihr
ih|re
die **Il|lus|tra|ti|on**, die Il|lus|tra|ti|o|nen
die **Il|lus|trier|te**, die Il|lus|trier|ten
der **Il|tis**, die Il|tis|se
im
der **Im|biss**, die Im|bis|se
die **Im|biss|stu|be**, die Im|biss|stu|ben
der **Im|ker**, die Im|ker
im|mer

Statt *immer* sagt man auch *stets*, *ständig* oder *dauernd*. Was man nicht immer macht, macht man *oft*, *manchmal* oder *selten*. Das Gegenteil von *immer* heißt *nie*.

im|mer|hin
im|mer|zu

im|mun
imp|fen, du impfst
die **Imp|fung**, die Imp|fun|gen
im|po|nie|ren, du imponierst
im|stande, auch: **im Stan|de**
in
in|dem

der **In|di|a|ner**, die In|di|a|ner
die **In|di|a|ne|rin**, die In|di|a|ne|rin|nen
In|di|en
in|disch
die **In|dus|trie**, die In|dus|tri|en
in|ei|nan|der
die **In|fek|ti|on**, die In|fek|ti|o|nen
der **In|fi|ni|tiv**, die In|fi|ni|ti|ve
die **In|for|ma|ti|on**, die In|for|ma|ti|o|nen
sich **in|for|mie|ren**, du informierst dich
der **In|ge|ni|eur**, die In|ge|ni|eu|re
der **In|ha|ber**, die In|ha|ber
in|ha|lie|ren, du inhalierst
der **In|halt**, die In|hal|te
in|halt|lich
in|halts|reich
das **In|halts|ver|zeich|nis**, die In|halts|ver|zeich|nis|se
das **In|land**
die **In|li|ner**
die **In|line|skates**
in|line|ska|ten, du inlineskatest
in|mit|ten
in|ne|hal|ten, du hältst inne, er hielt inne, sie hat innegehalten
in|nen
in|ne|re
das **In|ne|re**
die **In|nen|stadt**, die In|nen|städ|te
in|ner|halb
in|ner|lich
in|nig

A B C D E F G H I J K L M N O P Q R S T U V W X Y Z

in|ner|orts
ins
der **In|sas|se**, die In|sas|sen
das **In|sekt**, die In|sek|ten

die **In|sel**, die In|seln
das **In|se|rat**, die In|se|ra|te
ins|ge|samt
in|so|fern

die **In|spek|ti|on**, die In|spek|ti|o|nen
der **In|spek|tor**, die In|spek|to|ren
der **In|stal|la|teur**, die In|stal|la|teu|re
in|stal|lie|ren, du installierst
der **In|stinkt**, die In|stink|te
das **In|sti|tut**, die In|sti|tu|te
das **In|stru|ment**, die In|stru|men|te
in|tel|li|gent
die **In|tel|li|genz**
in|ten|siv
die **In|ten|siv|sta|ti|on**, die In|ten|siv|sta|ti|o|nen
der **In|ter|ci|ty**, die In|ter|ci|tys
in|te|res|sant
das **In|te|res|se**, die In|te|res|sen
sich **in|te|res|sie|ren**, du interessierst dich
das **In|ter|nat**, die In|ter|na|te
in|ter|na|ti|o|nal
das **In|ter|net**
das **In|ter|view**, die In|ter|views
in|ter|view|en, du interviewst
die **In|tri|ge**, die In|tri|gen

die **Inu|it**
der **In|va|li|de**, die In|va|li|den
in|wie|fern
in|wie|weit
in|zwi|schen
der **i-Punkt**, die i-Punk|te
ir|disch
der **Ire**, die Iren
ir|gend
ir|gend|ein
ir|gend|ei|ne
ir|gend|ei|ner
ir|gend|et|was
ir|gend|je|mand
ir|gend|wann
ir|gend|was
ir|gend|wer
ir|gend|wie
ir|gend|wo
irisch
Ir|land
die **Iro|nie**
iro|nisch
irr, auch: **ir|re**
sich **ir|ren**, du irrst dich
der **Irr|gar|ten**, die Irr|gär|ten
der **Irr|tum**, die Irr|tü|mer
irr|tüm|lich
der **Is|lam**
is|la|misch
Is|land
is|län|disch
Is|ra|el
is|ra|e|lisch
du **isst** → **essen**
er **ist** → **sein**
Ita|li|en
der **Ita|li|e|ner**, die Ita|li|e|ner
ita|li|e|nisch

Jj

ja
die **Jacht**, auch: **Yacht**, die Jach|ten
die **Ja|cke**, die Ja|cken
der **Jack|pot**, die Jack|pots
die **Jagd**, die Jag|den
ja|gen, du jagst
der **Jä|ger**, die Jä|ger
der **Ja|gu|ar**, die Ja|gu|a|re

jäh
die **Jäh|heit**
das **Jahr**, die Jah|re
jahr|aus
jahr|ein
jah|re|lang
die **Jah|res|zeit**, die Jah|res|zei|ten
der **Jahr|gang**, die Jahr|gän|ge
das **Jahr|hun|dert**, die Jahr|hun|der|te
jähr|lich
der **Jahr|markt**, die Jahr|märk|te
das **Jahr|tau|send**, die Jahr|tau|sen|de
das **Jahr|zehnt**, die Jahr|zehn|te
jäh|zor|nig
der **Jak** → **Yak**
die **Ja|lou|sie**, die Ja|lou|si|en
der **Jam|mer**
jäm|mer|lich
jam|mern, du jammerst
jam|mer|scha|de
jam|mer|voll
der **Ja|nu|ar**
Ja|pan
ja|pa|nisch
jap|sen, du japst
jä|ten, du jätest
die **Jau|che**
jauch|zen, du jauchzt
der **Jauch|zer**, die Jauch|zer
jau|len, du jaulst
die **Jau|se**, die Jau|sen
ja|wohl
die **Jazz|mu|sik**
je
die **Jeans**
je|de, je|der, je|des
je|den|falls
je|der|mann
je|der|zeit
je|doch
der **Jeep**, die Jeeps
je|mals
je|mand
je|ne, je|ner, je|nes
jen|seits
das **Jen|seits**
Je|sus
der **Jet**, die Jets
jetzt
je|weils
der **Job**, die Jobs
job|ben, du jobbst
das **Joch**, die Jo|che
der **Jo|ckey**, auch: **Jo|ckei**, die Jo|ckeys
das **Jod**
jo|deln, du jodelst
der **Jod|ler**, die Jod|ler
das **Jo|ga** → **Yo|ga**
jog|gen, du joggst
der **Jog|ger**, die Jog|ger
das **Jog|ging**
der (auch: das) **Jo|ghurt**, auch: **Jo|gurt**, die Jo|ghurts
die **Jo|han|nis|bee|re**, die Jo|han|nis|bee|ren
joh|len, du johlst

das **Jo-Jo**, auch: **Yo-Yo**, die Jo-Jos
der **Jo|ker**, die Jo|ker
der **Jong|leur**, die Jong|leu|re
jong|lie|ren, du jonglierst
der **Jour|na|list**, die Jour|na|lis|ten
der **Joy|stick**, die Joy|sticks
der **Ju|bel**
ju|beln, du jubelst
das **Ju|bi|lä|um**, die Ju|bi|lä|en
ju|cken, es juckt
das **Juck|pul|ver**, die Juck|pul|ver
der **Ju|de**, die Ju|den
das **Ju|den|tum**
jü|disch
das **Ju|do**
die **Ju|gend**
die **Ju|gend|her|ber|ge**, die Ju|gend|her|ber|gen
ju|gend|lich
der **Ju|gend|li|che**, die Ju|gend|li|chen
die **Ju|gend|wei|he**, die Ju|gend|wei|hen
der **Ju|li**
jung, jün|ger, am jüngs|ten

das **Jun|ge**, die Jun|gen (Tierkind)
der **Jun|ge**, die Jun|gen (Kind)
jun|gen|haft
der **Jung|ge|sel|le**, die Jung|ge|sel|len
der **Ju|ni**
der **Ju|ni|or**, die Ju|ni|o|ren
der **Ju|pi|ter**
der **Ju|rist**, die Ju|ris|ten
die **Ju|ry**, die Ju|rys
das **Ju|wel**, die Ju|we|len
der **Ju|we|lier**, die Ju|we|lie|re
der **Jux**

Kk

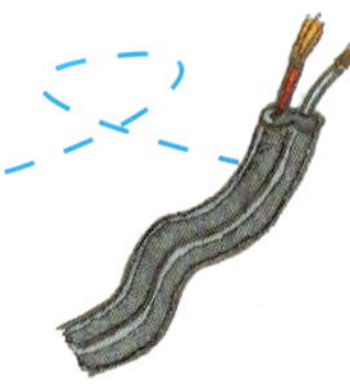

das **Ka|bel**, die Ka|bel
das **Ka|bel|fern|se|hen**
der **Ka|bel|jau**, die Ka|bel|jaue / Ka|bel|jaus
die **Ka|bi|ne**, die Ka|bi|nen
die **Ka|chel**, die Ka|cheln
ka|cheln, du kachelst
der **Kä|fer**, die Kä|fer
der **Kaf|fee**
der **Kä|fig**, die Kä|fi|ge
kahl
kahl|köp|fig
der **Kahl|schlag**, die Kahl|schlä|ge
der **Kahn**, die Käh|ne
der **Kai**, die Kais
der **Kai|ser**, die Kai|ser
die **Kai|se|rin**, die Kai|se|rin|nen
der **Ka|jak**, die Ka|jaks
die **Ka|jü|te**, die Ka|jü|ten
der **Ka|ka|du**, die Ka|ka|dus
der **Ka|kao**
die **Ka|ker|la|ke**, die Ka|ker|la|ken
der **Kak|tus**, die Kak|te|en

das **Kalb**, die Käl|ber
das **Ka|lei|do|skop**, die Ka|lei|do|sko|pe
der **Ka|len|der**, die Ka|len|der
der **Kalk**
die **Ka|lo|rie**, die Ka|lo|ri|en
kalt, käl|ter, am käl|tes|ten
kalt|blü|tig
die **Käl|te**

ich **kam** → **kommen**
das **Ka|mel**, die Ka|me|le
die **Ka|me|ra**, die Ka|me|ras
der **Ka|me|rad**, die Ka|me|ra|den
ka|me|rad|schaft|lich
die **Ka|mil|le**, die Ka|mil|len
der **Ka|min**, die Ka|mi|ne
der **Ka|min|fe|ger**, die Ka|min|fe|ger
der **Kamm**, die Käm|me

käm|men, du kämmst
die **Kam|mer**, die Kam|mern
der **Kampf**, die Kämp|fe
kämp|fen, du kämpfst
kämp|fe|risch
Ka|na|da
ka|na|disch
der **Ka|nal**, die Ka|nä|le
die **Ka|na|li|sa|ti|on**
der **Ka|na|ri|en|vo|gel**, die Ka|na|ri|en|vö|gel
der **Kan|di|dat**, die Kan|di|da|ten
die **Kan|di|da|tin**, die Kan|di|da|tin|nen
die **Kan|di|da|tur**, die Kan|di|da|tu|ren
kan|di|die|ren, du kandidierst
das **Kän|gu|ru**, die Kän|gu|rus

das **Ka|nin|chen**, die Ka|nin|chen
der **Ka|nis|ter**, die Ka|nis|ter
er **kann** → **können**
das **Känn|chen**, die Känn|chen
die **Kan|ne**, die Kan|nen
sie **kann|te** → **kennen**
der **Ka|non**, die Ka|nons
die **Ka|no|ne**, die Ka|no|nen
die **Kan|te**, die Kan|ten
kan|tig
die **Kan|ti|ne**, die Kan|ti|nen
der **Kan|ton**, die Kan|to|ne
das **Ka|nu**, die Ka|nus
die **Kan|zel**, die Kan|zeln

der **Kanz|ler**, die Kanz|ler
die **Kanz|le|rin**, die Kanz|le|rin|nen
das **Kap**, die Kaps
die **Ka|pel|le**, die Ka|pel|len
ka|pern, die Seeräuber kapern das Schiff
ka|pie|ren, du kapierst
der **Ka|pi|tän**, die Ka|pi|tä|ne
das **Ka|pi|tel**, die Ka|pi|tel
der **Ka|plan**, die Ka|plä|ne
die **Kap|pe**, die Kap|pen
das **Käp|pi**, die Käp|pis
die **Kap|sel**, die Kap|seln
ka|putt
die **Ka|pu|ze**, die Ka|pu|zen
die **Ka|raf|fe**, die Ka|raf|fen
die **Ka|ram|bo|la|ge**, die Ka|ram|bo|la|gen
das **Ka|ra|te**
die **Ka|ra|wa|ne**, die Ka|ra|wa|nen
der **Kar|di|nal**, die Kar|di|nä|le
der **Kar|frei|tag**
karg
ka|riert

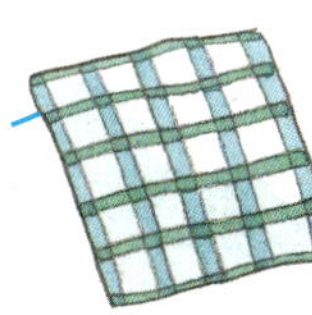

die **Ka|ri|es**
der **Kar|ne|val**
das **Ka|ro**, die Ka|ros
die **Ka|ros|se|rie**, die Ka|ros|se|ri|en
die **Ka|rot|te**, die Ka|rot|ten
der **Karp|fen**, die Karp|fen
die **Kar|re**, die Kar|ren
die **Kar|te**, die Kar|ten
die **Kar|tof|fel**, die Kar|tof|feln

Aus Kartoffeln kann man viele Dinge machen: Pommes frites, Chips, Kartoffelbrei, Kroketten, Salat, Suppe oder Kartoffelpuffer.

der **Kar|ton**, die Kar|tons
das **Ka|rus|sell**, die Ka|rus|sells / Ka|rus|sel|le
der **Kä|se**
die **Ka|ser|ne**, die Ka|ser|nen
kä|se|weiß
das **Ka|si|no** → **Casino**
der **Kas|per**, die Kas|per
der **Kas|per|le**, die Kas|per|le
die **Kas|se**, die Kas|sen
die **Kas|set|te**, die Kas|set|ten
kas|sie|ren, du kassierst
der **Kas|sie|rer**, die Kas|sie|rer
die **Kas|sie|re|rin**, die Kas|sie|re|rin|nen
die **Kas|ta|nie**, die Kas|ta|ni|en
der **Kas|ten**, die Käs|ten
der **Ka|ta|log**, die Ka|ta|lo|ge
der **Ka|ta|ly|sa|tor**, die Ka|ta|ly|sa|to|ren
ka|ta|stro|phal
die **Ka|ta|stro|phe**, die Ka|ta|stro|phen
der **Ka|ter**, die Ka|ter
die **Ka|the|dra|le**, die Ka|the|dra|len
der **Ka|tho|lik**, die Ka|tho|li|ken
ka|tho|lisch
das **Kätz|chen**, die Kätz|chen
die **Kat|ze**, die Kat|zen
das **Kau|der|welsch**
kau|en, du kaust
kau|ern, du kauerst
kau|fen, du kaufst

der **Käu|fer**, die Käu|fer
die **Kauf|frau**, die Kauf|frau|en
das **Kauf|haus**, die Kauf|häu|ser
käuf|lich
der **Kauf|mann**, die Kauf|män|ner
der (auch: das) **Kau|gum|mi**, die Kau|gum|mis
die **Kaul|quap|pe**, die Kaul|quap|pen
kaum

der **Kauz**, die Käu|ze
das **Käuz|chen**, die Käuz|chen
der **Ka|va|lier**, die Ka|va|lie|re
der **Ke|gel**, die Ke|gel
die **Ke|gel|bahn**, die Ke|gel|bah|nen
ke|geln, du kegelst
die **Keh|le**, die Keh|len
der **Kehl|kopf**
keh|ren, du kehrst
kehrt|ma|chen, du machst kehrt
kei|fen, du keifst
der **Keil**, die Kei|le
der **Keim**, die Kei|me
kei|men, die Pflanze keimt
der **Keim|ling**, die Keim|lin|ge
kein, kei|ne, kei|ner
kei|nes|falls
kei|nes|wegs
kein|mal

der (auch: das) **Keks**, die Kek|se
der **Kelch**, die Kel|che
die **Kel|le**, die Kel|len
der **Kel|ler**, die Kel|ler
der **Kell|ner**, die Kell|ner
die **Kell|ne|rin**, die Kell|ne|rin|nen
der **Kel|te**, die Kel|ten
ken|nen, du kennst, er kannte, sie hat gekannt
das **Kenn|wort**, die Kenn|wör|ter
das **Kenn|zei|chen**, die Kenn|zei|chen
ken|tern, das Boot kentert
die **Ke|ra|mik**, die Ke|ra|mi|ken
die **Ker|be**, die Ker|ben
der **Ker|ker**, die Ker|ker
der **Kerl**, die Ker|le
der **Kern**, die Ker|ne
kern|ge|sund
das **Kern|kraft|werk**, die Kern|kraft|wer|ke

A B C D E F G H I J K L M N O P Q R S T U V W X Y Z

kern|los
die **Ker|ze**, die Ker|zen
ker|zen|ge|ra|de
der **Ker|zen|stän|der**, die Ker|zen|stän|der

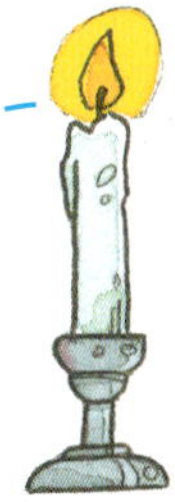

der **Kes|sel**, die Kes|sel
der (auch: das) **Ket|chup**, auch: **Ket|schup**
die **Ket|te**, die Ket|ten
keu|chen, du keuchst
der **Keuch|hus|ten**
die **Keu|le**, die Keu|len
das **Key|board**, die Key|boards
ki|chern, du kicherst
ki|cken, du kickst
kid|nap|pen, du kidnappst
der **Kie|fer**, die Kie|fer (zum Kauen)
die **Kie|fer**, die Kie|fern (Baum)
Kiel
der **Kiel**, die Kie|le
die **Kie|me**, die Kie|men
der **Kies**
das **Ki|lo|gramm**, kurz: **Ki|lo**, die Ki|lo|gramm
der **Ki|lo|me|ter**, die Ki|lo|me|ter
das **Kind**, die Kin|der
der **Kin|der|gar|ten**, die Kin|der|gär|ten
die **Kind|heit**
kin|disch
kind|lich
das **Kinn**, die Kin|ne
der **Kinn|ha|ken**, die Kinn|ha|ken
das **Ki|no**, die Ki|nos
der **Ki|osk**, die Ki|os|ke
kip|pen, du kippst

der **Kipp|las|ter**, die Kipp|las|ter
die **Kir|che**, die Kir|chen
die **Kir|mes**, die Kir|mes|sen
der **Kirsch|baum**, die Kirsch|bäu|me

die **Kir|sche**, die Kir|schen
kirsch|rot
das **Kis|sen**, die Kis|sen
die **Kis|te**, die Kis|ten

der **Kitsch**
kit|schig
der **Kitt**, die Kit|te
der **Kit|tel**, die Kit|tel
das **Kitz**, die Kit|ze
kit|zeln, du kitzelst
kitz|lig, auch: **kit|ze|lig**
die **Ki|wi**, die Ki|wis
kläf|fen, der Hund kläfft
die **Kla|ge**, die Kla|gen
kla|gen, du klagst
der **Klä|ger**, die Klä|ger
kläg|lich
klamm
die **Klam|mer**, die Klam|mern
klam|mern, du klammerst
die **Kla|mot|ten**
der **Klan** → **Clan**
es **klang** → **klingen**
der **Klang**, die Klän|ge
die **Klap|pe**, die Klap|pen
klap|pen, es klappt
klap|pe|rig, auch: **klapp|rig**
klap|pern, es klappert
die **Klap|per|schlan|ge**, die Klap|per|schlan|gen
der **Klaps**, die Klap|se
klar
die **Klär|an|la|ge**, die Klär|an|la|gen
klä|ren, du klärst
die **Klar|heit**
die **Kla|ri|net|te**, die Kla|ri|net|ten
klas|se
die **Klas|se**, die Klas|sen
die **Klas|sen|fahrt**, die Klas|sen|fahr|ten

Endlich Ferien!

Am See

Ein Junge versucht, mit einem Netz einen Fisch zu fangen.

Ein Mann fährt auf einem Weg am Ufer des Sees Fahrrad.

Ein Kind mit Schwimmflügeln planscht im Wasser.

Auf der Wiese steht ein Zelt.

Ein Mädchen sitzt mit seinem Vater in einem Boot und angelt.

Eine junge Frau liegt auf einer Luftmatratze auf dem Wasser.

In den Bergen

Über den Gipfeln der Berge sieht man Wolken.

Zwei Bergsteiger klettern eine Felswand hinauf.

Ein Mann wandert mit seinen Kindern an einem Bach entlang.

Am Strand

Ein großes Schiff fährt über das Meer.

Das Ehepaar liegt auf Handtüchern unter einem Sonnenschirm.

Das Mädchen sammelt Muscheln.

Zwei Jungen in Badehose lassen einen Drachen steigen.

Auf der Insel steht ein Leuchtturm.

Möwen fliegen durch die Luft und laufen über den Sand.

Die Dünen sind mit Gras bewachsen.

Das Mädchen im Badeanzug und die Frau im Bikini spielen Federball.

Die Kinder planschen und spielen im Meer.

kla

der **Klas|sen|leh|rer**, die Klas|sen|leh|rer
die **Klas|sen|leh|re|rin**, die Klas|sen|leh|re|rin|nen
der **Klatsch**
klat|schen, du klatschst
klatsch|nass
die **Klaue**, die Klau|en
klau|en, du klaust
das **Kla|vier**, die Kla|vie|re
kle|ben, du klebst
der **Kle|ber**, die Kle|ber
kleb|rig
der **Kleb|stoff**, die Kleb|stof|fe
kle|ckern, du kleckerst
der **Klecks**, die Kleck|se
kleck|sen, du kleckst

der **Klee**
das **Klee|blatt**, die Klee|blät|ter
das **Kleid**, die Klei|der
sich **klei|den**, du kleidest dich
der **Klei|der|bü|gel**, die Klei|der|bü|gel
die **Klei|dung**

Kleidungsstücke für den Oberkörper sind Hemd, Bluse, Weste, Jacke, Mantel. An den Beinen trägt man Hose, Rock, Strumpfhose, Socke.

klein
die **Klei|nig|keit**, die Klei|nig|kei|ten
klein|lich
die **Klein|stadt**, die Klein|städ|te
der **Kleis|ter**, die Kleis|ter
die **Klem|me**, die Klem|men
klem|men, es klemmt
der **Klemp|ner**, die Klemp|ner
die **Klet|te**, die Klet|ten
der **Klet|te|rer**, die Klet|te|rer
klet|tern, du kletterst

kle

der **Klett|ver|schluss**, die Klett|ver|schlüs|se
kli|cken, du klickst
das **Kli|ma**
der **Klimm|zug**, die Klimm|zü|ge
klim|pern, du klimperst
die **Klin|ge**, die Klin|gen
die **Klin|gel**, die Klin|geln
klin|geln, du klingelst
klin|gen, es klingt, es klang, es hat geklungen
die **Kli|nik**, die Kli|ni|ken
die **Klin|ke**, die Klin|ken
klipp und klar
die **Klip|pe**, die Klip|pen
klir|ren, es klirrt
klit|ze|klein
das **Klo**, auch: **Klo|sett**, die Klos
klo|nen, du klonst
klop|fen, du klopfst
der **Klops**, die Klop|se
der **Kloß**, die Klö|ße
das **Klos|ter**, die Klös|ter
der **Klotz**, die Klöt|ze
der **Klub** → **Club**
die **Kluft**, die Klüf|te
klug, klü|ger, am klügs|ten

Andere Wörter für »klug«

clever Auf Rinas clevere Tricks fallen alle herein.
intelligent Der intelligente Niklas hat eine Klasse übersprungen.
pfiffig Der pfiffige Paul hat immer gute Einfälle.
schlau Leonie ist sehr schlau. Sie löst fast jedes Problem.

die **Klug|heit**
der **Klum|pen**, die Klum|pen
knab|bern, du knabberst
der **Kna|be**, die Kna|ben
das **Knä|cke|brot**, die Knä|cke|bro|te
kna|cken, du knackst Nüsse

Es gibt viele Wörter für Geräusche: Holz knackt, Pistolen knallen, Sand knirscht, Ballons platzen, Reifen quietschen, Uhren ticken.

kna|ckig
der **Knacks**, die Knack|se
der **Knall**, die Knal|le
knal|len, du knallst die Tür
knall|hart
knall|rot
knapp
die **Knapp|heit**
knar|ren, die Tür knarrt
der **Knatsch**
knat|tern, das Auto knattert
das (auch: der) **Knäu|el**, die Knäu|el
knau|sern, du knauserst
knaus|rig
der **Kne|bel**, die Kne|bel
kne|beln, du knebelst
der **Knecht**, die Knech|te
knei|fen, du kneifst, er kniff, sie hat mich in den Arm gekniffen
die **Knei|pe**, die Knei|pen
die **Kne|te**
kne|ten, du knetest
der **Knick**, die Kni|cke
kni|cken, du knickst
der **Knicks**, die Knick|se
das **Knie**, die Knie
knien, du kniest

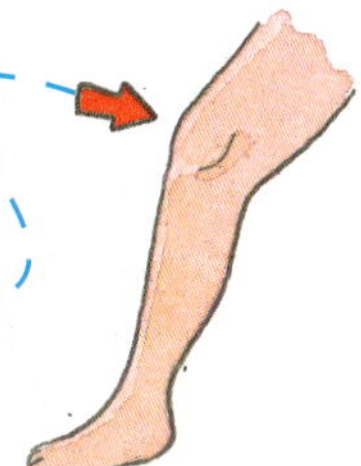

der **Knies**
er **kniff** → **kneifen**
der **Kniff**, die Knif|fe
kniff|lig, auch: **knif|fe|lig**
knip|sen, du knipst
der **Knirps**, die Knirp|se
knir|schen, du knirschst
knis|tern, es knistert
knit|tern, es knittert
kno|beln, du knobelst
der **Knob|lauch**
der **Knö|chel**, die Knö|chel
der **Kno|chen**, die Kno|chen
kno|chen|tro|cken
kno|chig
der **Knö|del**, die Knö|del
die **Knol|le**, die Knol|len
der **Knopf**, die Knöp|fe
knöp|fen, du knöpfst
der **Knor|pel**, die Knor|pel
knor|pe|lig, auch: **knorp|lig**
knor|rig
die **Knos|pe**, die Knos|pen
kno|ten, du knotest
der **Kno|ten**, die Kno|ten
knül|len, du knüllst
der **Knül|ler**, die Knül|ler
knüp|fen, du knüpfst
der **Knüp|pel**, die Knüp|pel
knur|ren, dein Hund knurrt
knusp|rig
knus|pern, du knusperst
knut|schen, du knutschst
k. o.
der **Ko|a|la**, die Ko|a|las
der **Ko|bold**, die Ko|bol|de
die **Ko|bra**, die Ko|bras
der **Koch**, die Kö|che
ko|chen, du kochst

ko|chend
die Kö|chin, die Kö|chin|nen
der Kode → Code
der Kö|der, die Kö|der
kö|dern, du köderst

der Kof|fer, die Kof|fer
der Kohl
die Koh|le, die Koh|len
die Koh|len|säu|re
kohl|ra|ben|schwarz
der Kohl|ra|bi, die Kohl|ra|bi / Kohl|ra|bis
die Ko|je, die Ko|jen
die Ko|kos|nuss, die Ko|kos|nüs|se
der Kol|ben, die Kol|ben
der Kol|le|ge, die Kol|le|gen
die Kol|le|gin, die Kol|le|gin|nen
Köln
die Ko|lo|nie, die Ko|lo|ni|en
die Ko|lon|ne, die Ko|lon|nen
der Ko|loss, die Ko|los|se
das Ko|ma, die Ko|mas
der Kom|bi, die Kom|bis
die Kom|bi|na|ti|on, die Kom|bi|na|ti|o|nen
kom|bi|nie|ren, du kombinierst
der Ko|met, die Ko|me|ten
der Kom|fort
kom|for|ta|bel
der Ko|mi|ker, die Ko|mi|ker
ko|misch

Andere Wörter für »komisch«

lustig Manche Witze sind überhaupt nicht lustig.
witzig Timo macht oft witzige Bemerkungen.

merkwürdig Es ist merkwürdig, dass es so still ist.
seltsam Träume sind meistens ein bisschen seltsam.

das Kom|ma, die Kom|mas / Kom|ma|ta
kom|man|die|ren, du kommandierst
das Kom|man|do, die Kom|man|dos
kom|men, du kommst, er kam, sie ist gekommen
der Kom|men|tar, die Kom|men|ta|re
der Kom|mis|sar, die Kom|mis|sa|re
die Kom|mo|de, die Kom|mo|den
die Kom|mu|ni|ka|ti|on
die Kom|mu|ni|on, die Kom|mu|ni|o|nen
kom|mu|nis|tisch
die Ko|mö|die, die Ko|mö|di|en
kom|pakt

der Kom|pass, die Kom|pas|se
kom|plett
das Kom|pli|ment, die Kom|pli|men|te
der Kom|pli|ze, die Kom|pli|zen
kom|pli|ziert
kom|po|nie|ren, du komponierst
der Kom|po|nist, die Kom|po|nis|ten
der Kom|post, die Kom|pos|te
das Kom|pott, die Kom|pot|te
die Kom|pres|se, die Kom|pres|sen
der Kom|pro|miss, die Kom|pro|mis|se
die Kon|di|ti|on, die Kon|di|ti|o|nen
der Kon|di|tor, die Kon|di|to|ren
die Kon|di|to|rei, die Kon|di|to|rei|en
das Kon|dom, die Kon|do|me
die Kon|fe|renz, die Kon|fe|ren|zen
das Kon|fet|ti
der Kon|fir|mand, die Kon|fir|man|den

die **Kon|fir|ma|ti|on**, die Kon|fir|ma|ti|o|nen
kon|fir|mie|ren, du wirst konfirmiert
die **Kon|fi|tü|re**, die Kon|fi|tü|ren
der **Kon|flikt**, die Kon|flik|te
der **Kö|nig**, die Kö|ni|ge
die **Kö|ni|gin**, die Kö|ni|gin|nen
kö|nig|lich
kon|ju|gie|ren, du konjugierst
die **Kon|junk|ti|on**, die Kon|junk|ti|o|nen
kon|kret
der **Kon|kur|rent**, die Kon|kur|ren|ten
kon|kur|rie|ren, du konkurrierst
kön|nen, du kannst, er konnte, sie hat gekonnt
der **Kon|rek|tor**, die Kon|rek|to|ren
die **Kon|ser|ve**, die Kon|ser|ven
kon|ser|vie|ren, du konservierst
der **Kon|so|nant**, die Kon|so|nan|ten
kon|stru|ie|ren, du konstruierst
die **Kon|struk|ti|on**, die Kon|struk|ti|o|nen
der **Kon|takt**, die Kon|tak|te
der **Kon|ti|nent**, die Kon|ti|nen|te
das **Kon|to**, die Kon|ten / Kon|tos
kon|tra
der **Kon|tra|bass**, die Kon|tra|bäs|se
der **Kon|trast**, die Kon|tras|te
die **Kon|trol|le**, die Kon|trol|len
der **Kon|trol|leur**, die Kon|trol|leu|re
kon|trol|lie|ren, du kontrollierst
die **Kon|zen|tra|ti|on**
sich **kon|zen|trie|ren**, du konzentrierst dich
das **Kon|zert**, die Kon|zer|te
der **Kopf**, die Köp|fe
köp|fen, du köpfst
der **Kopf|hö|rer**, die Kopf|hö|rer
das **Kopf|rech|nen**

der **Kopf|sprung**, die Kopf|sprün|ge
kopf|über
die **Ko|pie**, die Ko|pi|en
ko|pie|ren, du kopierst
die **Kop|pel**, die Kop|peln
die **Ko|ral|le**, die Ko|ral|len
der **Ko|ran**
der **Korb**, die Kör|be
die **Kor|del**, die Kor|deln
die **Kord|ho|se** → **Cordhose**
der **Kork**
der **Kor|ken**, die Kor|ken
der **Kor|ken|zie|her**, die Kor|ken|zie|her
das **Korn**, die Kör|ner
kör|nig
der **Kör|per**, die Kör|per
kör|per|be|hin|dert
kör|per|lich
das **Kör|per|teil**, die Kör|per|tei|le
kor|rekt
die **Kor|rek|tur**, die Kor|rek|tu|ren
der **Kor|ri|dor**, die Kor|ri|do|re
kor|ri|gie|ren, du korrigierst
der **Ko|se|na|me**, die Ko|se|na|men
die **Kos|me|tik**
die **Kos|me|ti|ke|rin**, die Kos|me|ti|ke|rin|nen
der **Kos|mo|naut**, die Kos|mo|nau|ten
der **Kos|mos**
die **Kost**
kost|bar
kos|ten, das kostet 5 Euro
kos|ten, du kostest (probieren)
die **Kos|ten**
kos|ten|los
köst|lich
das **Kos|tüm**, die Kos|tü|me
sich **kos|tü|mie|ren**, du kostümierst dich
der **Kot**

das **Ko|te|lett**, die Ko|te|letts
der **Kö|ter**, die Kö|ter
der **Kot|flü|gel**, die Kot|flü|gel
kot|zen, du kotzt
die **Krab|be**, die Krab|ben
krab|beln, das Baby krabbelt
der **Krach**
kra|chen, es kracht
kräch|zen, du krächzt
die **Kraft**, die Kräf|te
das **Kraft|fahr|zeug**, die Kraft|fahr|zeu|ge
kräf|tig

der **Kra|gen**, die Kra|gen
die **Krä|he**, die Krä|hen
krä|hen, der Hahn kräht
der **Kra|ke**, die Kra|ken
kra|ke|lig, auch: **krak|lig**
die **Kral|le**, die Kral|len
der **Kram**
kra|men, du kramst
der **Krampf**, die Krämp|fe
krampf|haft

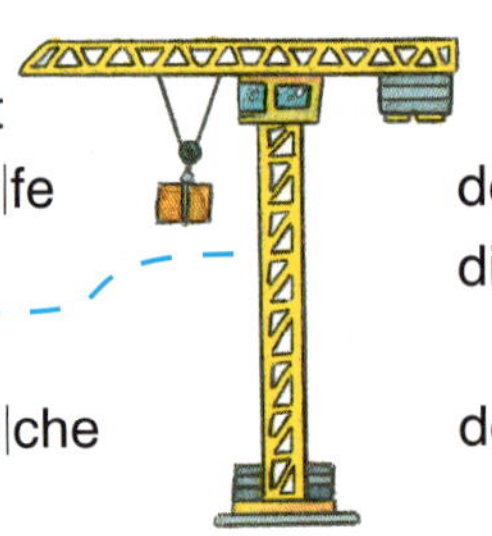

der **Kran**, die Krä|ne
der **Kra|nich**, die Kra|ni|che
krank, krän|ker, am tränks|ten
krän|ken, du kränkst ihn
das **Kran|ken|haus**, die Kran|ken|häu|ser
der **Kran|ken|pfle|ger**, die Kran|ken|pfle|ger
die **Kran|ken|schwes|ter**, die Kran|ken|schwes|tern
der **Kran|ken|wa|gen**, die Kran|ken|wa|gen

die **Krank|heit**, die Krank|hei|ten

der **Kranz**, die Krän|ze
der **Krap|fen**, die Krap|fen
der **Kra|ter**, die Kra|ter
krat|zen, du kratzt
der **Krat|zer**, die Krat|zer
krat|zig
krau|len, du kraulst
kraus
kräu|seln, du kräuselst
das **Kraut**, die Kräu|ter
der **Kra|wall**, die Kra|wal|le
die **Kra|wat|te**, die Kra|wat|ten
kre|a|tiv
der **Krebs**, die Kreb|se

krebs|krank
krebs|rot
der **Kre|dit**, die Kre|di|te
die **Krei|de**, die Krei|den
krei|de|bleich
der **Kreis**, die Krei|se
krei|schen, du kreischst
der **Krei|sel**, die Krei|sel
krei|sen, der Adler kreist
kreis|för|mig
der **Kreis|lauf**, die Kreis|läu|fe
der **Kreis|ver|kehr**, die Kreis|ver|keh|re
das **Krepp|pa|pier**
die **Kres|se**, die Kres|sen
das **Kreuz**, die Kreu|ze
kreu|zen, du kreuzt
die **Kreuz|fahrt**, die Kreuz|fahr|ten

kre

die **Kreuz|ot|ter**, die Kreuz|ot|tern
die **Kreu|zung**, die Kreu|zun|gen
das **Kreuz|wort|rät|sel**, die Kreuz|wort|rät|sel
krib|beln, es kribbelt
krie|chen, du kriechst, er kroch, sie ist gekrochen
das **Kriech|tier**, die Kriech|tie|re
der **Krieg**, die Krie|ge
krie|gen, du kriegst
krie|ge|risch
der **Kri|mi**, die Kri|mis
die **Kri|mi|nal|po|li|zei**
kri|mi|nell
der **Krims|krams**
der **Krin|gel**, die Krin|gel
die **Krip|pe**, die Krip|pen
die **Kri|se**, die Kri|sen
der **Kris|tall**, die Kris|tal|le
die **Kri|tik**, die Kri|ti|ken
kri|tisch
kri|ti|sie|ren, du kritisierst
krit|zeln, du kritzelst
der **Kro|a|te**, die Kro|a|ten
Kro|a|ti|en
kro|a|tisch

sie **kroch** → **kriechen**
das **Kro|ko|dil**, die Kro|ko|di|le
der **Kro|kus**, die Kro|kus|se
die **Kro|ne**, die Kro|nen
krö|nen, du krönst
kross
die **Krö|te**, die Krö|ten
die **Krü|cke**, die Krü|cken

der **Krug**, die Krü|ge
der **Krü|mel**, die Krü|mel
krü|meln, du krümelst
krumm
die **Krus|te**, die Krus|ten

kru

das **Kru|zi|fix**, die Kru|zi|fi|xe

der **Kü|bel**, die Kü|bel
die **Kü|che**, die Kü|chen
der **Ku|chen**, die Ku|chen
der **Ku|ckuck**, die Ku|cku|cke
die **Ku|fe**, die Ku|fen
die **Ku|gel**, die Ku|geln
ku|gel|rund
der **Ku|gel|schrei|ber**, die Ku|gel|schrei|ber
die **Kuh**, die Kü|he
kühl
die **Kuh|le**, die Kuh|len
küh|len, du kühlst
der **Kühl|schrank**, die Kühl|schrän|ke
die **Kühl|tru|he**, die Kühl|tru|hen
kühn
die **Kühn|heit**, die Kühn|hei|ten
das **Kü|ken**, die Kü|ken
der **Ku|li**, die Ku|lis
die **Ku|lis|se**, die Ku|lis|sen
kul|lern, der Ball kullert
die **Kul|tur**, die Kul|tu|ren
kul|tu|rell
der **Küm|mel**
der **Kum|mer**
küm|mer|lich
sich **küm|mern**, du kümmerst dich
der **Kum|pel**, die Kum|pel
der **Kun|de**, die Kun|den
kün|di|gen, du kündigst
die **Kün|di|gung**, die Kün|di|gun|gen
die **Kun|din**, die Kun|din|nen
die **Kund|schaft**
künf|tig
die **Kunst**, die Kün|ste

der **Künst|ler**, die Künst|ler

Menschen, die etwas machen, was anderen gefallen soll, sind Künstler: Musiker, Schauspieler, Schriftsteller, Maler, Fotografen oder Bildhauer.

künst|le|risch
künst|lich
der **Kunst|stoff**, die Kunst|stof|fe
das **Kunst|stück**, die Kunst|stü|cke
das **Kunst|werk**, die Kunst|wer|ke
kun|ter|bunt
das **Kup|fer**
die **Kup|pel**, die Kup|peln
kup|peln, du kuppelst
die **Kupp|lung**, die Kupp|lun|gen
die **Kur**, die Ku|ren
die **Kür**, die Kü|ren
die **Kur|bel**, die Kur|beln
kur|beln, du kurbelst
der **Kür|bis**, die Kür|bis|se
der **Ku|rier**, die Ku|rie|re
der **Kurs**, die Kur|se
die **Kur|ve**, die Kur|ven

kur|ven|reich
kur|vig
kurz, kür|zer, am kür|zes|ten
kurz|är|me|lig
kür|zen, du kürzt
kurz|fris|tig
kürz|lich
kurz|sich|tig
ku|sche|lig, auch: **kusch|lig**
ku|scheln, du kuschelst
das **Ku|schel|tier**, die Ku|schel|tie|re
die **Ku|si|ne** → **Cousine**
der **Kus|kus** → **Couscous**

der **Kuss**, die Küs|se
küs|sen, du küsst
die **Küs|te**, die Küs|ten
die **Kut|sche**, die Kut|schen
kut|schie|ren, du kutschierst
der **Kut|ter**, die Kut|ter
das **Ku|vert**, die Ku|verts

Ll

la|bern, du laberst
das **La|bor**, die La|bo|re
das **La|by|rinth**, die La|by|rin|the
die **La|che**, die La|chen (Art zu lachen)
die **La|che**, die La|chen (Pfütze)
lä|cheln, du lächelst
das **Lä|cheln**
la|chen, du lachst
das **La|chen**
der **La|cher**, die La|cher
lä|cher|lich
der **Lachs**, die Lach|se
der **Lack**, die La|cke
la|ckie|ren, du lackierst
die **La|ckie|rung**, die La|ckie|run|gen
la|den, du lädst, er lud, sie hat geladen
der **La|den**, die Lä|den
die **La|dung**, die La|dun|gen
die **La|dy**, die La|dys
er **lag** → **liegen**
die **La|ge**, die La|gen
der **La|ge|plan**, die La|ge|plä|ne
das **La|ger**, die La|ger
la|gern, du lagerst
die **La|ge|rung**
lahm
lah|men, du lahmst

läh|men, du lähmst
die **Läh|mung**, die Läh|mun|gen
der **Laib**, die Lai|be (Brot)
der **Laich**
lai|chen, der Fisch laicht
der **Laie**, die Lai|en
das **La|ken**, die La|ken
die **La|krit|ze**
lal|len, du lallst
das **La|ma**, die La|mas
das **La|met|ta**
das **Lamm**, die Läm|mer
die **Lam|pe**, die Lam|pen
das **Lam|pen|fie|ber**
der **Lam|pi|on**, die Lam|pi|ons
das **Land**, die Län|der

In diesem Ländern spricht man Deutsch: in Deutschland, Österreich, Liechtenstein und in Teilen der Schweiz.

land|ab
land|auf
die **Lan|de|bahn**, die Lan|de|bah|nen
land|ein|wärts
lan|den, du landest
das **Län|der|spiel**, die Län|der|spie|le
die **Land|kar|te**, die Land|kar|ten
länd|lich
die **Land|schaft**, die Land|schaf|ten
das **Land|schul|heim**, die Land|schul|hei|me
die **Land|stra|ße**, die Land|stra|ßen
die **Lan|dung**, die Lan|dun|gen
der **Land|wirt**, die Land|wir|te
die **Land|wirt|schaft**
lang, zeitlich auch: **lan|ge**, län|ger, am längs|ten

lang|at|mig
die **Län|ge**
der **Län|gen|grad**, die Län|gen|gra|de
die **Lan|ge|wei|le**
der **Lang|fin|ger**, die Lang|fin|ger
der **Lang|lauf**
läng|lich
lang|sam
die **Lang|sam|keit**
längst
lang|wei|lig
die **Lan|ze**, die Lan|zen
der **Lap|pen**, die Lap|pen

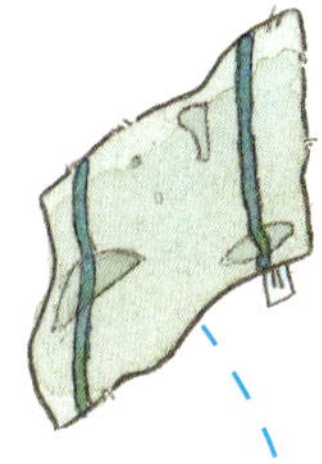

läp|pisch
der **Lap|top**, die Lap|tops
die **Lär|che**, die Lär|chen (Nadelbaum)
der **Lärm**
lär|men, du lärmst
die **Lar|ve**, die Lar|ven
er **las** → **lesen**
lasch
die **La|sche**, die La|schen
der **La|ser**, die La|ser
las|sen, du lässt, er ließ es, sie hat es gelassen
läs|sig
das **Las|so**, die Las|sos
die **Last**, die Las|ten
der **Las|ter**, die Las|ter
läs|tern, du lästerst
läs|tig
der **Last|wa|gen**, die Last|wa|gen
das **La|tein**
la|tei|nisch
die **La|ter|ne**, die La|ter|nen
lat|schen, du latschst
der **Lat|schen**, die Lat|schen
die **Lat|te**, die Lat|ten
der **Latz**, die Lät|ze

das **Lätz|chen**, die Lätz|chen

die **Latz|ho|se**, die Latz|ho|sen

lau

das **Laub**

der **Laub|baum**, die Laub|bäu|me

der **Laub|wald**, die Laub|wäl|der

der **Lauch**

die **Lau|er**

lau|ern, du lauerst

der **Lauf**, die Läu|fe

lau|fen, du läufst, er lief, sie ist gelaufen

Andere Wörter für »laufen«

hasten Eilig hasten die Leute durch die Geschäfte.

huschen Die Maus huschte flink ins Gebüsch.

joggen Jonas joggt jeden Sonntag durch den Park.

stürmen Die Kinder stürmen aufgeregt zum Bus.

stürzen In Panik stürzten sie aus dem brennenden Haus.

lau|fend

der **Läu|fer**, die Läu|fer

das **Lauf|werk**, die Lauf|wer|ke

die **Lau|ge**, die Lau|gen

die **Lau|ne**, die Lau|nen

lau|nisch

die **Laus**, die Läu|se

der **Laus|bub**, die Laus|bu|ben

lau|schen, du lauschst

laut

der **Laut**, die Lau|te

läu|ten, du läutest

laut|hals

laut|los

der **Laut|spre|cher**, die Laut|spre|cher

die **Laut|stär|ke**, die Laut|stär|ken

lau|warm

die **La|va**, die La|ven

der **La|ven|del**

die **La|wi|ne**, die La|wi|nen

le|ben, du lebst

das **Le|ben**, die Le|ben

le|ben|dig

le|bens|ge|fähr|lich

der **Le|bens|ge|fähr|te**, die Le|bens|ge|fähr|ten

le|bens|groß

das **Le|bens|mit|tel**, die Le|bens|mit|tel

der **Le|bens|mit|tel|la|den**, die Le|bens|mit|tel|lä|den

die **Le|ber**, die Le|bern

das **Le|be|we|sen**, die Le|be|we|sen

leb|haft

die **Leb|haf|tig|keit**

der **Leb|ku|chen**, die Leb|ku|chen

das **Leck**, die Lecks

le|cken, du leckst

le|cker

der **Le|cker|bis|sen**, die Le|cker|bis|sen

das **Le|der**

die **Le|der|ho|se**, die Le|der|ho|sen

le|dig

le|dig|lich

leer

die **Lee|re**

lee|ren, du leerst
der Leer|lauf
le|gen, du legst
die Le|gen|de, die Le|gen|den
die Leg|gins, auch: Leg|gings
der Lehm
leh|mig
die Leh|ne, die Leh|nen
sich leh|nen, du lehnst dich

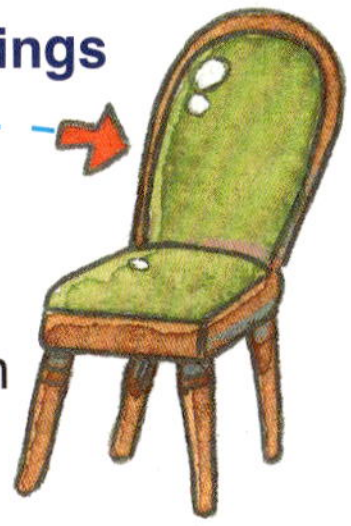

die Leh|re, die Leh|ren
leh|ren, du lehrst
der Leh|rer, die Leh|rer
die Leh|re|rin, die Leh|re|rin|nen
der Leib, die Lei|ber (Körper)
die Lei|che, die Lei|chen
lei|chen|blass
der Leich|nam, die Leich|na|me
leicht
der Leicht|ath|let, die Leich|ath|le|ten
die Leicht|ath|le|tik
die Leich|tig|keit
der Leicht|sinn
leicht|sin|nig
das Leid
das Lei|den, die Lei|den
lei|den, du leidest, er litt, sie hat gelitten
lei|dend
die Lei|den|schaft, die Lei|den|schaf|ten
lei|den|schaft|lich
lei|der
leid|tun, du tust mir leid, er tat mir leid, sie hat mir leidgetan
der Leih|bü|che|rei, die Leih|bü|che|rei|en
lei|hen, du leihst, er lieh, sie hat geliehen
leih|wei|se
der Leim, die Lei|me

lei|men, du leimst
die Lei|ne, die Lei|nen
das Lei|nen
das Lein|tuch, die Lein|tü|cher
die Lein|wand, die Lein|wän|de
lei|se
die Leis|te, die Leis|ten
leis|ten, du leistest dir ein Eis
die Leis|tung, die Leis|tun|gen
lei|ten, du leitest
der Lei|ter, die Lei|ter (Person)

die Lei|ter, die Lei|tern (zum Klettern)
die Leit|plan|ke, die Leit|plan|ke
die Lei|tung, die Lei|tun|gen
die Lek|ti|on, die Lek|ti|o|nen
die Lek|tü|re, die Lek|tü|ren
len|ken, du lenkst
der Len|ker, die Len|ker

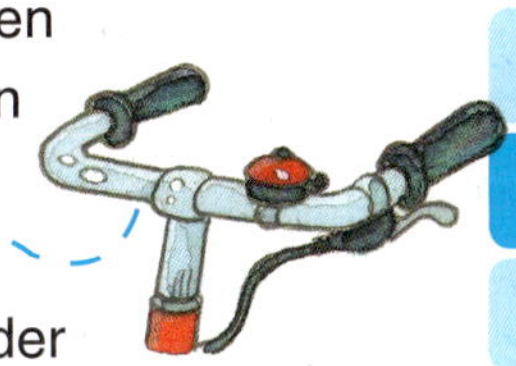

das Lenk|rad, die Lenk|rä|der
die Len|kung
der Le|o|pard, die Le|o|par|den
das Le|o|par|den|fell, die Le|o|par|den|fel|le
die Ler|che, die Ler|chen (Singvogel)
ler|nen, du lernst
le|sen, du liest, er las, sie hat gelesen

Andere Wörter für »lesen«

blättern Mama blättert gern in Zeitschriften.
schmökern Papa schmökert lieber in alten Büchern.
stöbern Jan stöbert im Lexikon nach Artikeln über Tiere.
verschlingen Sofie verschlingt spannende Krimis.

le|sens|wert
der **Le|ser**, die Le|ser
die **Le|se|rat|te**, die Le|se|rat|ten
die **Le|se-Recht|schreib-Schwä|che**
le|ser|lich
letz|te, letz|ter, letz|tes
leuch|ten, du leuchtest
leuch|tend
der **Leucht|turm**, die Leucht|tür|me
leug|nen, du leugnest
die **Leu|kä|mie**
die **Leu|te**
das **Le|xi|kon**, die Le|xi|ka
die **Li|bel|le**, die Li|bel|len
der **Li|be|ro**, die Li|be|ros
das **Licht**, die Lich|ter

licht|emp|find|lich
lich|ter|loh
licht|scheu
die **Lich|tung**, die Lich|tun|gen
das **Lid**, die Li|der
lieb, lie|ber, am liebs|ten
die **Lie|be**
lie|ben, du liebst
lie|bens|wert
lie|ber → lieb, gern
der **Lie|bes|kum|mer**
lie|be|voll
lieb|lich
der **Lieb|ling**, die Lieb|lin|ge
Liech|ten|stein
das **Lied**, die Lie|der

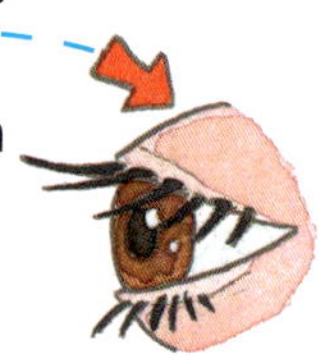

lie|der|lich
der **Lie|der|ma|cher**, die Lie|der|ma|cher
er lief → laufen
lie|fern, du lieferst
die **Lie|fe|rung**, die Lie|fe|run|gen
der **Lie|fer|wa|gen**, die Lie|fer|wa|gen
die **Lie|ge**, die Lie|gen
lie|gen, du liegst, er lag, sie hat gelegen
der **Lie|ge|stuhl**, die Lie|ge|stüh|le
der **Lie|ge|stütz**, die Lie|ge|stüt|ze
er lieh → leihen
lies! → lesen
sie ließ → lassen
der **Lift**, die Lif|te
die **Li|ga**, die Li|gen
li|la
die **Li|lie**, die Li|li|en
die **Li|mo|na|de**, die Li|mo|na|den
die **Lin|de**, die Lin|den
lin|dern, du linderst
das **Li|ne|al**, die Li|ne|a|le
die **Li|nie**, die Li|ni|en
li|niert
links
der **Links|hän|der**, die Links|hän|der
die **Links|hän|de|rin**, die Links|hän|de|rin|nen
links|he|rum
das **Li|no|le|um**
die **Lin|se**, die Lin|sen

das **Lip|gloss**
die **Lip|pe**, die Lip|pen
lis|peln, du lispelst
die **List**, die Lis|ten
die **Lis|te**, die Lis|ten
lis|tig
der (oder: das) **Li|ter**, die Li|ter

die **Li|te|ra|tur**
li|ter|wei|se
die **Lit|faß|säu|le**, die Lit|faß|säu|len
er **litt** → **leiden**
live
die **Live-Über|tra|gung**, die Live-Über|tra|gun|gen
der **Lkw**, auch: **LKW**, die Lkws
das **Lob**
lo|ben, du lobst
lo|bens|wert
das **Loch**, die Lö|cher
lö|chern, du löcherst mich
löch|rig
die **Lo|cke**, die Lo|cken
lo|cken, du lockst
lo|cker
lo|ckern, du lockerst
lo|ckig
lo|dern, die Flamme lodert
der **Löf|fel**, die Löf|fel
löf|feln, du löffelst

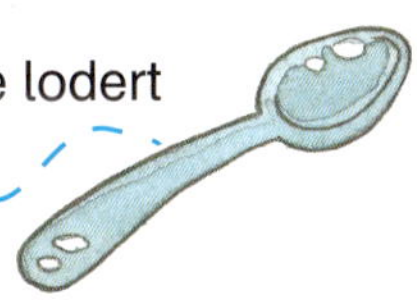

er **log** → **lügen**
lo|gisch
der **Lohn**, die Löh|ne
sich **loh|nen**, es lohnt sich

die **Loi|pe**, die Loi|pen
die **Lok**, auch: **Lo|ko|mo|ti|ve**, die Loks
das **Lo|kal**, die Lo|ka|le
der **Lok|füh|rer**, die Lok|füh|rer
der **Lol|li**, die Lol|lis
die **Lon|ge**, die Lon|gen
lon|gie|ren, du longierst
das (auch: der) **Loo|ping**, die Loo|pings
der **Lor|beer**, die Lor|bee|ren
los
das **Los**, die Lo|se
lö|schen, du löschst

lo|se
das **Lö|se|geld**
lo|sen, du lost
lö|sen, du löst
los|fah|ren, du fährst los, er fuhr los, sie ist losgefahren
los|ge|hen, du gehst los, er ging los, sie ist losgegangen
los|las|sen, du lässt los, er ließ los, sie hat losgelassen
die **Lö|sung**, die Lö|sun|gen
das **Lot**, die Lo|te
lö|ten, du lötest
der **Lot|se**, die Lot|sen
lot|sen, du lotst
die **Lot|te|rie**, die Lot|te|ri|en
das **Lot|to**, die Lot|tos
der **Lö|we**, die Lö|wen
der **Lö|wen|zahn**

der **Luchs**, die Luch|se
die **Lü|cke**, die Lü|cken
er **lud** → **laden**
die **Luft**, die Lüf|te
der **Luft|bal|lon**, die Luft|bal|lons
luft|dicht
der **Luft|druck**
lüf|ten, du lüftest
luf|tig
die **Luft|pum|pe**, die Luft|pum|pen
die **Lü|ge**, die Lü|gen
lü|gen, du lügst, er log, sie hat gelogen
der **Lüg|ner**, die Lüg|ner
die **Lu|ke**, die Lu|ken
der **Lüm|mel**, die Lüm|mel
sich **lüm|meln**, du lümmelst dich
der **Lump**, die Lum|pen
der **Lum|pen**, die Lum|pen
die **Lun|ge**, die Lun|gen

die **Lun|gen|ent|zün|dung**, die Lun|gen|ent|zün|dun|gen
die **Lu|pe**, die Lu|pen
lu|pen|rein
der **Lurch**, die Lur|che
die **Lust**
lus|tig
lust|los
lut|schen, du lutschst
der **Lut|scher**, die Lut|scher
Lu|xem|burg
der **Lu|xus**

Mm

ma|chen, du machst

Andere Wörter für »machen«

erledigen Leonie erledigt schnell ihre Hausaufgaben.
herstellen Autos werden in einer Fabrik hergestellt.
tun Katharina tut jeden Tag viel für die Schule.

die **Macht**, die Mäch|te
mäch|tig
macht|los
die **Ma|cke**, die Ma|cken
das **Mäd|chen**, die Mäd|chen
mäd|chen|haft
die **Ma|de**, die Ma|den
das **Mä|del**, die Mä|dels
ma|dig
die **Ma|don|na**, die Ma|don|nen
die **Ma|fia**

er **mag** → **mögen**
die **Magd**, die Mäg|de
der **Ma|gen**, die Mä|gen
ma|ger
die **Ma|gie**
der **Ma|gi|er**, die Ma|gi|er
ma|gisch
das **Mag|ma**, die Mag|men
der **Mag|net**, die Mag|ne|ten
mag|ne|tisch
der **Mäh|dre|scher**, die Mäh|dre|scher
mä|hen, du mähst
das **Mahl**, die Mah|le / Mäh|ler
mah|len, du mahlst
die **Mahl|zeit**, die Mahl|zei|ten
die **Mäh|ne**, die Mäh|nen
mah|nen, du mahnst
das **Mahn|mal**, die Mahn|ma|le
die **Mah|nung**, die Mah|nun|gen
der **Mai**
die **Mail**, die Mails
die **Mail|box**, die Mail|bo|xes
mai|len, du mailst
der **Mais**
der **Mais|kol|ben**, die Mais|kol|ben
die **Ma|jes|tät**, die Ma|jes|tä|ten
die **Ma|jo|nä|se** → **Mayonnaise**
Ma|kel, die Ma|kel
ma|kel|los

das **Make-up**
die **Mak|ka|ro|ni**
der **Mak|ler**, die Mak|ler
der **Ma|kre|le**, die Ma|kre|len
mal
das **Mal**, die Ma|le
ma|len, du malst
der **Ma|ler**, die Ma|ler
die **Ma|le|rei**, die Ma|le|rei|en
ma|le|risch

das **Malz**
die **Ma|ma**, die Ma|mas
das **Mam|mut**, die Mam|muts / Mam|mu|te
man
der **Ma|na|ger**, die Ma|na|ger
manch
man|che
man|cher
man|ches
manch|mal

die **Man|da|ri|ne**, die Man|da|ri|nen
die **Man|del**, die Man|deln
die **Ma|ne|ge**, die Ma|ne|gen
der **Man|gel**, die Män|gel
man|gel|haft
die **Ma|nie|ren**
der **Mann**, die Män|ner
männ|lich
die **Mann|schaft**, die Mann|schaf|ten
der **Man|tel**, die Män|tel
das **Mäpp|chen**, die Mäpp|chen
die **Map|pe**, die Map|pen
der **Ma|ra|thon**, die Ma|ra|thons
das **Mär|chen**, die Mär|chen
mär|chen|haft

der **Mar|der**, die Mar|der
die **Mar|ga|ri|ne**, die Mar|ga|ri|nen
die **Mar|ge|ri|te**, die Mar|ge|ri|ten
der **Ma|ri|en|kä|fer**, die Ma|ri|en|kä|fer
die **Ma|ril|le**, die Ma|ril|len
die **Ma|ri|o|net|te**, die Ma|ri|o|net|ten
die **Mark**
die **Mar|ke**, die Mar|ken
der **Mar|ker**, die Mar|ker
mar|kie|ren, du markierst
die **Mar|kie|rung**, die Mar|kie|run|gen
die **Mar|ki|se**, die Mar|ki|sen
der **Markt**, die Märk|te

die **Mar|me|la|de**, die Mar|me|la|den
der **Mar|mor**
der **Mar|mor|ku|chen**, die Mar|mor|ku|chen
die **Ma|ro|ne**, die Ma|ro|nen
der **Mars**
der **Marsch**, die Mär|sche
mar|schie|ren, du marschierst
der **März**
das **Mar|zi|pan**

die **Ma|sche**, die Ma|schen
die **Ma|schi|ne**, die Ma|schi|nen
die **Ma|sern**
die **Mas|ke**, die Mas|ken
sich **mas|kie|ren**, du maskierst dich
das **Mas|kott|chen**, die Mas|kott|chen
er **maß** → **messen**
das **Maß**, die Ma|ße
die **Mas|sa|ge**, die Mas|sa|gen
die **Mas|se**, die Mas|sen
mas|sen|haft
mas|sen|wei|se
mas|sie|ren, du massierst
mas|sig
mä|ßig
mas|siv
maß|los
der **Maß|stab**, die Maß|stä|be
der **Mast**, die Mas|ten
mäs|ten, du mästest
das **Match**, die Matchs / Mat|che
das **Ma|te|ri|al**, die Ma|te|ri|a|li|en
die **Ma|the|ma|tik**
ma|the|ma|tisch
die **Ma|trat|ze**, die Ma|trat|zen
der **Ma|tro|se**, die Ma|tro|sen
der **Matsch**
mat|schig
matt

die **Mat|te**, die Mat|ten
die **Mau|er**, die Mau|ern
mau|ern, du mauerst
das **Maul**, die Mäu|ler
die **Maul|ta|sche**, die Maul|ta|schen
die **Maul|trom|mel**, die Maul|trom|meln
das **Maul|tier**, die Maul|tie|re
der **Maul|wurf**, die Maul|wür|fe
der **Mau|rer**, die Mau|rer
die **Maus**, die Mäu|se
mäus|chen|still

die **Mau|se|fal|le**, die Mau|se|fal|len
mau|se|tot
die **Ma|yon|nai|se**, auch: **Ma|jo|nä|se**, die Ma|yon|nai|sen
der **Me|cha|ni|ker**, die Me|cha|ni|ker
me|cha|nisch
me|ckern, du meckerst
Meck|len|burg-Vor|pom|mern
die **Me|dail|le**, die Me|dail|len
die **Me|di|en**
das **Me|di|ka|ment**, die Me|di|ka|men|te
die **Me|di|zin**
der **Me|di|zin|ball**, die Me|di|zin|bäl|le
der **Me|di|zi|ner**, die Me|di|zi|ner
das **Meer**, die Mee|re
die **Meer|en|ge**, die Meer|en|gen
der **Mee|res|grund**
die **Mee|res|hö|he**, die Mee|res|hö|hen
der **Mee|res|spie|gel**
der **Meer|ret|tich**
das **Meer|schwein|chen**, die Meer|schwein|chen
das **Me|ga|byte**, die Me|ga|bytes
das **Me|ga|fon**, auch: **Me|ga|phon**, die Me|ga|fo|ne
me|ga-in
me|ga-out
das **Mehl**

meh|lig
mehr
meh|re|re
die **Mehr|heit**, die Mehr|hei|ten
mehr|mals
die **Mehr|zahl**
mei|den, du meidest, er mied, sie hat gemieden
die **Mei|le**, die Mei|len
der **Mei|len|stein**, die Mei|len|stei|ne
mei|len|weit
mein, mei|ne, mei|ner, mei|nes
mei|nen, du meinst
mei|net|we|gen
die **Mei|nung**, die Mei|nun|gen
die **Mei|se**, die Mei|sen
der **Mei|sen|knö|del**, die Mei|sen|knö|del
der **Mei|ßel**, die Mei|ßel
mei|ßeln, du meißelst
meist
am **meis|ten** → **viel**
meis|tens
der **Meis|ter**, die Meis|ter
meis|ter|haft
die **Meis|ter|schaft**, die Meis|ter|schaf|ten
sich **mel|den**, du meldest dich
mel|ken, du melkst, er molk, sie hat gemolken / gemelkt
die **Melk|ma|schi|ne**, die Melk|ma|schi|nen
die **Me|lo|die**, die Me|lo|di|en
die **Me|lo|ne**, die Me|lo|nen
die **Mem|me**, die Mem|men
mem|men|haft
das **Me|mo|ry**, die Me|mo|rys
die **Men|ge**, die Men|gen
die **Men|gen|leh|re**

der **Mensch**, die Men|schen

men|schen|leer

die **Mensch|heit**

mensch|lich

die **Mens|tru|a|ti|on**

das **Me|nü**, die Me|nüs

mer|ken, du merkst

das **Merk|mal**, die Merk|ma|le

der **Merk|satz**, die Merk|sät|ze

der **Mer|kur**

das **Merk|wort**, die Merk|wör|ter

merk|wür|dig

die **Mes|se**, die Mes|sen

mes|sen, du misst, er maß, sie hat gemessen

das **Mes|ser**, die Mes|ser

mes|ser|scharf

das **Mes|sing**

das **Me|tall**, die Me|tal|le

der **Me|te|or**, die Me|te|o|re

der **Me|te|o|rit**, die Me|te|o|ri|ten

der **Me|te|o|ro|lo|ge**, die Me|te|o|ro|lo|gen

die **Me|te|o|ro|lo|gie**

der (auch: das) **Me|ter**, die Me|ter

me|ter|hoch

me|ter|lang

das **Me|ter|maß**, die Me|ter|ma|ße

me|ter|wei|se

die **Me|tho|de**, die Me|tho|den

die **Mett|wurst**, die Mett|würs|te

der **Metz|ger**, die Metz|ger

die **Metz|ge|rei**, die Metz|ge|rei|en

die **Meu|te**, die Meu|ten

die **Meu|te|rei**, die Meu|te|rei|en

meu|tern, du meuterst

mi|au|en, die Katze miaut

mich → **ich**

mi|cke|rig, auch: **mick|rig**

die **Mi|cky|maus**

er **mied** → **meiden**

die **Mie|ne**, die Mie|nen

mies

mies|ma|chen, du machst ihn mies

die **Mie|te**, die Mie|ten

mie|ten, du mietest

der **Mie|ter**, die Mie|ter

der **Miet|ver|trag**, die Miet|ver|trä|ge

die **Miet|woh|nung**, die Miet|woh|nun|gen

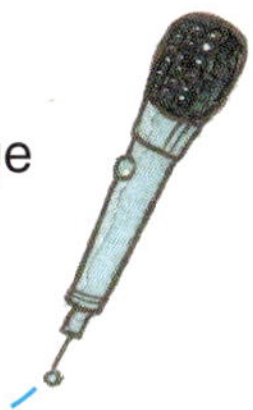

das **Mi|ka|do**, die Mi|ka|dos

das **Mi|kro|fon**, auch: **Mi|kro|phon**, die Mi|kro|fo|ne

die **Mi|kro|wel|le**, die Mi|kro|wel|len

die **Mil|be**, die Mil|ben

die **Milch**

mil|chig

der **Milch|shake**, die Milch|shakes

die **Milch|stra|ße**

der **Milch|zahn**, die Milch|zäh|ne

mild, auch: **mil|de**

das **Mi|li|tär**

mi|li|tä|risch

die **Mil|li|ar|de**, die Mil|li|ar|den

das **Mil|li|gramm**, die Mil|li|gramm

der **Mil|li|me|ter**, die Mil|li|me|ter

die **Mil|li|on**, die Mil|li|o|nen

der **Mil|li|o|när**, die Mil|li|o|nä|re

die **Mil|li|o|nen|stadt**, die Mil|li|o|nen|städ|te

die **Milz**, die Mil|zen

die **Mi|mik**

das **Mi|na|rett**, die Mi|na|ret|te

A B C D E F G H I J K L M N O P Q R S T U V W X Y Z

A B C D E F G H I J K L M N O P Q R S T U V W X Y Z

die **Min|der|heit**, die Min|der|hei|ten
min|der|jäh|rig
min|des|tens
die **Mi|ne**, die Mi|nen
das **Mi|ne|ral**, die Mi|ne|ra|le / Mi|ne|ra|li|en
das **Mi|ne|ral|was|ser**
das **Mi|ni|golf**
der **Mi|nis|ter**, die Mi|nis|ter
das **Mi|nis|te|ri|um**, die Mi|nis|te|ri|en
mi|nus
die **Mi|nu|te**, die Mi|nu|ten
mi|nu|ten|lang
mir → **ich**
die **Mi|ra|bel|le**, die Mi|ra|bel|len
mi|schen, du mischst
die **Mi|schung**, die Mi|schun|gen
der **Misch|wald**, die Misch|wäl|der
mi|se|ra|bel
miss|ach|ten, du missachtest
der **Miss|brauch**, die Miss|bräu|che
miss|brau|chen, du missbrauchst
der **Miss|er|folg**, die Miss|er|fol|ge
das **Miss|ge|schick**, die Miss|ge|schi|cke
miss|glü|cken, es missglückt
miss|han|deln, du misshandelst
die **Miss|hand|lung**, die Miss|hand|lun|gen
miss|lin|gen, es misslingt
er **misst** → **messen**
miss|trau|en, du misstraust
das **Miss|trau|en**
miss|trau|isch
das **Miss|ver|ständ|nis**, die Miss|ver|ständ|nis|se
miss|ver|ste|hen, du missverstehst, er missverstand, sie hat missverstanden

der **Mist**
mit
die **Mit|ar|beit**
mit|ar|bei|ten, du arbeitest mit
der **Mit|ar|bei|ter**, die Mit|ar|bei|ter
mit|be|stim|men, du bestimmst mit
die **Mit|be|stim|mung**
mit|brin|gen, du bringst mit, er brachte mit, sie hat mitgebracht
der **Mit|bür|ger**, die Mit|bür|ger
mit|ei|nan|der
mit|fah|ren, du fährst mit, er fuhr mit, sie ist mitgefahren
der **Mit|fahr|ge|le|gen|heit**, die Mit|fahr|ge|le|gen|hei|ten
mit|füh|len, du fühlst mit
das **Mit|ge|fühl**
das **Mit|glied**, die Mit|glie|der
der **Mit|laut**, die Mit|lau|te
das **Mit|leid**
mit|ma|chen, du machst mit
der **Mit|mensch**, die Mit|men|schen
mit|neh|men, du nimmst mit, er nahm mit, sie hat mitgenommen
der **Mit|schü|ler**, die Mit|schü|ler
die **Mit|schü|le|rin**, die Mit|schü|le|rin|nen
mit|spie|len, du spielst mit
der **Mit|spie|ler**, die Mit|spie|ler
der **Mit|tag**, die Mit|ta|ge
das **Mit|tag|es|sen**
mit|tags
die **Mit|tags|pau|se**, die Mit|tags|pau|sen
der **Mit|tags|schlaf**
die **Mit|te**

mit|tei|len, du teilst mit
die **Mit|tei|lung**, die Mit|tei|lun|gen
das **Mit|tel**, die Mit|tel

das **Mit|tel|al|ter**
mit|tel|los
mit|tel|mä|ßig
das **Mit|tel|meer**
der **Mit|tel|punkt**
mit|ten
mit|ten|drin
die **Mit|ter|nacht**
mitt|ler|wei|le
der **Mitt|woch**, die Mitt|wo|che
am **Mitt|woch|mor|gen**
mitt|wochs
mi|xen, du mixt
der **Mi|xer**, die Mi|xer
die **Mö|bel**
sie **moch|te** → **mögen**
ich **möch|te** → **mögen**
die **Mo|de**, die Mo|den
das **Mo|del**, die Mo|dels
das **Mo|dell**, die Mo|del|le
mo|del|lie|ren, du modellierst
das **Mo|dem**, die Mo|dems
die **Mo|den|schau**, die Mo|den|schau|en
der **Mo|de|ra|tor**, die Mo|de|ra|to|ren
mo|de|rig, auch: **mod|rig**
mo|dern, es modert
mo|dern
mo|disch
das **Mo|fa**, die Mo|fas
die **Mo|ge|lei**, die Mo|ge|lei|en
mo|geln, du mogelst
mö|gen, du magst ihn, er mochte sie, sie hat ihn gemocht
mög|lich
mög|li|cher|wei|se
die **Mög|lich|keit**, die Mög|lich|kei|ten
mög|lichst
der **Mohn**

die **Möh|re**, die Möh|ren
die **Möh|ren|sup|pe**, die Möh|ren|sup|pen
die **Mohr|rü|be**, die Mohr|rü|ben
der **Molch**, die Mol|che
die **Mo|le**, die Mo|len
er **molk** → **melken**
die **Mol|ke|rei**, die Mol|ke|rei|en
mol|lig
der **Mo|ment**, die Mo|men|te
mo|men|tan
der **Mo|nat**, die Mo|na|te

Die Monate heißen:
Januar, Februar, März, April, Mai, Juni, Juli, August, September, Oktober, November und Dezember.

mo|na|te|lang
mo|nat|lich
der **Mönch**, die Mön|che
der **Mond**, die Mon|de
mond|hell
die **Mond|lan|dung**, die Mond|lan|dun|gen
der **Mond|schein**

die **Mo|ne|ten**
der **Mo|ni|tor**, die Mo|ni|to|re
das **Mons|ter**, die Mons|ter
der **Mon|tag**, die Mon|ta|ge
am **Mon|tag|abend**
die **Mon|ta|ge**, die Mon|ta|gen
mon|tags
der **Mon|teur**, die Mon|teu|re
mon|tie|ren, du montierst
das **Moor**, die Moo|re
das **Moos**
moos|be|wach|sen
moo|sig

A B C D E F G H I J K L M N O P Q R S T U V W X Y Z

das **Mo|ped**, die Mo|peds
der **Mopp**, die Mopps
der **Mops**, die Möp|se
die **Mo|ral**
mo|ra|lisch
der **Mo|rast**, die Mo|ras|te
der **Mord**, die Mor|de
der **Mör|der**, die Mör|der
mör|de|risch
mor|gen
der **Mor|gen**, die Mor|gen
mor|gens
morsch
mor|sen, du morst
das **Mor|se|zei|chen**, die Mor|se|zei|chen
der **Mör|tel**
das **Mo|sa|ik**, die Mo|sa|i|ken
die **Mo|schee**, die Mo|sche|en
die **Mo|sel**
der **Mos|lem**, die Mos|lems
mos|le|misch
der **Most**, die Mos|te
das **Mo|tiv**, die Mo|ti|ve
der **Mo|tor**, die Mo|to|ren
das **Mo|tor|rad**, die Mo|tor|rä|der
die **Mot|te**, die Mot|ten
das **Mot|to**, die Mot|tos
die **Mot|to|show**, die Mot|to|shows
mot|zen, du motzt
die **Mot|ze|rei**, die Mot|ze|rei|en
mot|zig
das **Moun|tain|bike**, die Moun|tain|bikes
die **Mö|we**, die Mö|wen
die **MP3-Da|tei**, die MP3-Da|tei|en
der **MP3-Play|er**, die MP3-Play|er
die **Mü|cke**, die Mü|cken
der **Mü|cken|stich**, die Mü|cken|sti|che

mucks|mäus|chen|still
mü|de
die **Mü|dig|keit**
muf|fig
die **Mü|he**, die Mü|hen
mü|he|los
mü|he|voll
die **Müh|le**, die Müh|len
das **Mühl|rad**, die Mühl|rä|der
müh|sam
die **Mul|de**, die Mul|den
der **Müll**
die **Müll|ab|fuhr**
die **Mull|bin|de**, die Mull|bin|den
die **Müll|de|po|nie**, die Müll|de|po|ni|en
der **Müll|ei|mer**, die Müll|ei|mer
der **Mül|ler**, die Mül|ler
die **Müll|ton|ne**, die Müll|ton|nen
die **Müll|tren|nung**
mul|mig
die **Mul|ti|pli|ka|ti|on**, die Mul|ti|pli|ka|ti|o|nen
mul|ti|pli|zie|ren, du multiplizierst
die **Mu|mie**, die Mu|mi|en
der **Mumps**
der **Mund**, die Mün|der

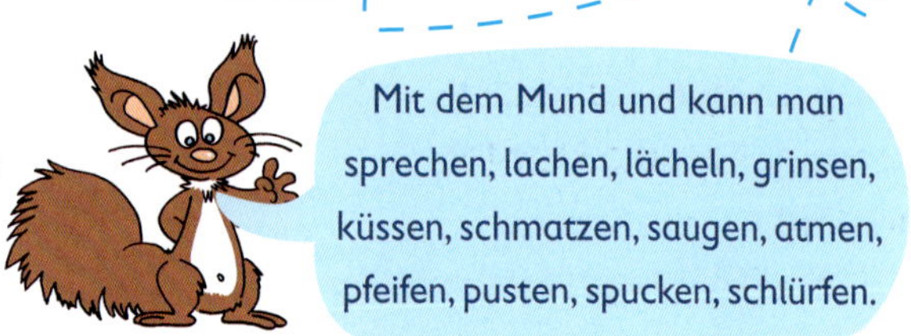

mün|den, der Bach mündet
die **Mund|har|mo|ni|ka**, die Mund|har|mo|ni|kas
münd|lich
die **Mün|dung**, die Mün|dun|gen
die **Mu|ni|ti|on**
mun|keln, du munkelst

mun|ter
die **Mün|ze**, die Mün|zen

mür|be
der **Mür|be|teig**, die Mür|be|tei|ge
die **Mur|mel**, die Mur|meln
mur|meln, du murmelst
das **Mur|mel|tier**, die Mur|mel|tie|re
mur|ren, du murrst
mür|risch
das **Mus**
die **Mu|schel**, die Mu|scheln
mu|schel|för|mig
das **Mu|se|um**, die Mu|se|en
das **Mu|si|cal**, die Mu|si|cals
die **Mu|sik**
mu|si|ka|lisch
der **Mu|si|ker**, die Mu|si|ker

mu|si|zie|ren, du musizierst
der **Mus|kat**
die **Mus|kat|nuss**, die Mus|kat|nüs|se
der **Mus|kel**, die Mus|keln
der **Mus|kel|protz**, die Mus|kel|prot|ze
das **Müs|li**, die Müs|lis
der **Mus|lim**, die Mus|li|me
die **Mus|li|ma**, die Mus|li|mas
die **Mus|li|min**, die Mus|li|min|nen
die **Mu|ße**
müs|sen, du musst
das **Mus|ter**, die Mus|ter
der **Mut**
mu|tig
mut|los
die **Mut|pro|be**, die Mut|pro|ben
die **Mut|ter**, die Müt|ter (Mama)
die **Mut|ter**, die Mut|tern (für die Schraube)
müt|ter|lich
das **Mut|ter|mal**, die Mut|ter|ma|le
mut|ter|see|len|al|lein
die **Mut|ter|spra|che**, die Mut|ter|spra|chen
mut|wil|lig
die **Müt|ze**, die Müt|zen
mys|te|ri|ös
das **Mys|te|ri|um**, die Mys|te|ri|en

Nn

die **Na|be**, die Na|ben
der **Na|bel**, die Na|bel
nach
nach|ah|men, du ahmst nach
der **Nach|bar**, die Nach|barn
die **Nach|ba|rin**, die Nach|ba|rin|nen
die **Nach|bar|schaft**
nach|dem
nach|den|ken, du denkst nach, er dachte nach, sie hat nachgedacht
nach|ei|nan|der
nach|er|zäh|len, du erzählst nach
die **Nach|er|zäh|lung**, die Nach|er|zäh|lun|gen
nach|fol|gen, du folgst ihm nach
der **Nach|fol|ger**, die Nach|fol|ger
die **Nach|fra|ge**, die Nach|fra|gen
nach|fra|gen, du fragst nach
nach|ge|ben, du gibst nach, er gab nach, sie hat nachgegeben
nach|ge|hen, du gehst nach, er ging nach, sie ist nachgegangen
nach|gie|big
nach Hau|se, auch: **nach|hau|se**
der **Nach|hau|se|weg**
nach|her
die **Nach|hil|fe**
nach|kom|men, du kommst nach, er kam nach, sie ist nachgekommen

nach|läs|sig
die **Nach|läs|sig|keit**, die Nach|läs|sig|kei|ten
der **Nach|mit|tag**, die Nach|mit|ta|ge
nach|mit|tags
der **Nach|na|me**, die Nach|na|men
die **Nach|richt**, die Nach|rich|ten
nach|schla|gen, du schlägst nach, er schlug nach, sie hat nachgeschlagen
nach|se|hen, du siehst nach, er sah nach, sie hat nachgesehen
die **Nach|sicht**
nach|sich|tig
die **Nach|sil|be**, die Nach|sil|ben
die **Nach|spei|se**, die Nach|spei|sen
nächs|te, nächs|ter, nächs|tes
der **Nächs|te**, die Nächs|ten
am **nächs|ten** → **nah**
die **Nächs|ten|lie|be**
die **Nacht**, die Näch|te
der **Nach|teil**, die Nach|tei|le
nach|tei|lig
das **Nacht|hemd**, die Nacht|hem|den
die **Nach|ti|gall**, die Nach|ti|gal|len
der **Nach|tisch**, die Nach|ti|sche
nächt|lich
nach|tra|gen, du trägst nach, er trug nach, sie hat nachgetragen
nach|träg|lich
die **Nacht|ru|he**
nachts
der **Nacht|tisch**, die Nacht|ti|sche
der **Nach|wuchs**
nach|zah|len, du zahlst nach
die **Nach|zah|lung**, die Nach|zah|lun|gen
der **Nach|züg|ler**, die Nach|züg|ler
der **Na|cken**, die Na|cken

nackt
die **Na|del**, die Na|deln
der **Na|del|baum**, die Na|del|bäu|me
der **Na|gel**, die Nä|gel
der **Na|gel|lack**, die Na|gel|la|cke
na|geln, du nagelst

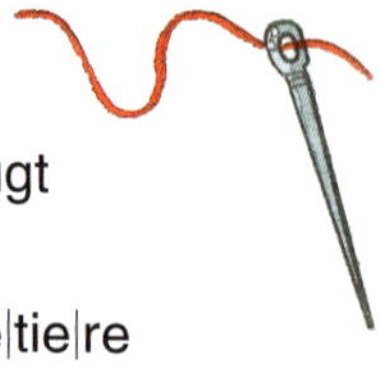

na|gel|neu
na|gen, der Hund nagt
der **Na|ger**, die Na|ger
das **Na|ge|tier**, die Na|ge|tie|re
nah, nä|her, am nächs|ten
die **Nä|he**
nä|hen, du nähst
die **Nä|he|rei**, die Nä|he|rei|en
sich **nä|hern**, du näherst dich
er **nahm** → **nehmen**
die **Näh|ma|schi|ne**, die Näh|ma|schi|nen
nahr|haft
die **Nah|rung**
das **Nah|rungs|mit|tel**, die Nah|rungs|mit|tel

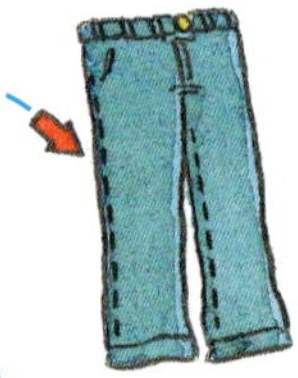

die **Naht**, die Näh|te
naht|los
na|iv
der **Na|me**, die Na|men

Man hat immer zwei Namen, einen *Vornamen* und einen *Nachnamen*. Manche Leute haben einen zweiten Vornamen oder einen *Spitznamen*.

na|men|los
na|mens
der **Na|mens|tag**, die Na|mens|ta|ge
das **Na|men|wort**, die Na|men|wör|ter
näm|lich
er **nann|te** → **nennen**
der **Napf**, die Näp|fe

die **Nar|be**, die Nar|ben
die **Nar|ko|se**, die Nar|ko|sen
der **Narr**, die Nar|ren
die **När|rin**, die När|rin|nen
när|risch
die **Nar|zis|se**, die Nar|zis|sen
na|schen, du naschst
die **Nasch|kat|ze**, die Nasch|kat|zen
die **Na|se**, die Na|sen
das **Na|sen|blu|ten**
na|se|weis
das **Nas|horn**, die Nas|hör|ner
nass
die **Näs|se**
nass|forsch
nass|kalt
die **Na|ti|on**, die Na|ti|o|nen
na|ti|o|nal
die **Nat|ter**, die Nat|tern
die **Na|tur**
na|tür|lich
der **Na|tur|schutz**
das **Na|tur|schutz|ge|biet**, die Na|tur|schutz|ge|bie|te
die **Na|tur|wis|sen|schaft**, die Na|tur|wis|sen|schaf|ten
der **Ne|an|der|ta|ler**, die Ne|an|der|ta|ler
der **Ne|bel**, die Ne|bel

ne|ben
ne|ben|an
ne|ben|bei
ne|ben|ei|nan|der
ne|ben|her
die **Ne|ben|sa|che**, die Ne|ben|sa|chen
ne|ben|säch|lich
der **Ne|ben|satz**, die Ne|ben|sät|ze
neb|lig, auch: **ne|be|lig**
ne|cken, du neckst
die **Ne|cke|rei**, die Ne|cke|rei|en

ne|ckisch
der **Nef|fe**, die Nef|fen
ne|ga|tiv
das **Ne|ga|tiv**, die Ne|ga|ti|ve
neh|men, du nimmst, er nahm, sie hat genommen
der **Neid**
der **Nei|der**, die Nei|der
nei|disch
nei|gen, du neigst
die **Nei|gung**, die Nei|gun|gen
nein
das **Nein**
der **Nek|tar**
die **Nek|ta|ri|ne**, die Nek|ta|ri|nen
die **Nel|ke**, die Nel|ken
nen|nen, du nennst, er nannte, sie hat genannt
das **Ne|on|licht**, die Ne|on|lich|ter
der **Nep|tun**
der **Nerv**, die Ner|ven
ner|ven, du nervst
ner|vig
ner|vös
die **Nes|sel**, die Nes|seln
das **Nest**, die Nes|ter

nett

Andere Wörter für »nett«

freundlich Unser Hausmeister lächelt immer freundlich.
höflich Jonas hält der Lehrerin höflich die Tür auf.
lieb Es ist lieb von dir, dass du mir bei der Arbeit hilfst.
sympathisch Jenny findet Johannes sympathisch.

net|ter|wei|se
das **Netz**, die Net|ze
neu
neu|er|dings
das **Neu|ge|bo|re|ne**, die Neu|ge|bo|re|nen
die **Neu|gier**, auch: **Neu|gier|de**
neu|gie|rig
die **Neu|ig|keit**, die Neu|ig|kei|ten
das **Neu|jahr**
neu|lich
der **Neu|ling**, die Neu|lin|ge
neun, 9
die **Neun**, die Neu|nen
neun|mal
neun|zehn, 19
neun|zig, 90
die **Neu|ro|der|mi|tis**
neu|tral
die **Neu|zeit**

nicht
die **Nich|te**, die Nich|ten
der **Nicht|rau|cher**, die Nicht|rau|cher
nichts
das **Nichts**
ni|cken, du nickst
das **Ni|cker|chen**, die Ni|cker|chen
der **Ni|cki**, die Ni|ckis
nie
nie|der
die **Nie|der|la|ge**, die Nie|der|la|gen
die **Nie|der|lan|de**
der **Nie|der|län|der**, die Nie|der|län|der
nie|der|län|disch
Nie|der|sach|sen
nie|der|säch|sisch
der **Nie|der|schlag**, die Nie|der|schlä|ge
nie|der|schla|gen, du schlägst nieder, er schlug nieder, sie hat niedergeschlagen
nied|lich
nied|rig
nie|mals
nie|mand

der **Nie|mand**
die **Nie|re**, die Nie|ren
nie|seln, es nieselt
der **Nie|sel|re|gen**
nie|sen, du niest
das **Nies|pul|ver**, die Nies|pul|ver
die **Nie|te**, die Nie|ten
nie|ten, du nietest
der **Ni|ko|laus**
das **Ni|ko|tin**
der **Nil**
das **Nil|pferd**, die Nil|pfer|de
nim|mer
du **nimmst** → **nehmen**
nir|gends
nir|gend|wo

die **Ni|sche**, die Ni|schen
nis|ten, der Vogel nistet
der **Nist|platz**, die Nist|plät|ze
die **Ni|xe**, die Ni|xen
noch
noch mal, auch: **noch|mal**
noch|mals
der **No|ma|de**, die No|ma|den
das **No|men**, die No|men
der **No|mi|na|tiv**, die No|mi|na|ti|ve
die **Non|ne**, die Non|nen
der **Nor|den**
nor|disch
nörd|lich
das **Nord|licht**, die Nord|lich|ter
der **Nord|pol**
Nord|rhein-West|fa|len

nord|rhein-west|fä|lisch
die **Nord|see**

Die Nordsee ist ein großes Meer mit vielen Inseln. Zu den Inseln fahren Schiffe, die „Fähren“ heißen. An der Nordsee gibt es Ebbe und Flut.

nör|geln, du nörgelst
der **Nörg|ler**, die Nörg|ler
nor|mal
nor|ma|ler|wei|se
Nor|we|gen
der **Nor|we|ger**, die Nor|we|ger
nor|we|gisch
die **Not**, die Nö|te
der **No|tar**, die No|ta|re
der **Not|arzt**, die Not|ärz|te
der **Not|aus|gang**, die Not|aus|gän|ge
die **No|te**, die No|ten
das **No|ten|blatt**, die No|ten|blät|ter
der **Not|fall**, die Not|fäl|le
not|falls
not|ge|drun|gen
no|tie|ren, du notierst
nö|tig
die **No|tiz**, die No|ti|zen
das **No|tiz|buch**, die No|tiz|bü|cher
der **No|tiz|block**, die No|tiz|blö|cke
die **Not|la|ge**, die Not|la|gen
not|lan|den, das Flugzeug notlandet
die **Not|lan|dung**, die Not|lan|dun|gen
die **Not|lü|ge**, die Not|lü|gen
der **Not|ruf**, die Not|ru|fe
die **Not|wehr**
not|wen|dig
die **Not|wen|dig|keit**

das (auch: der) **Nou|gat**, auch: **Nu|gat**, die Nou|gats
der **No|vem|ber**
im **Nu**
nüch|tern
die **Nüch|tern|heit**
der **Nu|ckel**, die Nu|ckel
nu|ckeln, du nuckelst
die **Nu|del**, die Nu|deln
das (auch: der) **Nu|gat** → **Nougat**
null, **0**
die **Null**, die Nul|len
die **Null|num|mer**, die Null|num|mern
der **Null|punkt**, die Null|punk|te
der **Null|ta|rif**, die Null|ta|ri|fe
die **Num|mer**, die Num|mern
num|me|rie|ren, du nummerierst
das **Num|mern|schild**, die Num|mern|schil|der
nun
nun|mehr
nur
nu|scheln, du nuschelst
die **Nuss**, die Nüs|se
der **Nuss|baum**, die Nuss|bäu|me
der **Nuss|kna|cker**, die Nuss|kna|cker
die **Nuss|scha|le**, die Nuss|scha|len
die **Nüs|ter**, die Nüs|tern
die **Nut**, die Nu|ten
der **Nut|zen**
der **Nutz|ef|fekt**, die Nutz|ef|fek|te
nut|zen, es nutzt nichts
nüt|zen, es nützt nichts
nütz|lich
nutz|los
der **Nutz|nie|ßer**, die Nutz|nie|ßer
die **Nutz|pflan|ze**, die Nutz|pflan|zen
die **Nym|phe**, die Nym|phen

Wir machen Sport

Ski fahren

weitspringen

Tennis spielen

reiten

Basketball spielen

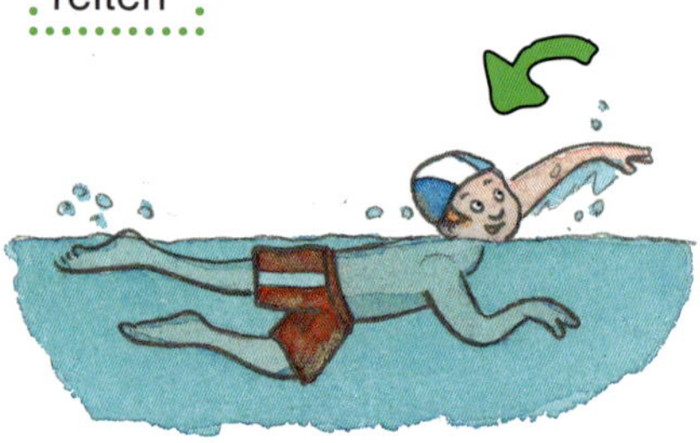

schwimmen

joggen

Schlittschuh laufen

Fußball spielen

Tischtennis spielen

Volleyball spielen

Ballett tanzen

turnen

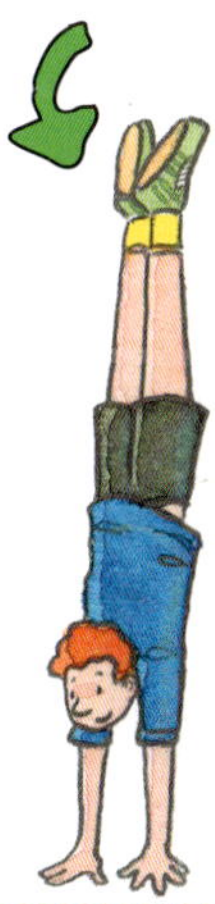

Handstand machen

Rad schlagen

werfen

Kniebeugen machen

bockspringen

Liegestütze machen

Oo

die **Oa|se**, die Oa|sen
ob
die **Ob|acht**
das **Ob|dach**
ob|dach|los
der (bei Frauen: die) **Ob|dach|lo|se**, die Ob|dach|lo|sen
die **O-Bei|ne**
O-bei|nig, auch: **o-bei|nig**
oben
der **Ober**, die Ober
der **Ober|be|griff**, die Ober|be|grif|fe
der **Ober|bür|ger|meis|ter**, die Ober|bür|ger|meis|ter
obe|re, obe|rer, obe|res
die **Ober|flä|che**, die Ober|flä|chen
ober|fläch|lich
das **Ober|geschoss**, die Ober|ge|schos|se
ober|halb
das **Ober|haupt**, die Ober|häup|ter
ober|ir|disch
die **Ober|schicht**, die Ober|schich|ten
obers|te, obers|ter, obers|tes
das **Ober|teil**, die Ober|tei|le
ob|gleich
das **Ob|jekt**, die Ob|jek|te
ob|jek|tiv
das **Ob|jek|tiv**, die Ob|jek|ti|ve
die **Ob|jek|ti|vi|tät**
die **Ob|la|te**, die Ob|la|ten
die **Oboe**, die Obo|en
ob|schon
das **Obst**
der **Obst|baum**, die Obst|bäu|me
ob|wohl

der **Och|se**, die Och|sen
ocker
das **Ocker**
öd, auch: **öde**
oder
die **Oder**
der **Ofen**, die Öfen

of|fen
of|fen|bar
of|fen|ba|ren, du offenbarst
die **Of|fen|ba|rung**, die Of|fen|ba|run|gen
die **Of|fen|heit**
of|fen|kun|dig
of|fen|sicht|lich
of|fen|siv
die **Of|fen|si|ve**, die Of|fen|si|ven
öf|fent|lich
die **Öf|fent|lich|keit**
of|fi|ziell
der **Of|fi|zier**, die Of|fi|zie|re
off|line
öff|nen, du öffnest es
die **Öff|nung**, die Öff|nun|gen
O-för|mig, auch: **o-för|mig**
oft, öf|ter, am öf|tes|ten
oft|mals
oh|ne
oh|ne|ei|nan|der
die **Ohn|macht**, die Ohn|mach|ten
ohn|mäch|tig
das **Ohr**, die Oh|ren
das **Öhr**, die Öh|re

oh|ren|be|täu|bend
die **Oh|ren|schmer|zen**
die **Ohr|fei|ge**, die Ohr|fei|gen
ohr|fei|gen, du ohrfeigst
der **Ohr|ring**, die Ohr|rin|ge
der **Ohr|wurm**, die Ohr|wür|mer
okay, auch: **o. k.**
der **Öko|lo|ge**, die Öko|lo|gen
die **Öko|lo|gie**
öko|lo|gisch
der **Ok|to|ber**
das **Öl**, die Öle
ölen, du ölst
ölig
die **Oli|ve**, die Oli|ven

die **Olym|pi|a|de**, die Olym|pi|a|den
die **Olym|pi|schen Spie|le**
die **Oma**, die Omas
das **Ome|lett**, die Ome|letts
die **Omi**, die Omis
der **On|kel**, die On|kel
on|line
der **Opa**, die Opas
das **Open-Air-Fes|ti|val**, die Open-Air-Fes|ti|vals
die **Oper**, die Opern
die **Ope|ra|ti|on**, die Ope|ra|ti|o|nen
ope|rie|ren, du operierst
das **Op|fer**, die Op|fer
op|fern, du opferst
der **Opi**, die Opis
der **Op|ti|ker**, die Op|ti|ker
op|ti|mal
der **Op|ti|mis|mus**
der **Op|ti|mist**, die Op|ti|mis|ten
op|ti|mis|tisch
op|tisch
oran|ge
das **Oran|ge** (Farbe)

die **Oran|ge**, die Oran|gen (Frucht)
der **Oran|gen|saft**, die Oran|gen|säf|te
der **Orang-Utan**, die Orang-Utans
das **Or|ches|ter**, die Or|ches|ter
die **Or|chi|dee**, die Or|chi|de|en
der **Or|den**, die Or|den

or|dent|lich
ord|nen, du ordnest
die **Ord|nung**
ord|nungs|ge|mäß
das **Or|gan**, die Or|ga|ne
die **Or|ga|ni|sa|ti|on**, die Or|ga|ni|sa|ti|o|nen
or|ga|ni|sie|ren, du organisierst
der **Or|ga|nist**, die Or|ga|nis|ten
die **Or|gel**, die Or|geln

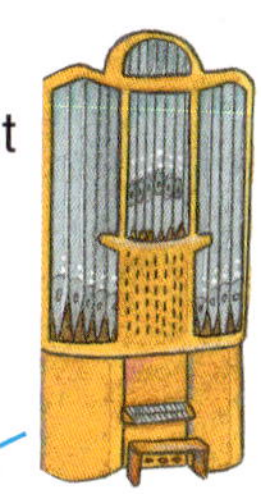

der **Ori|ent**
ori|en|ta|lisch
sich **ori|en|tie|ren**, du orientierst dich
die **Ori|en|tie|rung**
die **Ori|en|tie|rungs|stu|fe**, die Ori|en|tie|rungs|stu|fen
das **Ori|gi|nal**, die Ori|gi|na|le
ori|gi|nell
der **Or|kan**, die Or|ka|ne
der **Ort**, die Or|te
die **Or|tho|gra|fie**, auch: **Or|tho|gra|phie**
or|tho|gra|fisch, auch: **or|tho|gra|phisch**
ört|lich
die **Ort|schaft**, die Ort|schaf|ten
die **Öse**, die Ösen
der **Os|ten**
das **Os|ter|ei**, die Os|ter|ei|er
die **Os|ter|glo|cke**, die Os|ter|glo|cken
der **Os|ter|ha|se**, die Os|ter|ha|sen
Os|tern

Ös|ter|reich

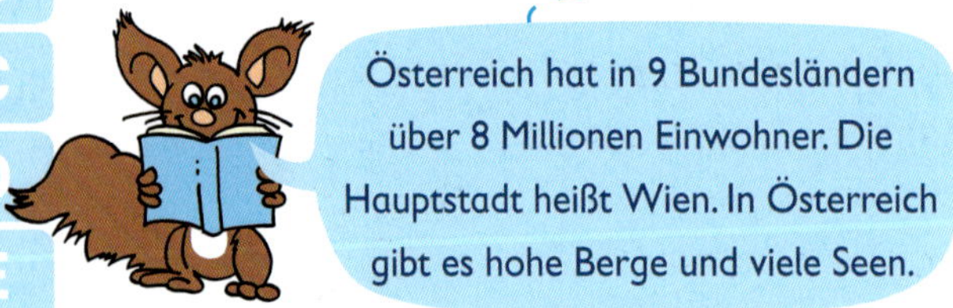

der **Ös|ter|rei|cher**, die Ös|ter|rei|cher
ös|ter|rei|chisch
öst|lich
die **Ost|see**
out
das **Out|fit**, die Out|fits
oval
der **Over|all**, die Over|alls
der **Over|head|pro|jek|tor**, die Over|head|pro|jek|to|ren
der **Oze|an**, die Oze|ane
das (auch: der) **Ozon**
das **Ozon|loch**, die Ozon|lö|cher
die **Ozon|schicht**, die Ozon|schich|ten

Pp

ein **paar**
das **Paar**, die Paa|re
paa|rig
paar|wei|se
die **Pacht**, die Pach|ten
pach|ten, du pachtest
der **Päch|ter**, die Päch|ter
das **Päck|chen**, die Päck|chen
das **Pack|eis**
pa|cken, du packst
der **Pa|cken**, die Pa|cken
das **Pack|pa|pier**
die **Pa|ckung**, die Pa|ckun|gen
das **Pad|del**, die Pad|del
das **Pad|del|boot**, die Pad|del|boo|te
pad|deln, du paddelst
das **Pa|ket**, die Pa|ke|te
der **Pakt**, die Pak|te
der **Pa|last**, die Pa|läs|te
die **Pa|let|te**, die Pa|let|ten
die **Pal|me**, die Pal|men
der **Palm|sonn|tag**, die Palm|sonn|ta|ge
die **Pam|pe**
die **Pam|pel|mu|se**, die Pam|pel|mu|sen
pam|pig
der **Pan|da**, die Pan|das
pa|niert

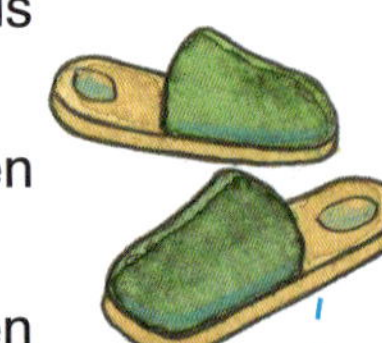

die **Pa|nik**, die Pa|ni|ken
pa|nisch
die **Pan|ne**, die Pan|nen
das **Pa|no|ra|ma**, die Pa|no|ra|men
der **Pan|ther**, auch: **Pan|ter**, die Pan|ther
der **Pan|tof|fel**, die Pan|tof|feln
der **Pan|to|mi|me**, die Pan|to|mi|men
pan|to|mi|misch
der **Pan|zer**, die Pan|zer
der **Pa|pa**, die Pa|pas
der **Pa|pa|gei**, die Pa|pa|gei|en
das **Pa|pier**, die Pa|pie|re
der **Pa|pier|korb**, die Pa|pier|kör|be
der **Papp|be|cher**, die Papp|be|cher
die **Pap|pe**, die Pap|pen
die **Pap|pel**, die Pap|peln
der **Papp|kar|ton**, die Papp|kar|tons
das **Papp|ma|ché**, auch: **Papp|ma|schee**
das **Papp|pla|kat**, die Papp|pla|ka|te
der **Pap|ri|ka**, die Pap|ri|kas
der **Papst**, die Päps|te
päpst|lich

die **Pa|ra|bel**, die Pa|ra|beln
die **Pa|ra|de**, die Pa|ra|den
das **Pa|ra|dies**, die Pa|ra|die|se
pa|ra|die|sisch
pa|ral|lel
die **Pa|ral|le|le**, die Pa|ral|le|len
der **Pa|ra|sit**, die Pa|ra|si|ten
das **Pär|chen**, die Pär|chen
der **Par|cours**, die Par|cours
das **Par|füm**, die Par|füms
die **Par|fü|me|rie**, die Par|fü|me|ri|en
pa|rie|ren, du parierst
der **Park**, die Parks
par|ken, du parkst
das **Par|kett**, die Par|ket|te
der **Park|platz**, die Park|plät|ze
das **Park|ver|bot**, die Park|ver|bo|te
das **Par|la|ment**, die Par|la|men|te
die **Par|tei**, die Par|tei|en
das **Par|ter|re**
der **Part|ner**, die Part|ner
die **Part|ne|rin**, die Part|ne|rin|nen
der **Part|ner|look**
die **Par|ty**, die Par|tys
der **Pass**, die Päs|se
der **Pas|sa|gier**, die Pas|sa|gie|re
der **Pas|sant**, die Pas|san|ten
pas|sen, die Hose passt
pas|send
das **Pass|fo|to**, die Pass|fo|tos
pas|sie|ren, was ist passiert?
pas|siv
die **Pas|te**, die Pas|ten
die **Pas|te|te**, die Pas|te|ten
der **Pas|tor**, die Pas|to|ren
der **Pa|te**, die Pa|ten
der **Pa|ter**, die Pa|ter / Pa|tres
der **Pa|ti|ent**, die Pa|ti|en|ten
die **Pa|tin**, die Pa|tin|nen

die **Pa|tro|ne**, die Pa|tro|nen
patsch|nass
pat|zen, du patzt
der **Pat|zer**, die Pat|zer
pat|zig
die **Pau|ke**, die Pau|ken

pau|ken, du paukst
der **Pau|ken|schlag**, die Pau|ken|schlä|ge
die **Pau|ke|rei**
paus|bä|ckig, auch: **paus|ba|ckig**
die **Pau|se**, die Pau|sen
das **Pau|sen|brot**, die Pau|sen|bro|te
der **Pau|sen|gong**, die Pau|sen|gongs
pau|sen|los
der **Pa|vil|lon**, die Pa|vil|lons
der **Pa|zi|fik**
der **PC**, die PCs
das **Pech**
der **Pech|vo|gel**, die Pech|vö|gel
das **Pe|dal**, die Pe|da|le
der **Pe|gel**, die Pe|gel
pein|lich
die **Peit|sche**, die Peit|schen

peit|schen, du peitschst
der **Pe|li|kan**, die Pe|li|ka|ne
die **Pel|le**, die Pel|len
pel|len, du pellst
die **Pell|kar|tof|fel**, die Pell|kar|tof|feln
der **Pelz**, die Pel|ze
pel|zig
das **Pen|del**, die Pen|del
pen|deln, du pendelst
der **Pend|ler**, die Pend|ler
der **Pe|nis**, die Pe|nis|se
pen|nen, du pennst
die **Pen|si|on**, die Pen|si|o|nen
per
per|fekt

A B C D E F G H I J K L M N O P Q R S T U V W X Y Z

das **Per|ga|ment|pa|pier**
die **Pe|ri|o|de**, die Pe|ri|o|den
die **Per|le**, die Per|len
die **Per|son**, die Per|so|nen
das **Per|so|nal**
der **Per|so|nal|aus|weis**, die Per|so|nal|aus|wei|se
per|sön|lich
die **Per|sön|lich|keit**, die Per|sön|lich|kei|ten
die **Pe|rü|cke**, die Pe|rü|cken
pes|si|mis|tisch
die **Pe|ter|si|lie**

das **Pe|tro|le|um**
pet|zen, du petzt
der **Pfad**, die Pfa|de
der **Pfad|fin|der**, die Pfad|fin|der
der **Pfahl**, die Pfäh|le
die **Pfalz**
der **Pfäl|zer**, die Pfäl|zer
pfäl|zisch
das **Pfand**, die Pfän|der
die **Pfan|ne**, die Pfan|nen
der **Pfann|ku|chen**, die Pfann|ku|chen
der **Pfar|rer**, die Pfar|rer
der **Pfau**, die Pfau|en
der **Pfef|fer**
die **Pfef|fer|min|ze**
pfef|fern, du pfefferst
die **Pfei|fe**, die Pfei|fen
pfei|fen, du pfeifst, er pfiff, sie hat gepfiffen

der **Pfeil**, die Pfei|le
der **Pfei|ler**, die Pfei|ler
pfeil|schnell
das **Pferd**, die Pfer|de

Andere Wörter für »Pferd«

Fohlen Ina streichelt am liebsten die jungen Fohlen.
Gaul Der alte Gaul kann kaum noch laufen.
Hengst Im Reitverein gibt es Stuten, aber keine Hengste.
Ross Stolz steigt der Ritter auf sein edles Ross.
Stute Die Stute hat gerade ein Junges bekommen.

der **Pfer|de|schwanz**, die Pfer|de|schwän|ze
er **pfiff** → **pfeifen**
der **Pfiff**, die Pfif|fe
der **Pfif|fer|ling**, die Pfif|fer|lin|ge
pfif|fig
die **Pfif|fig|keit**
Pfings|ten
der **Pfingst|sonn|tag**
der **Pfir|sich**, die Pfir|si|che

die **Pflan|ze**, die Pflan|zen
pflan|zen, du pflanzt
das **Pflas|ter**, die Pflas|ter
pflas|tern, du pflasterst
die **Pflau|me**, die Pflau|men
die **Pfle|ge**
die **Pfle|ge|el|tern**
das **Pfle|ge|kind**, die Pfle|ge|kin|der
pfle|gen, du pflegst

der **Pfle|ger**, die Pfle|ger
die **Pflicht**, die Pflich|ten
pflü|cken, du pflückst
der **Pflug**, die Pflü|ge
pflü|gen, du pflügst
die **Pfor|te**, die Pfor|ten
der **Pfört|ner**, die Pfört|ner
der **Pfos|ten**, die Pfos|ten
die **Pfo|te**, die Pfo|ten
der **Pfrop|fen**, die Pfrop|fen
pfui!
das **Pfund**, die Pfun|de
pfu|schen, du pfuschst
die **Pfüt|ze**, die Pfüt|zen
die **Phan|ta|sie**, auch: **Fan|ta|sie**, die Phan|ta|si|en
phan|ta|sie|ren, auch: **fan|ta|sie|ren**, du phan|ta|sierst
phan|ta|sie|voll, auch: **fan|ta|sie|voll**
phan|tas|tisch, auch: **fan|tas|tisch**
das **Phan|tom**, die Phan|to|me
der **Pha|rao**, die Pha|ra|o|nen
die **Phy|sik**
phy|si|ka|lisch
der **Phy|si|ker**, die Phy|si|ker
das **Pi|a|no**, die Pi|a|nos
der **Pi|a|nist**, die Pi|a|nis|ten
der **Pi|ckel**, die Pi|ckel

pi|cke|lig, auch: **pick|lig**
pi|cken, du pickst
das **Pick|nick**, die Pick|ni|cke / Pick|nicks
pick|ni|cken, du picknickst
pie|pen, das Küken piept
piep|sen, das Küken piepst
pier|cen, du pierct ihn
das **Pier|cing**, die Pier|cings

pi|kant
pik|sen, du pikst
der **Pil|ger**, die Pil|ger
die **Pil|ger|fahrt**, die Pil|ger|fahr|ten
die **Pil|le**, die Pil|len
der **Pi|lot**, die Pi|lo|ten
der **Pilz**, die Pil|ze

pin|ge|lig
der **Pin|gu|in**, die Pin|gu|i|ne
pink
pin|keln, du pinkelst
die **Pinn|wand**, die Pinn|wän|de
der **Pin|sel**, die Pin|sel
pin|seln, du pinselst
die **Pin|zet|te**, die Pin|zet|ten
der **Pi|ran|ha**, die Pi|ran|has
der **Pi|rat**, die Pi|ra|ten
das **Pi|ra|ten|schiff**, die Pi|ra|ten|schif|fe
pir|schen, du pirschst
die **Pis|ta|zie**, die Pis|ta|zi|en
die **Pis|te**, die Pis|ten
die **Pis|to|le**, die Pis|to|len

pitsch|nass
die **Piz|za**, die Piz|zas / Piz|zen
die **Piz|ze|ria**, die Piz|za|ri|en
der **Pkw**, auch: **PKW**, die Pkws
die **Pla|ge**, die Pla|gen
pla|gen, du plagst
das **Pla|kat**, die Pla|ka|te
pla|ka|tie|ren, du plakatierst
die **Pla|kat|wand**, die Pla|kat|wän|de
die **Pla|ket|te**, die Pla|ket|ten
der **Plan**, die Plä|ne
die **Pla|ne**, die Pla|nen
pla|nen, du planst

A B C D E F G H I J K L M N O P Q R S T U V W X Y Z

der **Pla|net**, die Pla|ne|ten

Die Planeten sind: der Merkur, die Venus, die Erde, der Mars, der Jupiter, der Saturn, der Uranus und der Neptun.

plan|los
das **Plansch|be|cken**, auch: **Plantsch|be|cken**, die Plansch|be|cken
plan|schen, auch: **plant|schen**, du planschst
die **Plan|ta|ge**, die Plan|ta|gen
der **Plan|wa|gen**, die Plan|wa|gen
plap|pern, du plapperst
plär|ren, du plärrst
das **Plas|tik**
plät|schern, der Bach plätschert
platt
die **Plat|te**, die Plat|ten
der **Platt|fuß**, die Platt|fü|ße
der **Platz**, die Plät|ze
plat|zen, der Luftballon platzt
die **Platz|kar|te**, die Platz|kar|ten
der **Platz|re|gen**
platz|spa|rend
die **Platz|wun|de**, die Platz|wun|den
plau|dern, du plauderst
das **Play|back**, auch: **Play-back** die Play|backs
plei|te
die **Plei|te**, die Plei|ten
plei|te|gehen, du gehst pleite
die **Plom|be**, die Plom|ben
plötz|lich
plump|sen, du plumpst
der **Plun|der**
plün|dern, du plünderst

die **Plün|de|rung**, die Plün|de|run|gen
der **Plu|ral**
plus
der **Po**, auch: **Po|po**, die Pos
po|chen, du pochst
das **Po|di|um**, die Po|di|en

die **Po|e|sie**
das **Po|e|sie|al|bum**, die Po|e|sie|al|ben
der **Po|kal**, die Po|ka|le
der **Po|kal|ge|win|ner**, die Po|kal|ge|win|ner
das **Po|kal|spiel**, die Po|kal|spie|le
der **Pol**, die Po|le
der **Po|le**, die Po|len
Po|len
po|lie|ren, du polierst
die **Po|li|tes|se**, die Po|li|tes|sen
die **Po|li|tik**
der **Po|li|ti|ker**, die Po|li|ti|ker
die **Po|li|zei**
po|li|zei|lich
der **Po|li|zist**, die Po|li|zis|ten
der **Pol|len**, die Pol|len
pol|nisch
das **Pols|ter**, die Pols|ter
pols|tern, du polsterst
pol|tern, du polterst
die **Pommes frites**
das **Po|ny**, die Po|nys (Kleinpferd)
der **Po|ny**, die Po|nys (Haare über der Stirn)
der **Pool**, die Pools

das **Pop|corn**
die **Pop|mu|sik**
die **Po|re**, die Po|ren
die **Por|ti|on**, die Por|ti|o|nen
das **Porte|mon|naie**, auch: **Port|mo|nee**, die Porte|mon|naies

das **Por|to**
Por|tu|gal
der **Por|tu|gie|se**, die Por|tu|gie|sen
por|tu|gie|sisch
das **Por|zel|lan**, die Por|zel|la|ne
die **Po|sau|ne**, die Po|sau|nen
po|si|tiv
die **Post**
der **Post|bo|te**, die Post|bo|ten
die **Post|kar|te**, die Post|kar|ten
die **Pracht**
präch|tig
das **Prä|di|kat**, die Prä|di|ka|te
prä|gen, du prägst
prah|len, du prahlst
prak|tisch
die **Pra|li|ne**, die Pra|li|nen
prall
die **Pran|ke**, die Pran|ken
die **Prä|rie**, die Prä|ri|en
das **Prä|sens**
der **Prä|si|dent**, die Prä|si|den|ten
pras|seln, der Regen prasselt
die **Pra|xis**, die Pra|xen
pre|di|gen, du predigst
der **Preis**, die Prei|se
das **Preis|aus|schrei|ben**,
die Preis|aus|schrei|ben
preis|wert
die **Prel|lung**, die Prel|lun|gen
die **Pre|mi|e|re**, die Pre|mi|e|ren
die **Pres|se**
pres|sen, du presst
der **Pries|ter**, die Pries|ter
pri|ma
pri|mi|tiv
der **Prinz**, die Prin|zen
die **Prin|zes|sin**, die Prin|zes|sin|nen
pri|vat

die **Pro|be**, die Pro|ben
pro|ben, du probst
pro|bie|ren, du probierst
das **Pro|blem**, die Pro|ble|me
das **Pro|dukt**, die Pro|duk|te
pro|du|zie|ren, du produzierst
der **Pro|fes|sor**, die Pro|fes|so|ren
der **Pro|fi**, die Pro|fis
das **Pro|gramm**, die Pro|gram|me
pro|gram|mie|ren,
du programmierst
das **Pro|jekt**, die Pro|jek|te
der **Pro|jek|tor**, die Pro|jek|to|ren
die **Pro|jekt|wo|che**,
die Pro|jekt|wo|chen
pro|mi|nent
prompt
das **Pro|no|men**, die Pro|no|men
der **Pro|pel|ler**, die Pro|pel|ler
der **Pro|phet**, die Pro|phe|ten
pro|sit, auch: **prost**
der **Pros|pekt**, die Pros|pek|te
der **Pro|test**, die Pro|tes|te
der **Pro|tes|tant**, die Pro|tes|tan|ten
pro|tes|tan|tisch
pro|tes|tie|ren, du protestierst
die **Pro|the|se**, die Pro|the|sen
das **Pro|to|koll**, die Pro|to|kol|le
pro|to|kol|lie|ren, du protokollierst
prot|zen, du protzt
der **Pro|vi|ant**
die **Pro|vinz**, die Pro|vin|zen
pro|vi|so|risch
das **Pro|zent**, die Pro|zen|te
der **Pro|zess**, die Pro|zes|se
prü|fen, du prüfst
die **Prü|fung**, die Prü|fun|gen
die **Prü|ge|lei**, die Prü|ge|lei|en
prus|ten, du prustest

A B C D E F G H I J K L M N O P Q R S T U V W X Y Z

die **PS**
die **Pu|ber|tät**
pu|ber|tie|ren, du pubertierst
das **Pu|bli|kum**
der **Pud|ding**, die Pud|dings
der **Pu|del**, die Pu|del

der **Pu|der**
pu|dern, du puderst
der **Puf|fer**, die Puf|fer
der **Pul|li**, die Pul|lis
der **Pul|lo|ver**, die Pul|lo|ver
der **Pul|lun|der**, die Pul|lun|der
der **Puls**, die Pul|se
der **Puls|schlag**, die Puls|schlä|ge
das **Pult**, die Pul|te

das **Pul|ver**, die Pul|ver
pul|ve|ri|sie|ren,
du pulverisierst
pum|me|lig
die **Pum|pe**, die Pum|pen
pum|pen, du pumpst
der **Punkt**, die Punk|te
pünkt|lich
die **Pünkt|lich|keit**
die **Punkt|zahl**
die **Pu|pil|le**, die Pu|pil|len
das **Püpp|chen**, die Püpp|chen
die **Pup|pe**, die Pup|pen
das **Pup|pen|haus**,
die Pup|pen|häu|ser
pur
das **Pü|ree**, die Pü|rees
der **Pur|zel|baum**, die Pur|zel|bäu|me
pur|zeln, du purzelst
die **Pus|te**
die **Pus|te|blu|me**, die Pus|te|blu|men
pus|ten, du pustest
die **Pu|te**, die Pu|ten
der **Pu|ter**, die Pu|ter

der **Putz**
put|zen, du putzt

Andere Wörter für »putzen«

scheuern Papa scheuert die Bratpfannen blank.
schrubben Mama schrubbt die Fliesen im Bad.
wischen Jeden Samstag wische ich den Fußboden.

die **Putz|frau**, die Putz|frau|en
put|zig
das **Putz|mit|tel**, die Putz|mit|tel
puz|zeln, du puzzelst
das **Puz|zle**, die Puz|zle
der **Py|ja|ma**, die Py|ja|mas
die **Py|ra|mi|de**, die Py|ra|mi|de

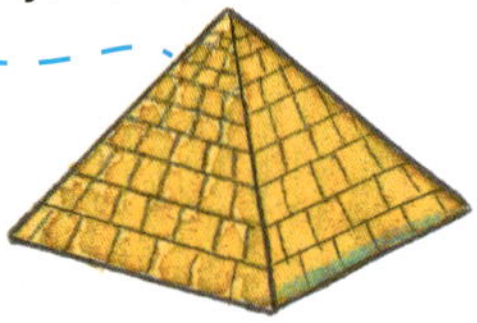

Qq

der **Quack|sal|ber**, die Quack|sal|ber
der **Qua|der**, die Qua|der
das **Qua|drat**, die Qua|dra|te
qua|dra|tisch
der (auch: das) **Qua|drat|me|ter**,
die Qua|drat|me|ter
qua|ken, die Ente quakt

Tiere machen Geräusche:
Frösche quaken, Ferkel quieken,
Hunde bellen, Ziegen meckern,
Pferde wiehern, Vögel zwitschern.

die **Qual**, die Qua|len
quä|len, du quälst

qua

die **Quä|le|rei**, die Quä|le|rei|en
die **Qua|li|fi|ka|ti|on**,
die Qua|li|fi|ka|ti|o|nen
sich **qua|li|fi|zie|ren**, du qualifizierst dich
die **Qua|li|tät**, die Qua|li|tä|ten
die **Qual|le**, die Qual|len
der **Qualm**
qual|men, der Schornstein qualmt
das **Quänt|chen**, die Quänt|chen
die **Qua|ran|tä|ne**
der **Quark**
das **Quar|tett**, die Quar|tet|te
das **Quar|tier**, die Quar|tie|re
qua|si
quas|seln, du quasselst
der **Quatsch**
quat|schen, du quatschst
der **Quatsch|kopf**,
die Quatsch|köp|fe
das **Queck|sil|ber**
die **Quel|le**, die Quel|len
quel|len, das Wasser quillt,
es quoll, es ist gequollen
die **Quen|ge|lei**, die Quen|ge|lei|en
quen|ge|lig
quen|geln, du quengelst
quer
die **Que|re**
quer|feld|ein
die **Quer|flö|te**, die Quer|flö|ten
der **Quer|kopf**, die Quer|köp|fe
der **Quer|schnitt**, die Quer|schnit|te
sich **quer|stel|len**, du stellst dich quer
die **Quer|stra|ße**, die Quer|stra|ßen
die **Quer|sum|me**, die Quer|sum|men
quet|schen, du quetschst
die **Quet|schung**, die Quet|schun|gen
quick|le|ben|dig

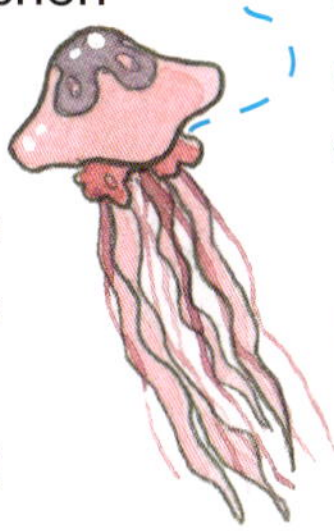

qui

quie|ken, das Schwein quiekt
quiet|schen, du quietschst
quietsch|ver|gnügt
es **quillt** → **quellen**
der **Quirl**, die Quir|le
quir|lig
quitt
die **Quit|te**, die Quit|ten
die **Quit|tung**, die Quit|tun|gen
das **Quiz**, die Quiz
es **quoll** → **quellen**
der **Quo|ti|ent**, die Quo|ti|en|ten

Rr

der **Ra|batt**, die Ra|bat|te
der **Rab|bi**, die Rab|bis
der **Ra|be**, die Ra|ben
ra|ben|schwarz
ra|bi|at
die **Ra|che**
sich **rä|chen**, du rächst dich
rach|süch|tig
der **Ra|chen**, die Ra|chen

das **Rad**, die Rä|der
Rad fah|ren
das (auch: der) **Ra|dar**
der **Ra|dau**
ra|deln, du radelst
der **Rad|fah|rer**, die Rad|fah|rer
ra|die|ren, du radierst

der **Ra|dier|gum|mi**,
die Ra|dier|gum|mis
das **Ra|dies|chen**, die Ra|dies|chen
ra|di|kal
das **Ra|dio**, die Ra|di|os
ra|dio|ak|tiv
die **Ra|dio|ak|ti|vi|tät**

der **Ra|di|us**, die Ra|di|en
raf|fen, du raffst
raff|gie|rig
raf|fi|niert
ra|gen, du ragst
der **Rah|men**, die Rah|men
sich **rä|keln**, du räkelst dich
die **Ra|ke|te**, die Ra|ke|ten
die **Ral|lye**, die Ral|lyes
der **Ra|ma|dan**
ram|men, du rammst
die **Ram|pe**, die Ram|pen
der **Ramsch**
die **Ranch**, die Ran|ches
der **Rand**, die Rän|der
ran|da|lie|ren, du randalierst
rand|voll
sich **ran|hal|ten**, du hältst dich ran, er hielt sich ran, sie hat sich rangehalten
er **rang** → **ringen**
der **Rang**, die Rän|ge
ran|gie|ren, du rangierst
die **Ran|gier|lok**, die Ran|gier|loks
die **Ran|ke**, die Ran|ken
es **rann** → **rinnen**
er **rann|te** → **rennen**
der **Ran|zen**, die Ran|zen

ran|zig
der **Rap|pe**, die Rap|pen
der **Raps**
rar
die **Ra|ri|tät**, die Ra|ri|tä|ten
ra|sant
rasch
ra|scheln, es raschelt
ra|sen, du rast
der **Ra|sen**, die Ra|sen
ra|send
der **Ra|sen|mä|her**, die Ra|sen|mä|her
der **Ra|ser**, die Ra|ser
die **Ra|se|rei**, die Ra|se|rei|en
der **Ra|sier|ap|pa|rat**, die Ra|sier|ap|pa|ra|te
sich **ra|sie|ren**, er rasiert sich
die **Ra|sier|klin|ge**, die Ra|sier|klin|gen
die **Ras|pel**, die Ras|peln
ras|peln, du raspelst
die **Ras|se**, die Ras|sen
die **Ras|sel**, die Ras|seln
ras|seln, du rasselst
die **Rast**, die Ras|ten
ras|ten, du rastest
rast|los
die **Rast|stät|te**, die Rast|stät|ten
der **Rat**
du **rätst** → **raten**
die **Ra|te**, die Ra|ten
ra|ten, du rätst, er riet, sie hat geraten
das **Rat|haus**, die Rat|häu|ser
rat|los
der **Rat|schlag**, die Rat|schlä|ge
das **Rät|sel**, die Rät|sel
rät|seln, du rätselst
die **Rat|te**, die Rat|ten
rat|tern, es rattert
rau
der **Raub**, die Rau|be
rau|ben, du raubst
der **Räu|ber**, die Räu|ber
das **Raub|tier**, die Raub|tie|re
der **Rauch**
rau|chen, du rauchst
der **Rau|cher**, die Rau|cher
räu|chern, du räucherst
rau|chig
rauf

rau|fen, du raufst
die **Rau|fe|rei**, die Rau|fe|rei|en
der **Raum**, die Räu|me
räu|men, du räumst
die **Raum|fahrt**
die **Raum|kap|sel**, die Raum|kap|seln
räum|lich
das **Raum|schiff**, die Raum|schif|fe
die **Rau|pe**, die Rau|pen
der **Rau|reif**
raus
der **Rausch**, die Räu|sche
rau|schen, es rauscht
das **Rausch|gift**, die Rausch|gif|te
sich **räus|pern**, du räusperst dich
die **Ra|vi|o|li**
die **Raz|zia**, die Raz|zi|en
re|a|gie|ren, du reagierst
die **Re|ak|ti|on**, die Re|ak|ti|o|nen
der **Re|ak|tor**, die Re|ak|to|ren
re|al
die **Re|a|li|tät**
die **Re|al|schu|le**, die Re|al|schu|len
die **Re|be**, die Re|ben
der **Re|bell**, die Re|bel|len
re|bel|lie|ren, du rebellierst
der **Reb|stock**, die Reb|stö|cke
re|chen, du rechst
der **Re|chen**, die Re|chen
die **Re|chen|auf|ga|be**, die Re|chen|auf|ga|ben
der **Re|chen|feh|ler**, die Re|chen|feh|ler
rech|nen, du rechnest

das **Rech|nen**
der **Rech|ner**, die Rech|ner
die **Rech|nung**, die Rech|nun|gen
recht sein, es ist dir recht
das **Recht**
Recht, auch: **recht ha|ben**
das **Recht|eck**, die Recht|ecke
recht|eckig
recht|ha|be|risch
rechts
der **Rechts|an|walt**, die Rechts|an|wäl|te
der **Recht|schreib|feh|ler**, die Recht|schreib|feh|ler
die **Recht|schrei|bung**
rechts|he|rum
recht|zei|tig
das **Reck**, die Re|cke
sich **re|cken**, du reckst dich
der **Re|cor|der** → **Rekorder**
re|cy|celn, du recycelst
das **Re|cyc|ling**
die **Re|de**, die Re|den
re|den, du redest
die **Re|dens|art**, die Re|dens|ar|ten
red|lich
der **Red|ner**, die Red|ner
red|se|lig
re|flek|tie|ren, du reflektierst
der **Re|flek|tor**, die Re|flek|to|ren
die **Re|form**, die Re|for|men
das **Re|form|haus**, die Re|form|häu|ser
re|for|mie|ren, du reformierst
der **Re|frain**, die Re|frains
das **Re|gal**, die Re|ga|le
die **Re|gat|ta**, die Re|gat|ten
re|ge
die **Re|gel**, die Re|geln

re|gel|mä|ßig
die **Re|gel|mä|ßig|keit**,
die Re|gel|mä|ßig|kei|ten
re|geln, du regelst
re|gel|recht
sich **re|gen**, du regst dich
der **Re|gen**

der **Re|gen|bo|gen**, die Re|gen|bo|gen
der **Re|gen|schirm**,
die Re|gen|schir|me
die **Re|gie**
re|gie|ren, du regierst
die **Re|gie|rung**, die Re|gie|run|gen
die **Re|gi|on**, die Re|gi|o|nen
der **Re|gis|seur**, die Re|gis|seu|re
reg|nen, es regnet

Andere Wörter für »regnen«

nieseln Es regnet nicht mehr richtig, es nieselt nur noch.
prasseln Dicke Regentropfen prasseln auf das Dach.
schütten Schon seit Stunden schüttet es wie aus Eimern.
tröpfeln Wir brauchen keinen Schirm, es tröpfelt nur.

reg|ne|risch
re|gungs|los
das **Reh**, die Re|he
die **Rei|be**, die Rei|ben
rei|ben, du reibst, er rieb, sie hat gerieben
die **Rei|bung**, die Rei|bun|gen
rei|bungs|los
reich
das **Reich**, die Rei|che

rei|chen, es reicht
reich|hal|tig
reich|lich
der **Reich|tum**, die Reich|tü|mer
reif
der **Reif** (gefrorener Tau)
der **Reif**, die Rei|fe (Armreif)
der **Rei|fen**, die Rei|fen

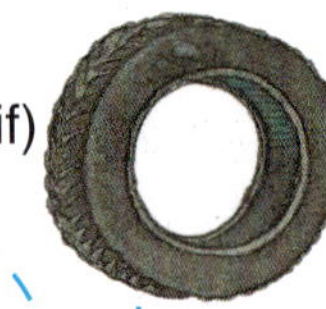

die **Rei|he**, die Rei|hen
der **Rei|her**, die Rei|her
reih|um
der **Reim**, die Rei|me
rei|men, du reimst
rein (herein)
rein (sauber)
rei|ni|gen, du reinigst
die **Rei|ni|gung**, die Rei|ni|gun|gen
der **Reis**
die **Rei|se**, die Rei|sen
das **Rei|se|bü|ro**, die Rei|se|bü|ros
rei|sen, du reist
der **Rei|se|pass**, die Rei|se|päs|se
das **Rei|sig**
rei|ßen, du reißt, er riss, sie hat gerissen
der **Reiß|ver|schluss**,
die Reiß|ver|schlüs|se

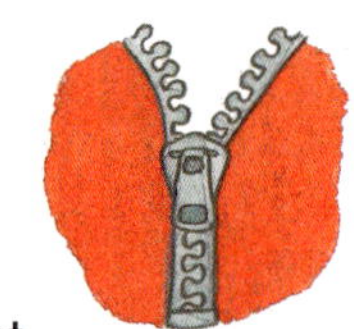

die **Reiß|zwe|cke**, die Reiß|zwe|cken
rei|ten, du reitest, er ritt, sie ist / hat geritten
der **Rei|ter**, die Rei|ter
der **Reiz**, die Rei|ze
rei|zen, du reizt
rei|zend
sich **re|keln**, du rekelst dich
die **Re|kla|ma|ti|on**,
die Re|kla|ma|ti|o|nen
die **Re|kla|me**, die Re|kla|men
re|kla|mie|ren, du reklamierst

der **Re|kord**, die Re|kor|de
der **Re|kor|der**, auch: **Re|cor|der**, die Re|kor|der
der **Rek|tor**, die Rek|to|ren
die **Rek|to|rin**, die Rek|to|rin|nen
re|la|tiv
die **Re|li|gi|on**, die Re|li|gi|o|nen

Große Religionen sind das Christentum, der Islam und der Buddhismus. Christen beten in der Kirche, Muslime beten in der Moschee.

re|li|gi|ös
rem|peln, du rempelst
ren|nen, du rennst, er rannte, sie ist gerannt
das **Ren|nen**, die Ren|nen
re|no|vie|ren, du renovierst
die **Re|no|vie|rung**, die Re|no|vie|run|gen
die **Ren|te**, die Ren|ten
das **Ren|tier**, die Ren|tie|re
der **Rent|ner**, die Rent|ner
die **Rent|ne|rin**, die Rent|ne|rin|nen
die **Re|pa|ra|tur**, die Re|pa|ra|tu|ren
re|pa|rie|ren, du reparierst
die **Re|por|ta|ge**, die Re|por|ta|gen
der **Re|por|ter**, die Re|por|ter
das **Rep|til**, die Rep|ti|li|en
die **Re|pu|blik**, die Re|pu|bli|ken
die **Re|ser|ve**, die Re|ser|ven
re|ser|vie|ren, du reservierst
die **Re|ser|vie|rung**, die Re|ser|vie|run|gen
der **Res|pekt**
res|pek|tie|ren, du respektierst
der **Rest**, die Res|te

res

das **Res|tau|rant**, die Res|tau|rants
das **Re|sul|tat**, die Re|sul|ta|te
ret|ten, du rettest
der **Ret|ter**, die Ret|ter
der **Ret|tich**, die Ret|ti|che
die **Ret|tung**, die Ret|tun|gen
die **Reue**
sich **re|van|chie|ren**, du revanchierst dich
das **Re|vier**, die Re|vie|re
die **Re|vo|lu|ti|on**, die Re|vo|lu|ti|o|nen
der **Re|vol|ver**, die Re|vol|ver
das **Re|zept**, die Re|zep|te

der **Rha|bar|ber**
der **Rhein**
Rhein|land-Pfalz
rhein|land-pfäl|zisch
rhyth|misch
der **Rhyth|mus**, die Rhyth|men
sich **rich|ten**, du richtest dich
der **Rich|ter**, die Rich|ter
rich|tig
die **Rich|tung**, die Rich|tun|gen

Die vier Himmelsrichtungen heißen Norden, Osten, Süden und Westen. Zwischen Norden und Osten liegt der Nordosten.

sie **rieb** → **reiben**
rie|chen, du riechst, er roch, sie hat gerochen
er **rief** → **rufen**

der **Rie|gel**, die Rie|gel
der **Rie|men**, die Rie|men
der **Rie|se**, die Rie|sen
rie|seln, es rieselt
rie|sen|groß
rie|sig

A B C D E F G H I J K L M N O P Q R S T U V W X Y Z

A B C D E F G H I J K L M N O P Q R S T U V W X Y Z

sie **riet** → **raten**
das **Riff**, die Rif|fe
die **Ril|le**, die Ril|len
das **Rind**, die Rin|der
die **Rin|de**, die Rin|den
das **Rind|fleisch**
der **Ring**, die Rin|ge
die **Rin|gel|nat|ter**, die Rin|gel|nat|tern
rin|gen, du ringst, er rang, sie hat gerungen
der **Ring|kampf**, die Ring|kämp|fe
rings
rings|he|rum
die **Rin|ne**, die Rin|nen
rin|nen, es rinnt, es rann, es ist geronnen
das **Rinn|sal**, die Rinn|sa|le
die **Rip|pe**, die Rip|pen
das **Ri|si|ko**, die Ri|si|kos / Ri|si|ken
ris|kant
ris|kie|ren, du riskierst
es **riss** → **reißen**
der **Riss**, die Ris|se
er **ritt** → **reiten**
der **Ritt**, die Rit|te
der **Rit|ter**, die Rit|ter
der **Rit|ter|sporn**
der **Ritz**, die Rit|ze
die **Rit|ze**, die Rit|zen
rit|zen, du ritzt
der **Ri|va|le**, die Ri|va|len
die **Ri|va|li|tät**, die Ri|va|li|tä|ten
die **Rob|be**, die Rob|ben
der **Ro|bo|ter**, die Ro|bo|ter
ro|bust
es **roch** → **riechen**
rö|cheln, du röchelst
der **Rock**, die Rö|cke
der **Ro|cker**, die Ro|cker

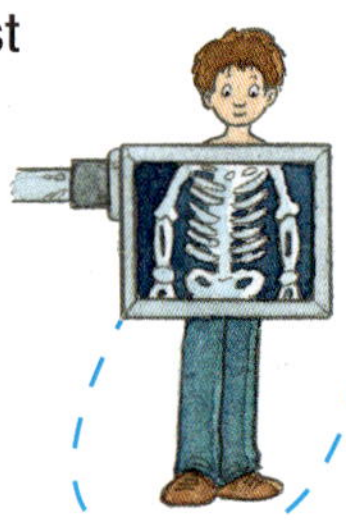

die **Rock|mu|sik**
die **Ro|del|bahn**, die Ro|del|bah|nen
ro|deln, du rodelst
ro|den, du rodest
der **Rog|gen**
roh
die **Roh|kost**
das **Rohr**, die Roh|re
die **Röh|re**, die Röh|ren
der **Roh|stoff**, die Roh|stof|fe
die **Rol|le**, die Rol|len
rol|len, es rollt
der **Rol|ler**, die Rol|ler
der **Roll|kra|gen**, die Roll|kra|gen
der **Roll|la|den**, die Roll|lä|den
das **Rol|lo**, die Rol|los
der **Roll|schuh**, die Roll|schu|he
der **Roll|stuhl**, die Roll|stüh|le
die **Roll|trep|pe**, die Roll|trep|pen
die **Ro|ma**
der **Ro|man**, die Ro|ma|ne
ro|man|tisch
der **Rö|mer**, die Rö|mer
rönt|gen, du wirst geröntgt
die **Rönt|gen|auf|nah|me**, die Rönt|gen|auf|nah|men
ro|sa
die **Ro|se**, die Ro|sen
ro|sig
die **Ro|si|ne**, die Ro|si|nen
das **Ross**, die Ros|se / Rös|ser
der **Rost** (rotbrauner Eisenbelag)
der **Rost**, die Ros|te (Gitter)
ros|ten, es rostet
rös|ten, du röstest
rost|frei
ros|tig
rot
das **Ro|te Kreuz**

die **Rö|teln**
rot|haa|rig
das **Rot|kehl|chen**, die Rot|kehl|chen
röt|lich
rotz|frech
die **Rou|la|de**, die Rou|la|den
die **Rou|te**, die Rou|ten
der **Row|dy**, die Row|dys
rub|beln, du rubbelst
die **Rü|be**, die Rü|ben
rü|ber
der **Ruck**, die Ru|cke
ruck|ar|tig
rü|cken, du rückst
der **Rü|cken**, die Rü|cken
das **Rü|cken|schwim|men**
die **Rück|fahr|kar|te**,
die Rück|fahr|kar|ten
die **Rück|fahrt**, die Rück|fahr|ten
das **Rück|grat**, die Rück|gra|te
die **Rück|kehr**
das **Rück|licht**, die Rück|lich|ter
der **Ruck|sack**, die Ruck|sä|cke
die **Rück|sei|te**, die Rück|sei|ten
die **Rück|sicht**
rück|sichts|los
rück|sichts|voll
die **Rück|tritts|brem|se**,
die Rück|tritts|brem|sen
rück|wärts
rück|wärts|fah|ren, du fährst
rückwärts, er fuhr rückwärts,
sie ist rückwärtsgefahren
der **Rück|wärts|gang**
der **Rück|weg**, die Rück|we|ge
der **Rü|de**, die Rü|den
das **Ru|del**, die Ru|del
das **Ru|der**, die Ru|der
das **Ru|der|boot**, die Ru|der|boo|te

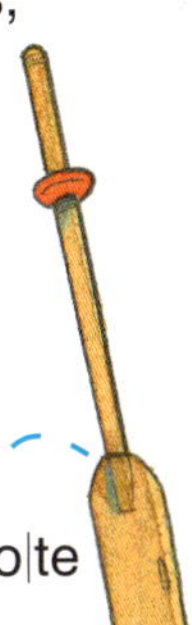

ru|dern, du ruderst
der **Ruf**, die Ru|fe
ru|fen, du rufst, er rief,
sie hat gerufen
die **Ru|he**
ru|hen, du ruhst
ru|hig
der **Ruhm**
sich **rüh|men**, du rühmst dich
die **Ruhr**
das **Rühr|ei**, die Rühr|ei|er
rüh|ren, du rührst
das **Ruhr|ge|biet**
die **Ru|i|ne**, die Ru|i|nen
ru|i|nie|ren, du ruinierst
rülp|sen, du rülpst

der **Rülp|ser**, die Rülp|ser
der **Ru|mä|ne**, die Ru|mä|nen
Ru|mä|ni|en
die **Ru|mä|nin**, die Ru|mä|nin|nen
ru|mä|nisch
der **Rum|mel**
die **Rum|pel|kam|mer**,
die Rum|pel|kam|mern
der **Rumpf**, die Rümp|fe
rümp|fen, du rümpfst
rund
die **Run|de**, die Run|den
die **Rund|fahrt**, die Rund|fahr|ten
der **Rund|funk**
der **Rund|gang**, die Rund|gän|ge
rund|he|rum
rund|lich
rund|um
run|ter
run|zeln, du runzelst
runz|lig, auch: **run|ze|lig**
der **Rü|pel**, die Rü|pel
rup|fen, du rupfst

rup|pig
der Ruß
der Rus|se, die Rus|sen
der Rüs|sel, die Rüs|sel
ru|ßen, es rußt
ru|ßig
die Rus|sin, die Rus|sin|nen
rus|sisch
Russ|land
rüs|tig
die Rüs|tung, die Rüs|tun|gen
die Ru|te, die Ru|ten
die Rutsch|bahn, die Rutsch|bah|nen
die Rut|sche, die Rut|schen
rut|schen, du rutschst
rutsch|fest
rut|schig
rüt|teln, du rüttelst

Ss

der Saal, die Sä|le

Saar|brü|cken
das Saar|land
saar|län|disch
die Saat, die Saa|ten
der Sab|bat, die Sab|ba|te
sab|bern, du sabberst
der Sä|bel, die Sä|bel
die Sa|che, die Sa|chen
die Sach|kun|de
der Sach|kun|de|un|ter|richt

sach|lich
säch|lich
der Sach|scha|den, die Sach|schä|den
Sach|sen
Sach|sen-An|halt

säch|sisch
sach|te, auch: sacht
der Sach|un|ter|richt
der Sack, die Sä|cke
die Sack|gas|se, die Sack|gas|sen
das Sack|hüp|fen
sä|en, du säst
die Sa|fa|ri, die Sa|fa|ris
der Safe, die Safes
der Saft, die Säf|te
saf|tig

die Sa|ge, die Sa|gen
die Sä|ge, die Sä|gen
sa|gen, du sagst

Andere Wörter für »sagen«

behaupten Felix behauptet, dass Laura gelogen hat.
berichten Kai berichtet seinen Eltern von der Klassenfahrt.
erzählen Opa erzählt die spannendsten Geschichten.
sprechen Lena spricht mit Jan über ihre Probleme.
unterhalten Charlotte unterhält sich gern mit ihrer Tante.

sä|gen, du sägst
sa|gen|haft
die Sä|ge|spä|ne
sie sah → sehen
die Sa|ha|ra

die **Sah|ne**
sah|nig
die **Sai|son**, die Sai|sons
die **Sai|te**, die Sai|ten (der Gitarre)
das **Sai|ten|in|stru|ment**,
die Sai|ten|in|stru|men|te
das **Sa|kra|ment**, die Sa|kra|men|te
der **Sa|la|man|der**, die Sa|la|man|der
die **Sa|la|mi**, die Sa|la|mis
der **Sa|lat**, die Sa|la|te
das **Sa|lat|öl**, die Sa|lat|öle
die **Sal|be**, die Sal|ben
der **Sal|bei**
der **Sal|to**, die Sal|tos / Sal|ti
das **Salz**, die Sal|ze
sal|zen, du salzt
sal|zig
die **Salz|stan|ge**, die Salz|stan|gen
das **Salz|was|ser**
der **Sa|men**, die Sa|men
das **Sa|men|korn**, die Sa|men|kör|ner
die **Sam|mel|map|pe**,
die Sam|mel|map|pen
sam|meln, du sammelst
der **Samm|ler**, die Samm|ler
die **Samm|lung**, die Samm|lun|gen
der **Sams|tag**, die Sams|ta|ge
am **Sams|tag|abend**
sams|tags
der **Samt**
sam|tig
sämt|lich
die **Samt|pfo|te**, die Samt|pfo|ten
samt|weich
das **Sa|na|to|ri|um**, die Sa|na|to|ri|en
der **Sand**
die **San|da|le**, die San|da|len
die **Sand|bank**, die Sand|bän|ke
san|dig

der **Sand|kas|ten**, die Sand|käs|ten
sie **sand|te** → **senden**
das (auch: der) **Sand|wich**,
die Sand|wichs / Sand|wi|ches
sanft
die **Sänf|te**, die Sänf|ten
sanft|mü|tig
sie **sang** → **singen**
der **Sän|ger**, die Sän|ger
die **Sän|ge|rin**, die Sän|ge|rin|nen
der **Sa|ni|tä|ter**, die Sa|ni|tä|ter
es **sank** → **sinken**
die **Sar|di|ne**, die Sar|di|nen
der **Sarg**, die Sär|ge
er **saß** → **sitzen**
der **Sa|tel|lit**, die Sa|tel|li|ten
das **Sa|tel|li|ten|fern|se|hen**
satt
der **Sat|tel**, die Sät|tel
sat|tel|fest
der **Sat|tel|schlep|per**,
die Sat|tel|schlep|per
die **Sat|tel|ta|sche**, die Sat|tel|ta|schen
satt|ha|ben, du hast es satt, er
hatte es satt, sie hat es sattgehabt
sät|ti|gen, es sättigt
sät|ti|gend
der **Sa|turn**
der **Satz**, die Sät|ze
die **Satz|aus|sa|ge**,
die Satz|aus|sa|gen
die **Satz|er|gän|zung**,
die Satz|er|gän|zun|gen
der **Satz|ge|gen|stand**,
die Satz|ge|gen|stän|de
das **Satz|glied**, die Satz|glie|der
der **Satz|kern**, die Satz|ker|ne
das **Satz|zei|chen**, die Satz|zei|chen
die **Sau**, die Säue

A B C D E F G H I J K L M N O P Q R S T U V W X Y Z

sau|ber
die **Sau|ber|keit**
sau|ber|ma|chen, du machst sauber
säu|bern, du säuberst
sau|blöd
die **Sau|ce** → **Soße**
sau|er
die **Sau|e|rei**, die Sau|e|rei|en
die **Sau|er|kir|sche**, die Sau|er|kir|schen
das **Sau|er|kraut**
säu|er|lich
der **Sau|er|stoff**
sau|fen, du säufst, er soff, sie hat gesoffen
sau|gen, du saugst, er saugte / sog, sie hat gesaugt / gesogen
säu|gen, sie säugt
der **Sau|ger**, die Sau|ger
das **Säu|ge|tier**, die Säu|ge|tie|re

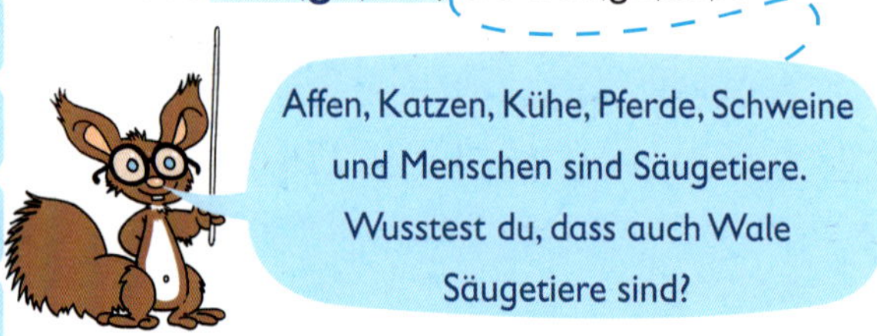

der **Säug|ling**, die Säug|lin|ge
die **Säu|le**, die Säu|len
der **Saum**, die Säu|me
die **Sau|na**, die Sau|nas / Sau|nen
die **Säu|re**, die Säu|ren
der **Sau|ri|er**, die Sau|ri|er
säu|seln, du säuselst
sau|sen, du saust
im **Sau|se|schritt**
der **Sau|stall**
das **Sau|wet|ter**
sau|wohl

die **Sa|van|ne**, die Sa|van|nen
das **Sa|xo|phon**, auch: **Sa|xo|fon**, die Sa|xo|pho|ne
die **S-Bahn**, die S-Bah|nen
der **Scan|ner**, die Scan|ner
die **Scha|be**, die Scha|ben
scha|ben, du schabst

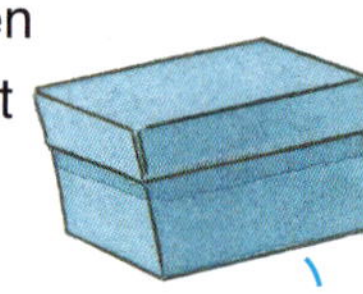

der **Scha|ber|nack**
schä|big
die **Scha|blo|ne**, die Scha|blo|nen
das **Schach|spiel**
der **Schacht**, die Schäch|te
die **Schach|tel**, die Schach|teln
scha|de
der **Schä|del**, die Schä|del

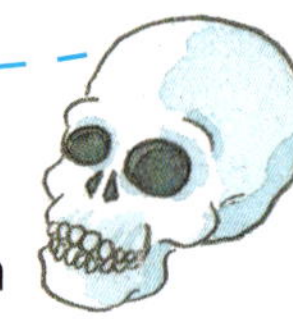

scha|den, du schadest
der **Scha|den**, die Schä|den
die **Scha|den|freu|de**
scha|den|froh
schä|di|gen, du schädigst
schäd|lich
der **Schäd|ling**, die Schäd|lin|ge
der **Schad|stoff**, die Schad|stof|fe
das **Schaf**, die Scha|fe
der **Schä|fer**, die Schä|fer
der **Schä|fer|hund**, die Schä|fer|hun|de
schaf|fen, du schaffst, er schaffte, sie hat geschafft (bewältigen)
schaf|fen, du schaffst, er schuf, sie hat geschaffen (hervorbringen, gestalten)
der **Schaff|ner**, die Schaff|ner
die **Schaf|gar|be**
der **Schafs|kä|se**
der **Schal**, die Schals
die **Scha|le**, die Scha|len
schä|len, du schälst
der **Schall**, die Schal|le / Schäl|le
schall|dicht

schal|len, es schallt
die **Schall|mau|er**
schal|ten, du schaltest
der **Schal|ter**, die Schal|ter
das **Schalt|jahr**, die Schalt|jah|re
die **Schal|tung**, die Schal|tun|gen
die **Scham**
sich **schä|men**, du schämst dich
die **Schan|de**
die **Schan|ze**, die Schan|zen
die **Schar**, die Scha|ren
scha|ren|wei|se
scharf, schär|fer, am schärfs|ten
die **Schär|fe**
der **Schar|lach**
das **Schar|nier**, die Schar|nie|re
schar|ren, das Pferd scharrt mit dem Huf
der (auch: das) **Schasch|lik**, die Schasch|liks
der **Schat|ten**, die Schat|ten
schat|tig
die **Scha|tul|le**, die Scha|tul|len
der **Schatz**, die Schät|ze
schät|zen, du schätzt
die **Schatz|tru|he**, die Schatz|tru|hen
die **Schät|zung**, die Schät|zun|gen
schät|zungs|wei|se
schau|der|haft
schau|en, du schaust

der **Schau|er**, die Schau|er
schau|er|lich
die **Schau|fel**, die Schau|feln
schau|feln, du schaufelst
das **Schau|fens|ter**, die Schau|fens|ter
die **Schau|kel**, die Schau|keln
schau|keln, du schaukelst
das **Schau|kel|pferd**, die Schau|kel|pfer|de

der **Schau|kel|stuhl**, die Schau|kel|stüh|le
der (bei Frauen: die) **Schau|lus|ti|ge**, die Schau|lus|ti|gen
der **Schaum**
schäu|men, es schäumt
der **Schaum|gum|mi**
schau|mig
schau|rig
das **Schau|spiel**, die Schau|spie|le
der **Schau|spie|ler**, die Schau|spie|ler
die **Schau|spie|le|rin**, die Schau|spie|le|rin|nen
der **Scheck**, die Schecks
sche|ckig
scheib|chen|wei|se
die **Schei|be**, die Schei|ben
der **Schei|ben|wi|scher**, die Schei|ben|wi|scher
der **Scheich**, die Schei|che
die **Schei|de**, die Schei|den
schei|den, du scheidest, er schied, sie hat geschieden
die **Schei|dung**, die Schei|dun|gen
der **Schein**, die Schei|ne
schein|bar
schei|nen, es scheint, es schien, es hat geschienen
schein|hei|lig
der **Schein|wer|fer**, die Schein|wer|fer
die **Schei|ße**
der **Schei|tel**, die Schei|tel
der **Schei|tel|punkt**, die Schei|tel|punk|te
schei|tern, du scheiterst
die **Schel|le**, die Schel|len
schel|len, du schellst
der **Schelm**, die Schel|me
schel|misch

der **Sche|mel**, die Sche|mel
der **Schen|kel**, die Schen|kel
schen|ken, du schenkst
schep|pern, es scheppert
die **Scher|be**, die Scher|ben
die **Sche|re**, die Sche|ren
die **Sche|re|rei|en**
der **Scherz**, die Scher|ze
scher|zen, du scherzt
die **Scherz|fra|ge**, die Scherz|fra|gen
scherz|haft
scheu
die **Scheu**
scheu|chen, du scheuchst
scheu|en, du scheust
scheu|ern, du scheuerst
die **Scheu|klap|pe**, die Scheu|klap|pen
die **Scheu|ne**, die Scheu|nen
das **Scheu|sal**, die Scheu|sa|le
scheuß|lich
der **Schi** → **Ski**
die **Schicht**, die Schich|ten
schich|ten, du schichtest
schick, auch: **chic**
schi|cken, du schickst
das **Schick|sal**, die Schick|sa|le
schick|sal|haft
schie|ben, du schiebst, er schob, sie hat geschoben
der **Schieds|rich|ter**, die Schieds|rich|ter

schief
der **Schie|fer**
schief|ge|hen, es geht schief, es ging schief, es ist schiefgegangen
schie|len, du schielst
es **schien** → **scheinen**
das **Schien|bein**, die Schien|bei|ne

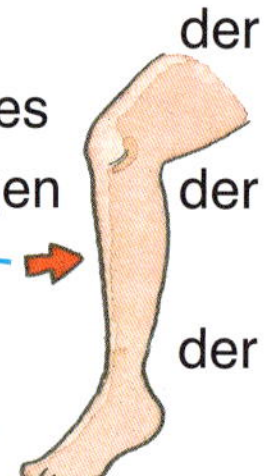

die **Schie|ne**, die Schie|nen

schier un|mög|lich
schie|ßen, du schießt, er schoss, sie hat geschossen
die **Schie|ße|rei**, die Schie|ße|rei|en
das **Schieß|pul|ver**
das **Schiff**, die Schif|fe

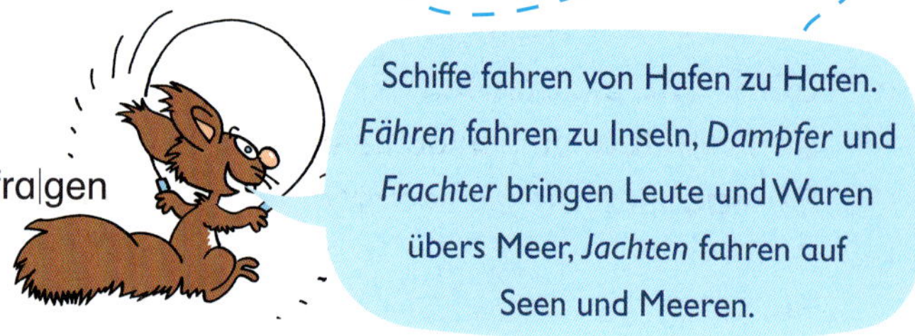

schiff|brü|chig
der (bei Frauen: die) **Schiff|brü|chi|ge**, die Schiff|brü|chi|gen
die **Schiff|fahrt**, die Schiff|fahr|ten
die **Schi|ka|ne**, die Schi|ka|nen
schi|ka|nie|ren, du schikanierst
das **Schild**, die Schil|der (Zeichen, Warntafel)
der **Schild**, die Schil|de (Schutzwaffe)
schil|dern, du schilderst
die **Schil|de|rung**, die Schil|de|run|gen
die **Schild|krö|te**, die Schild|krö|ten
das **Schilf**
das **Schilf|rohr**, die Schilf|roh|re
schil|lern, es schillert

schil|lernd
der **Schim|mel**, die Schim|mel
schim|me|lig, auch: **schimm|lig**
schim|meln, es schimmelt
der **Schim|mel|pilz**, die Schim|mel|pil|ze
der **Schim|mer**
schim|mern, es schimmert
der **Schim|pan|se**, die Schim|pan|sen
schimp|fen, du schimpfst
das **Schimpf|wort**, die Schimpf|wör|ter

schi

die **Schin|del**, die Schin|deln
der **Schin|ken**, die Schin|ken
die **Schip|pe**, die Schip|pen
schip|pen, du schippst
der **Schirm**, die Schir|me

der **Schiss**
schlab|bern, du schlabberst
die **Schlacht**, die Schlach|ten
schlach|ten, du schlachtest
der **Schlach|ter**, die Schlach|ter
die **Schlach|te|rei**, die Schlach|te|rei|en
die **Schla|cke**, die Schla|cken
schla|ckern, du schlackerst
der **Schlaf**
der **Schlaf|an|zug**, die Schlaf|an|zü|ge
die **Schlä|fe**, die Schlä|fen
schla|fen, du schläfst, er schlief, sie hat geschlafen
schlaff
schlaf|los
schläf|rig
der **Schlaf|sack**, die Schlaf|sä|cke
der **Schlag**, die Schlä|ge
schlag|ar|tig
schla|gen, du schlägst, er schlug, sie hat geschlagen
der **Schla|ger**, die Schla|ger
der **Schlä|ger**, die Schlä|ger
die **Schlä|ge|rei**, die Schlä|ge|rei|en
schlag|fer|tig
die **Schlag|sah|ne**
die **Schlag|zei|le**, die Schlag|zei|len
das **Schlag|zeug**
der **Schlag|zeu|ger**, die Schlag|zeu|ger
der (auch: das) **Schla|mas|sel**, die Schla|mas|sel
der **Schlamm**
schlam|mig

schl

die **Schlam|pe|rei**
schlam|pig
er **schlang** → **schlingen**
die **Schlan|ge**, die Schlan|gen
sich **schlän|geln**, sie schlängelt sich
die **Schlan|gen|li|nie**, die Schlan|gen|li|ni|en
schlank
schlapp
das **Schla|raf|fen|land**
schlau
der **Schlauch**, die Schläu|che

In Reifen sind Schläuche.
Mit einer Pumpe füllt man durch ein Ventil Luft in den Schlauch.
Wenn ein Loch im Schlauch ist, ist der Reifen platt.

das **Schlauch|boot**, die Schlauch|boo|te
die **Schlau|fe**, die Schlau|fen
schlecht
schle|cken, du schleckst
schlei|chen, du schleichst, er schlich, sie ist geschlichen
der **Schleich|weg**, die Schleich|we|ge
der **Schlei|er**, die Schlei|er
schlei|er|haft
die **Schlei|fe**, die Schlei|fen
schlei|fen, du schleifst, er schliff, sie hat geschliffen (schärfen)
schlei|fen, du schleifst, er schleifte, sie hat geschleift (über den Boden ziehen)
der **Schleim**
die **Schleim|haut**, die Schleim|häu|te
schlei|mig
schlem|men, du schlemmst

schlen|dern, du schlenderst
schlen|kern, du schlenkerst
die Schlep|pe, die Schlep|pen
schlep|pen, du schleppst
schlep|pend
der Schlep|per, die Schlep|per
im Schlepp|tau
Schles|wig-Hol|stein
schles|wig-hol|stei|nisch
die Schleu|der, die Schleu|dern
schleu|dern, du schleuderst
schleu|nig(st)
die Schleu|se, die Schleu|sen
schleu|sen, du schleust
er schlich → schleichen
schlicht
schlich|ten, du schlichtest
der Schlick
sie schlief → schlafen
schlie|ßen, du schließt, er schloss, sie hat geschlossen
das Schließ|fach, die Schließ|fä|cher
schließ|lich
ich schliff → schleifen
schlimm
die Schlin|ge, die Schlin|gen
der Schlin|gel, die Schlin|gel
schlin|gen, du schlingst, er schlang, sie hat geschlungen
die Schling|pflan|ze, die Schling|pflan|zen

der Schlips, die Schlip|se
der Schlit|ten, die Schlit|ten
schlit|tern, du schlitterst
der Schlitt|schuh, die Schlitt|schu|he
der Schlitz, die Schlit|ze
das Schlitz|ohr, die Schlitz|oh|ren
er schloss → schließen
das Schloss, die Schlös|ser

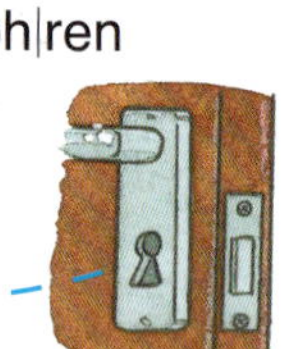

der Schlos|ser, die Schlos|ser
der Schlot, die Schlo|te
schlot|tern, du schlotterst
die Schlucht, die Schluch|ten
schluch|zen, du schluchzt
der Schluck, die Schlu|cke
der Schluck|auf
schlu|cken, du schluckst
die Schluck|imp|fung, die Schluck|imp|fun|gen
schlu|dern, du schluderst
er schlug → schlagen
schlum|mern, du schlummerst
schlüp|fen, du schlüpfst
der Schlüp|fer, die Schlüp|fer
das Schlupf|loch, die Schlupf|lö|cher
schlüpf|rig
schlur|fen, du schlurfst
schlür|fen, du schlürfst

der Schluss, die Schlüs|se
der Schlüs|sel, die Schlüs|sel
das Schlüs|sel|bein, die Schlüs|sel|bei|ne
das Schlüs|sel|loch, die Schlüs|sel|lö|cher
das Schluss|licht, die Schluss|lich|ter
schmäch|tig
schmack|haft
schmal
das Schmalz
schmal|zig
schmat|zen, du schmatzt
schme|cken, es schmeckt
schmei|cheln, du schmeichelst
schmei|ßen, du schmeißt, er schmiss, sie hat geschmissen
schmel|zen, es schmilzt, es schmolz, es ist geschmolzen
der Schmerz, die Schmer|zen

schmer|zen, es schmerzt
schmerz|haft
schmerz|los

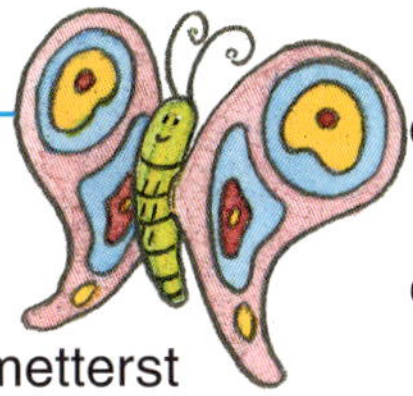

der **Schmet|ter|ling**, die Schmet|ter|lin|ge
schmet|tern, du schmetterst
der **Schmied**, die Schmie|de
schmie|den, du schmiedest
sich **schmie|gen**, du schmiegst dich
schmie|ren, du schmierst
der **Schmier|fink**, die Schmier|fin|ken
schmie|rig
der **Schmier|zet|tel**, die Schmier|zet|tel
es **schmilzt** → **schmelzen**
die **Schmin|ke**, die Schmin|ken
schmin|ken, du schminkst
sie **schmiss** → **schmeißen**
der **Schmö|ker**, die Schmö|ker
schmö|kern, du schmökerst
schmol|len, du schmollst
es **schmolz** → **schmelzen**
schmo|ren, es schmort
der **Schmuck**
schmü|cken, du schmückst
schmud|de|lig, auch: **schmudd|lig**
das **Schmud|del|wet|ter**
schmug|geln, du schmuggelst
der **Schmugg|ler**, die Schmugg|ler
schmun|zeln, du schmunzelst
schmu|sen, du schmust
der **Schmutz**
schmut|zig

der **Schna|bel**, die Schnä|bel
die **Schna|ke**, die Schna|ken
die **Schnal|le**, die Schnal|len
schnal|len, du schnallst
schnal|zen, du schnalzt mit der Zunge

das **Schnäpp|chen**, die Schnäpp|chen
schnap|pen, du schnappst
der **Schnapp|schuss**, die Schnapp|schüs|se

der **Schnaps**, die Schnäp|se
schnar|chen, du schnarchst
schnat|tern, die Gans schnattert
schnau|ben, das Pferd schnaubt
schnau|fen, du schnaufst
die **Schnau|ze**, die Schnau|zen
sich **schnäu|zen**, du schnäuzt dich
die **Schne|cke**, die Schne|cken
der **Schnee**

Im Winter kannst du Schneebälle machen und Schneemänner bauen. Im Schnee kann man mit Skiern oder mit einem Schlitten fahren.

der **Schnee|ball**, die Schnee|bäl|le
die **Schnee|flo|cke**, die Schnee|flo|cken
der **Schnee|mann**, die Schnee|män|ner
schnee|weiß
schnei|den, du schneidest, er schnitt, sie hat geschnitten
der **Schnei|der**, die Schnei|der
der **Schnei|de|zahn**, die Schnei|de|zäh|ne
schnei|en, es schneit
die **Schnei|se**, die Schnei|sen
schnell
die **Schnel|lig|keit**
schnie|fen, du schniefst
schnip|peln, du schnippelst
der (auch: das) **Schnip|sel**, die Schnip|sel
er **schnitt** → **schneiden**

der **Schnitt**, die Schnit|te
die **Schnit|te**, die Schnit|ten
der **Schnitt|lauch**
das **Schnit|zel**, die Schnit|zel
die **Schnit|zel|jagd**, die Schnit|zel|jag|den
schnit|zen, du schnitzt
der **Schnor|chel**, die Schnor|chel
schnor|cheln, du schnorchelst
der **Schnör|kel**, die Schnör|kel
schnüf|feln, du schnüffelst
der **Schnul|ler**, die Schnul|ler
der **Schnup|fen**
schnup|pern, du schnupperst
die **Schnur**, die Schnü|re
schnü|ren, du schnürst
schnur|ge|ra|de, auch: **schnur|gra|de**
der **Schnurr|bart**, die Schnurr|bär|te
schnur|ren, der Kater schnurrt
der **Schnür|sen|kel**, die Schnür|sen|kel
sie **schob** → **schieben**
der **Schock**, die Schocks
scho|cken, du schockst
der **Scho|ko|kuss**, die Scho|ko|küs|se
die **Scho|ko|la|de**, die Scho|ko|la|den
die **Schol|le**, die Schol|len
schon
schön
sich **scho|nen**, du schonst dich
die **Schön|heit**, die Schön|hei|ten
die **Scho|nung**
scho|nungs|los
die **Schon|zeit**
der **Schopf**, die Schöp|fe
schöp|fen, du schöpfst
der **Schöp|fer**, die Schöp|fer
die **Schöp|fung**, die Schöp|fun|gen
der **Schorf**

der **Schorn|stein**, die Schorn|stei|ne
der **Schorn|stein|fe|ger**, die Schorn|stein|fe|ger

er **schoss** → **schießen**
der **Schoß**, die Schö|ße
die **Scho|te**, die Scho|ten
der **Schot|ter**
schräg
die **Schram|me**, die Schram|men
der **Schrank**, die Schrän|ke

die **Schran|ke**, die Schran|ken
die **Schrau|be**, die Schrau|ben
schrau|ben, du schraubst
der **Schre|ber|gar|ten**, die Schre|ber|gär|ten
der **Schreck**, auch: **Schre|cken**, die Schre|cken
schreck|haft
schreck|lich
der **Schrei**, die Schreie
schrei|ben, du schreibst, er schrieb, sie hat geschrieben

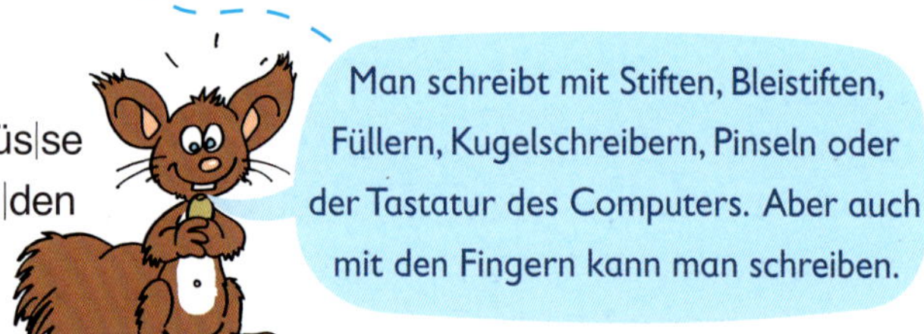

der **Schreib|tisch**, die Schreib|ti|sche
schrei|en, du schreist, er schrie, sie hat geschrien

Andere Wörter für »schreien«

brüllen Löwen brüllen, wenn man ihnen zu nahe kommt.
grölen Die Fußballfans grölten, als das erste Tor fiel.

jubeln Die Menge jubelte vor Freude.
kreischen Sara kreischte, als sie die Spinne sah.
lärmen Die Kinder lärmen auf dem Schulhof.

der **Schrei|ner**, die Schrei|ner
die **Schrei|ne|rei**, die Schrei|ne|rei|en
schrei|ten, du schreitest, er schritt, sie ist geschritten
er **schrie** → **schreien**
sie **schrieb** → **schreiben**
die **Schrift**, die Schrif|ten
schrift|lich
der **Schrift|stel|ler**, die Schrift|stel|ler
die **Schrift|stel|le|rin**, die Schrift|stel|le|rin|nen
schrill
er **schritt** → **schreiten**
der **Schritt**, die Schrit|te
schroff
der **Schrott**

schrub|ben, du schrubbst
der **Schrub|ber**, die Schrub|ber
schrump|fen, du schrumpfst
der **Schub**, die Schü|be
die **Schub|kar|re**, die Schub|kar|ren
die **Schub|la|de**, die Schub|la|den
der **Schubs**, die Schub|se
schub|sen, du schubst
schüch|tern
die **Schüch|tern|heit**

der **Schuft**, die Schuf|te
schuf|ten, du schuftest
der **Schuh**, die Schu|he
die **Schuh|creme**, auch: **Schuh|crème**

schuld sein
die **Schuld**, die Schul|den
schul|dig
der (bei Frauen: die) **Schul|di|ge**, die Schul|di|gen
die **Schu|le**, die Schu|len
der **Schü|ler**, die Schü|ler
die **Schü|le|rin**, die Schü|le|rin|nen
schul|frei
die **Schul|ter**, die Schul|tern
schul|ter|frei
schum|meln, du schummelst
schun|keln, du schunkelst
die **Schup|pe**, die Schup|pen
der **Schup|pen**, die Schup|pen
die **Schur|wol|le**
die **Schür|ze**, die Schür|zen
der **Schuss**, die Schüs|se
die **Schüs|sel**, die Schüs|seln
schus|se|lig, auch: **schuss|lig**
der **Schus|ter**, die Schus|ter
der **Schutt**
der **Schüt|tel|frost**
schüt|teln, du schüttelst
schüt|ten, du schüttest
der **Schutz**
der **Schüt|ze**, die Schüt|zen
schüt|zen, du schützt
der **Schutz|en|gel**, die Schutz|en|gel
der **Schütz|ling**, die Schütz|lin|ge
schutz|los
schwach, schwä|cher, am schwächs|ten
die **Schwä|che**, die Schwä|chen
der **Schwa|ger**, die Schwä|ger
die **Schwä|ge|rin**, die Schwä|ge|rin|nen
die **Schwal|be**, die Schwal|ben
er **schwamm** → **schwimmen**
der **Schwamm**, die Schwäm|me

Beim Arzt

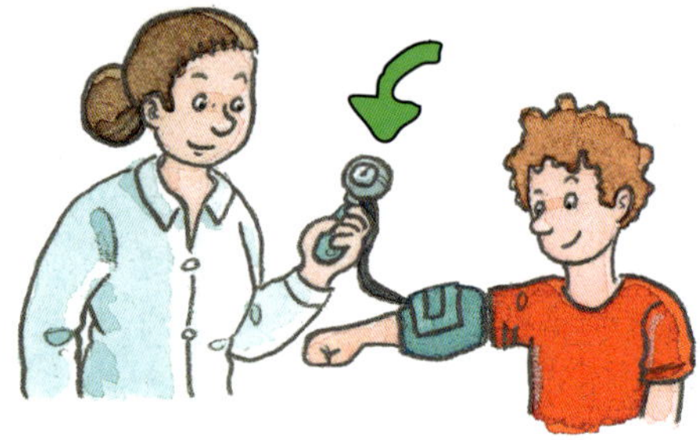

Die **Arzthelferin** misst Tims Blutdruck mit dem **Blutdruckmessgerät**.

Anna bekommt eine **Spritze**.

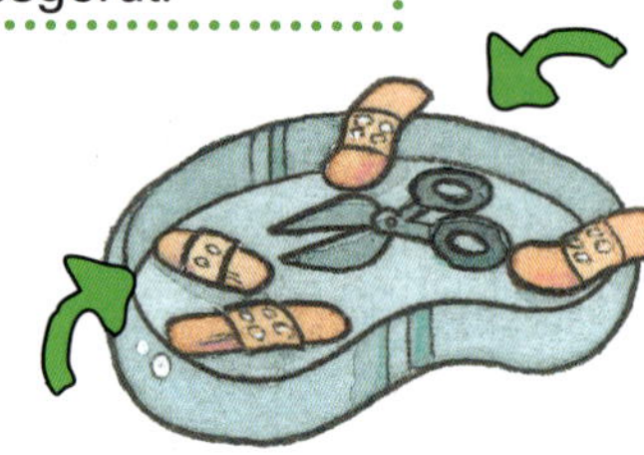

In der Schale liegen mehrere **Pflaster** und eine **Schere**.

Der Arzt hört mit dem **Stethoskop** Pias Herzschlag ab.

Mit einem **Fieberthermometer** misst man Fieber.

Alina nimmt ihre **Medizin**.

Eugen hat einen **Verband** um den Kopf.

Mark hat einen **Gipsarm**.

Wenn man Fieber hat, bekommt man ein **Zäpfchen** in den Po.

Bei der **Operation** trägt der Arzt einen Mundschutz.

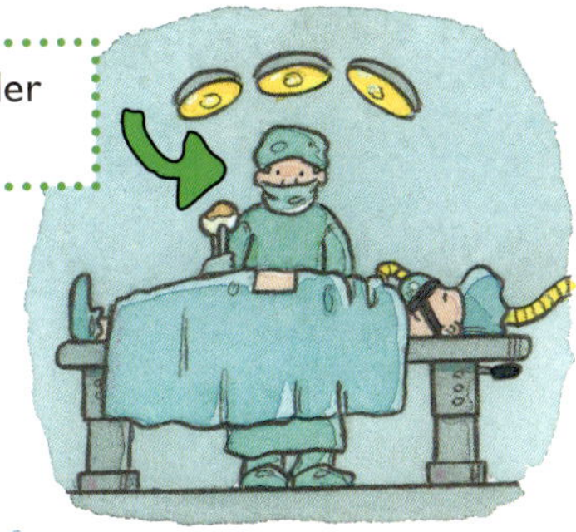

Mit der **Pinzette** holt der Vater einen Stachel aus Selmas Finger.

Mit dem **Krankenwagen** werden sehr kranke Menschen ins Krankenhaus gebracht.

Natalja sitzt auf der **Liege**.

Der **Zahnarzt** hält einen Bohrer in der Hand.

Die **Patienten** warten ungeduldig im Wartezimmer.

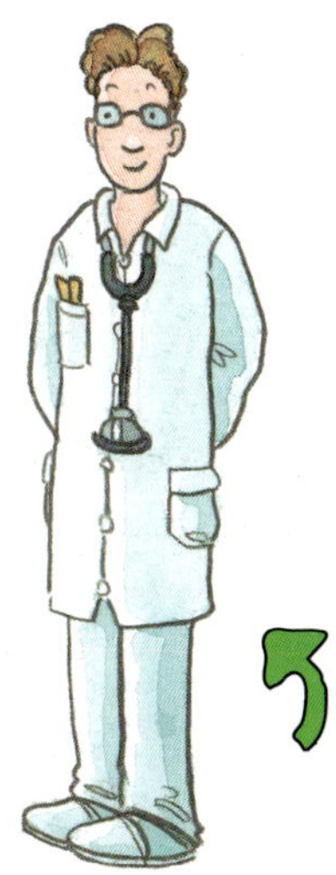

Der **Arzt** Dr. Freundlich trägt einen weißen **Kittel**.

Der **Rettungshubschrauber** landet auf dem Dach des Krankenhauses.

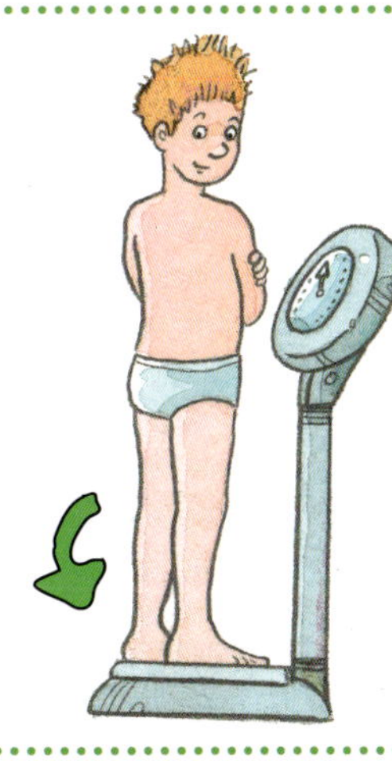

Sven wird in der Arztpraxis auf einer **Waage** gewogen.

A B C D E F G H I J K L M N O P Q R S T U V W X Y Z

der **Schwan**, die Schwä|ne
er **schwang** → **schwingen**
schwan|ger
die **Schwan|ge|re**, die Schwan|ge|ren
die **Schwan|ger|schaft**, die Schwan|ger|schaf|ten
schwan|ken, du schwankst
der **Schwanz**, die Schwän|ze
schwän|zen, du schwänzt
der **Schwarm**, die Schwär|me
schwär|men, du schwärmst
die **Schwär|me|rei**, die Schwär|me|rei|en

schwarz, schwär|zer, am schwär|zes|ten
schwarz|fah|ren, du fährst schwarz, er fuhr schwarz, sie ist schwarzgefahren
schwarz|haa|rig
schwarz|se|hen, du siehst schwarz, er sah schwarz, sie hat schwarzgesehen
das **Schwätz|chen**, die Schwätz|chen
schwat|zen, du schwatzt
schwatz|haft
der **Schwe|be|bal|ken**, die Schwe|be|bal|ken
schwe|ben, du schwebst
der **Schwe|de**, die Schwe|den
Schwe|den
die **Schwe|din**, die Schwe|din|nen
schwe|disch
der **Schweif**, die Schwei|fe
schwei|gen, du schweigst, er schwieg, sie hat geschwiegen
das **Schwei|gen**
schweig|sam

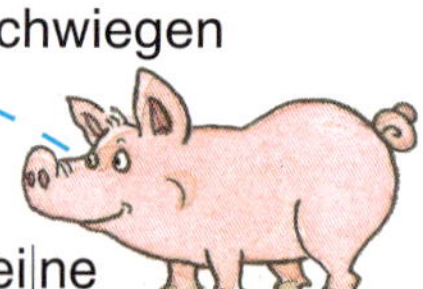

das **Schwein**, die Schwei|ne
die **Schwei|ne|rei**, die Schwei|ne|rei|en

der **Schweiß**
schwei|ßen, du schweißt
die **Schweiz**
der **Schwei|zer**, die Schwei|zer
schwei|ze|risch
die **Schwel|le**, die Schwel|len
schwel|len, es schwillt, es schwoll, es ist geschwollen
die **Schwel|lung**, die Schwel|lun|gen
schwen|ken, du schwenkst
schwer
schwe|re|los
schwer|fäl|lig
schwer|hö|rig
die **Schwer|kraft**
der **Schwer|punkt**, die Schwer|punk|te
das **Schwert**, die Schwer|ter

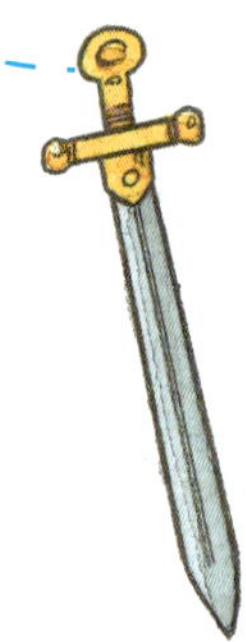

die **Schwes|ter**, die Schwes|tern
ich **schwieg** → **schweigen**
die **Schwie|ger|el|tern**
die **Schwie|ger|mut|ter**, die Schwie|ger|müt|ter
der **Schwie|ger|sohn**, die Schwie|ger|söh|ne
die **Schwie|ger|toch|ter**, die Schwie|ger|töch|ter
der **Schwie|ger|va|ter**, die Schwie|ger|vä|ter
schwie|rig
die **Schwie|rig|keit**, die Schwie|rig|kei|ten
das **Schwimm|bad**, die Schwimm|bä|der
schwim|men, du schwimmst, er schwamm, sie ist / hat geschwommen
der **Schwim|mer**, die Schwim|mer
die **Schwimm|wes|te**, die Schwimm|wes|ten
der **Schwin|del**

schwin|de|lig, auch: **schwind|lig**
schwin|deln, du schwindelst
der **Schwind|ler**, die Schwind|ler
schwin|gen, du schwingst, er schwang, sie hat geschwungen
die **Schwin|gung**, die Schwin|gun|gen
schwir|ren, sie schwirrt
schwit|zen, du schwitzt
es **schwoll** → **schwellen**
schwö|ren, du schwörst, er schwor, sie hat geschworen
schwül
der **Schwung**, die Schwün|ge
schwung|voll
der **Schwur**, die Schwü|re
sechs, **6**
die **Sechs**, die Sech|sen
das **Sechs|eck**, die Sechs|ecke
sechs|fach
sechs|mal
zu **sechst**
sechs|te, sechs|ter, sechs|tes
das **Sechs|tel**, die Sechs|tel
sech|zehn, **16**
sech|zig, **60**
der **Se|cond|hand|shop**, die Se|cond|hand|shops
die **See** (das Meer)
der **See**, die Se|en
see|krank
die **See|le**, die See|len
das **Se|gel**, die Se|gel
das **Se|gel|boot**, die Se|gel|boo|te
se|geln, du segelst
der **Se|gen**, die Se|gen
der **Seg|ler**, die Seg|ler
seg|nen, du segnest
se|hen, du siehst, er sah, sie hat gesehen

Andere Wörter für »sehen«

gucken Martin guckt viel Fernsehen.
schauen Ich schaue aufs blaue Meer.
blinzeln Mareike blinzelt in die strahlende Sonne.
beobachten Der Forscher beobachtet die Löwen.
erkennen Ohne Brille erkennt Paul niemanden.
starren Sprachlos starrt er auf das Gespenst.

se|hens|wert
die **Se|hens|wür|dig|keit**, die Se|hens|wür|dig|kei|ten
die **Seh|ne**, die Seh|nen
sich **seh|nen**, du sehnst dich danach
die **Sehn|sucht**, die Sehn|süch|te
sehn|süch|tig
sehr
der **Seh|test**, die Seh|tests
es **sei** → **sein**
seicht
ihr **seid** → **sein**
die **Sei|de**, die Sei|den
sei|dig
die **Sei|fe**, die Sei|fen

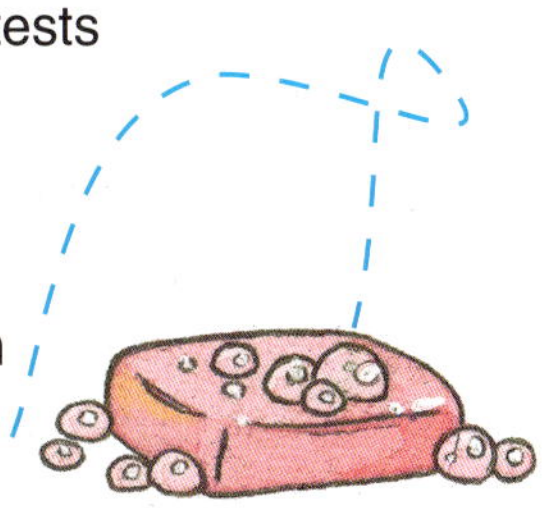

die **Sei|fen|bla|se**, die Sei|fen|bla|sen
das **Seil**, die Sei|le
die **Seil|bahn**, die Seil|bah|nen
seil|sprin|gen, sie ist seilgesprungen
der **Seil|tän|zer**, die Seil|tän|zer
sein, du bist, er war, sie ist gewesen

A B C D E F G H I J K L M N O P Q R S T U V W X Y Z

A B C D E F G H I J K L M N O P Q R S T U V W X Y Z

sein, sei|ne, sei|ner, sei|nes
seit
seit|dem
die **Sei|te**, die Sei|ten (im Buch)
seit|lich
seit|wärts
der **Se|kre|tär**, die Se|kre|tä|re
das **Se|kre|ta|ri|at**, die Se|kre|ta|ri|a|te
die **Se|kre|tä|rin**, die Se|kre|tä|rin|nen
der **Sekt**
die **Sek|te**, die Sek|ten
die **Se|kun|de**, die Se|kun|den
selbst, auch: **sel|ber**
selb|stän|dig → **selbst|stän|dig**
die **Selbst|be|die|nung**
selbst|be|wusst
das **Selbst|be|wusst|sein**
der **Selbst|laut**, die Selbst|lau|te
selbst|los
der **Selbst|mord**, die Selbst|mor|de
selbst|stän|dig, auch:
selb|stän|dig
selbst|ver|ständ|lich
die **Selbst|ver|tei|di|gung**
das **Selbst|ver|trau|en**
se|lig
der (auch: die) **Sel|le|rie**
sel|ten
die **Sel|ten|heit**, die Sel|ten|hei|ten
selt|sam
die **Sem|mel**, die Sem|meln
die **Sem|mel|brö|sel**
der **Se|nat**, die Se|na|te
sen|den, du sendest, er sendete / sandte, sie hat gesendet / gesandt
der **Sen|der**, die Sen|der
die **Sen|dung**, die Sen|dun|gen
der **Senf**
der **Se|ni|or**, die Se|ni|o|ren
die **Se|ni|o|rin**, die Se|ni|o|rin|nen
senk|recht
die **Senk|rech|te**, die Senk|rech|ten
die **Sen|sa|ti|on**, die Sen|sa|ti|o|nen
sen|sa|ti|o|nell
die **Sen|se**, die Sen|sen
sen|si|bel
se|pa|rat
der **Sep|tem|ber**
der **Ser|be**, die Ser|ben
Ser|bi|en
die **Ser|bin**, die Ser|bin|nen
ser|bisch
die **Se|rie**, die Se|ri|en
die **Ser|pen|ti|ne**, die Ser|pen|ti|nen
das **Ser|vice**, die Ser|vice (Geschirr)
der **Ser|vice**, die Ser|vi|ces (Bedienung)
ser|vie|ren, du servierst
die **Ser|vi|et|te**, die Ser|vi|et|ten
der **Ses|sel**, die Ses|sel
das (auch: der) **Set**, die Sets
sich **set|zen**, du setzt dich

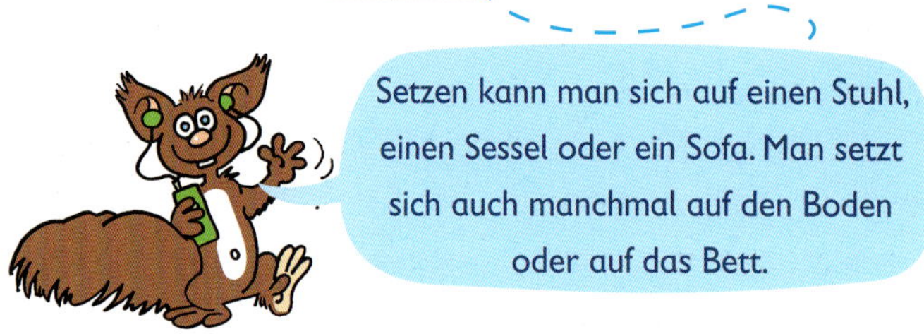

die **Seu|che**, die Seu|chen
seuf|zen, du seufzt
der **Seuf|zer**, die Seuf|zer
der **Sex**
die **Se|xu|a|li|tät**
das **Sham|poo**, die Sham|poos
der **She|riff**, die She|riffs
das **Shirt**, die Shirts
die **Shorts**
die **Show**, die Shows
sich

die **Si|chel**, die Si|cheln
si|cher
die **Si|cher|heit**, die Si|cher|hei|ten
der **Si|cher|heits|gurt**, die Si|cher|heits|gur|te
si|cher|lich
si|chern, du sicherst
die **Si|che|rung**, die Si|che|run|gen
die **Sicht**
sicht|bar
sich|ten, du sichtest
si|ckern, es sickert
sie
Sie (jemanden mit Sie anreden)
das **Sieb**, die Sie|be

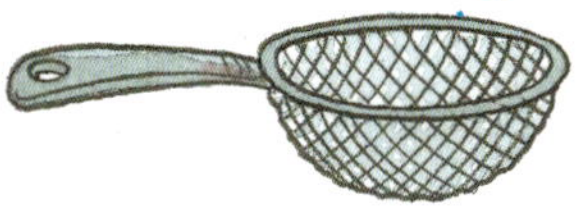

sie|ben, 7
sie|ben|mal
zu **siebt**
sieb|te, sieb|ter, sieb|tes
das **Sieb|tel**, die Sieb|tel
sieb|zehn, 17
sieb|zig, 70
sie|deln, du siedelst
der **Sied|ler**, die Sied|ler
die **Sied|lung**, die Sied|lun|gen
der **Sieg**, die Sie|ge
das **Sie|gel**, die Sie|gel
sie|gen, du siegst
der **Sie|ger**, die Sie|ger
die **Sie|ger|eh|rung**, die Sie|ger|eh|run|gen
die **Sie|ger|ur|kun|de**, die Sie|ger|ur|kun|den
du **siehst** → **sehen**
das **Sig|nal**, die Sig|na|le
sig|na|li|sie|ren, du signalisierst
die **Sil|be**, die Sil|ben
das **Sil|ber**
sil|bern

sil|brig, auch: **sil|be|rig**
das **Si|lo**, die Si|los
das **Sil|ves|ter**, die Sil|ves|ter
sim|pel
sie **sind** → **sein**
die **Sin|fo|nie**, die Sin|fo|ni|en
sin|gen, du singst, er sang, sie hat gesungen
der **Sin|gu|lar**
der **Sing|vo|gel**, die Sing|vö|gel
sin|ken, es sinkt, es sank, es ist gesunken
der **Sinn**, die Sin|ne
sinn|los
sinn|voll
die **Sint|flut**
die **Sin|ti**
die **Sip|pe**, die Sip|pen
die **Si|re|ne**, die Si|re|nen
der **Si|rup**, die Si|ru|pe
die **Sit|te**, die Sit|ten
die **Si|tu|a|ti|on**, die Si|tu|a|ti|o|nen
der **Sitz**, die Sit|ze
sit|zen, du sitzt, er saß, sie hat gesessen
die **Sit|zung**, die Sit|zun|gen
die **Ska|la**, die Ska|len
der **Skan|dal**, die Skan|da|le
Skan|di|na|vi|en
skan|di|na|visch

das **Skate|board**, die Skate|boards
das **Ske|lett**, die Ske|let|te
der **Sketch**, die Sket|che
der **Ski**, auch: **Schi**, die Ski|er
Ski fah|ren
die **Skiz|ze**, die Skiz|zen
skiz|zie|ren, du skizzierst
der **Skla|ve**, die Skla|ven
die **Skla|ve|rei**

der **Skru|pel**, die Skru|pel
skru|pel|los
die **Skulp|tur**, die Skulp|tu|ren
der **Sla|lom**, die Sla|loms
der **Slip**, die Slips
der **Slo|wa|ke**, die Slo|wa|ken
die **Slo|wa|kei**
die **Slo|wa|kin**, die Slo|wa|kin|nen
slo|wa|kisch
der **Slo|we|ne**, die Slo|we|nen
Slo|we|ni|en
die **Slo|we|nin**, die Slo|we|nin|nen
slo|we|nisch
der **Slum**, die Slums
der **Smog**
die **SMS**, die SMS
der **Snack**, die Snacks
das **Snow|board**, die Snow|boards
so
so|bald
das **Söck|chen**, die Söck|chen
die **So|cke**, auch: der **So|cken**, die So|cken
der **So|ckel**, die So|ckel
so dass, auch: **so|dass**
so|eben
das **So|fa**, die So|fas
er **soff** → **saufen**
so|fort
das **Soft|eis**
die **Soft|ware**
es **sog** → **saugen**
so|gar
so|ge|nannt
so|gleich
die **Soh|le**, die Soh|len
der **Sohn**, die Söh|ne
die **So|ja|boh|ne**, die So|ja|boh|nen
die **So|lar|ener|gie**

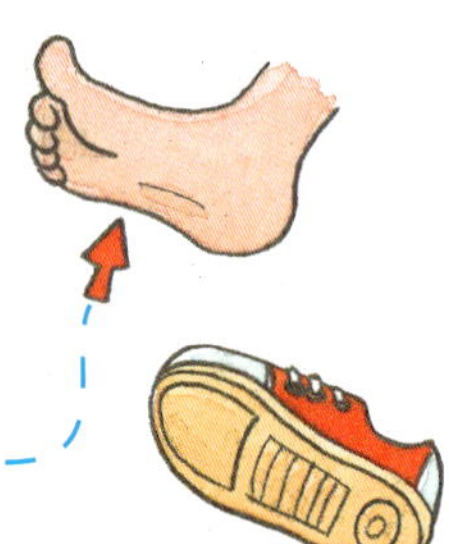

die **So|lar|zel|le**, die So|lar|zel|len
solch, sol|che, sol|cher, sol|ches
der **Sol|dat**, die Sol|da|ten
die **Sol|da|tin**, die Sol|da|tin|nen
der **So|list**, die So|lis|ten
sol|len, du sollst
so|lo
das **So|lo**, die So|li / So|los
so|mit
der **Som|mer**, die Som|mer

die **Som|mer|fe|ri|en**
som|mer|lich
die **Som|mer|spros|sen**
die **So|na|te**, die So|na|ten
das **Son|der|an|ge|bot**, die Son|der|an|ge|bo|te
son|der|bar
der **Son|der|müll**
son|dern
die **Son|der|schu|le**, die Son|der|schu|len
der **Song**, die Songs
der **Sonn|abend**, die Sonn|aben|de
sonn|abends
die **Son|ne**, die Son|nen
sich **son|nen**, du sonnst dich
die **Son|nen|blu|me**, die Son|nen|blu|men
son|nig
der **Sonn|tag**, die Sonn|ta|ge
am **Sonn|tag|mit|tag**
sonn|tags

sonst
der So|pran, die So|pra|ne
die Sor|ge, die Sor|gen
sor|gen, du sorgst
das Sor|ge|recht
die Sorg|falt
sorg|fäl|tig
sorg|los
die Sor|te, die Sor|ten
sor|tie|ren, du sortierst
die So|ße, auch: Sau|ce, die So|ßen
der Sound, die Sounds
das Sou|ve|nir, die Sou|ve|nirs
so|wie (und)
so|wie|so
so|wohl
so|zi|al
der Spach|tel, die Spach|tel
der Spa|gat, die Spa|ga|te
die Spa|ghet|ti, auch: Spa|get|ti
spä|hen, du spähst
der Spä|her, die Spä|her
die Spal|te, die Spal|ten
spal|ten, du spaltest
der Span, die Spä|ne
die Span|ge, die Span|gen
Spa|ni|en
der Spa|ni|er, die Spa|ni|er
spa|nisch
er spann → spinnen
span|nen, du spannst
span|nend
die Span|nung
die Spar|do|se, die Spar|do|sen
spa|ren, du sparst
der Spar|gel, die Spar|gel
die Spar|kas|se, die Spar|kas|sen
spär|lich
spar|sam

die Spar|sam|keit
der Spaß, die Spä|ße
spa|ßig
spät
der Spa|ten, die Spa|ten
spä|ter

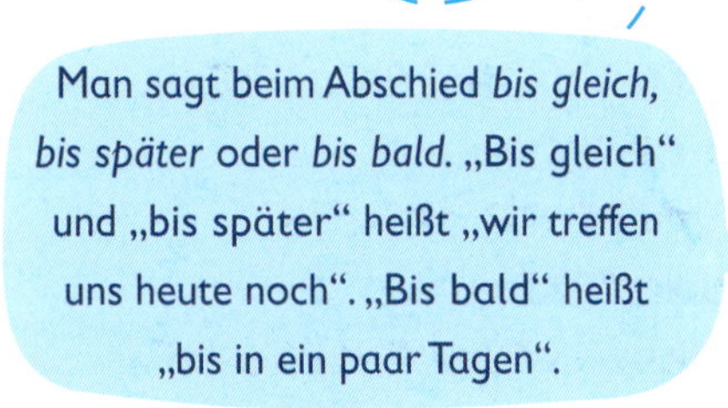

spä|tes|tens
der Spatz, die Spat|zen
spa|zie|ren, du spazierst
spa|zie|ren ge|hen, du gehst spazieren, er ging spazieren, sie ist spazieren gegangen
der Spa|zier|gang, die Spa|zier|gän|ge
der Spa|zier|gän|ger, die Spa|zier|gän|ger
der Specht, die Spech|te
der Speck
spe|ckig
der Speer, die Spee|re
die Spei|che, die Spei|chen
der Spei|chel
der Spei|cher, die Spei|cher
die Spei|cher|kar|te, die Spei|cher|kar|ten
spei|chern, du speicherst
die Spei|se, die Spei|sen
die Spei|se|kar|te, die Spei|se|kar|ten
spei|sen, du speist
die Spen|de, die Spen|den
spen|den, du spendest
der Spen|der, die Spen|der
spen|die|ren, du spendierst

der **Sper|ber**, die Sper|ber
der **Sper|ling**, die Sper|lin|ge
das **Sper|ma**, die Sper|men
die **Sper|re**, die Sper|ren
sper|ren, du sperrst
der **Sperr|müll**
die **Sper|rung**, die Sper|run|gen
der **Spe|zi|a|list**, die Spe|zi|a|lis|ten
die **Spe|zi|a|li|tät**, die Spe|zi|a|li|tä|ten
spe|zi|ell
spi|cken, du spickst
der **Spick|zet|tel**, die Spick|zet|tel
der **Spie|gel**, die Spie|gel
das **Spie|gel|ei**, die Spie|gel|ei|er
sich **spie|geln**, du spiegelst dich
die **Spie|gel|schrift**
das **Spiel**, die Spie|le
spie|len, du spielst
der **Spiel|film**, die Spiel|fil|me
der **Spiel|ka|me|rad**, die Spiel|ka|me|ra|den
der **Spiel|platz**, die Spiel|plät|ze
die **Spiel|sa|chen**
der **Spiel|ver|der|ber**, die Spiel|ver|der|ber
das **Spiel|zeug**
der **Spieß**, die Spie|ße
der **Spi|nat**
die **Spin|del**, die Spin|deln
die **Spin|ne**, die Spin|nen
spin|nen, du spinnst, er spann, sie hat gesponnen
der **Spi|on**, die Spi|o|ne
die **Spi|o|na|ge**
spi|o|nie|ren, du spionierst
die **Spi|ra|le**, die Spi|ra|len
der **Spi|ri|tus**
das **Spi|tal**, die Spi|tä|ler

spitz
die **Spit|ze**, die Spit|zen
der **Spit|zel**, die Spit|zel
spit|zeln, du spitzelst
spit|zen, du spitzt
der **Spit|zer**, die Spit|zer
der **Spitz|na|me**, die Spitz|na|men
der **Split|ter**, die Split|ter
spon|tan
der **Sport**

der **Sport|ler**, die Sport|ler
die **Sport|le|rin**, die Sport|le|rin|nen
sport|lich
der **Spot**, die Spots (Werbung)
der **Spott**
spott|bil|lig
spot|ten, du spottest
spöt|tisch
er **sprach** → **sprechen**
die **Spra|che**, die Spra|chen
sprach|los
er **sprang** → **springen**
das **Spray**, die Sprays
spre|chen, du sprichst, er sprach, sie hat gesprochen
die **Sprech|stun|de**, die Sprech|stun|den
sprei|zen, du spreizt die Finger
spren|gen, du sprengst
der **Spreng|stoff**
das **Sprich|wort**, die Sprich|wör|ter
sprie|ßen, es sprießt, es spross, es ist gesprossen

A B C D E F G H I J K L M N O P Q R S T U V W X Y Z

spr

der **Spring|brun|nen**, die Spring|brun|nen

sprin|gen, du springst, er sprang, sie ist gesprungen

sprin|ten, du sprintest

der **Sprit**

die **Sprit|ze**, die Sprit|zen

sprit|zen, du spritzt

es **spross** → **sprießen**

die **Spros|se**, die Spros|sen

die **Spros|sen|wand**, die Spros|sen|wän|de

der **Spruch**, die Sprü|che

der **Spru|del**, die Spru|del

spru|deln, es sprudelt

die **Sprüh|do|se**, die Sprüh|do|sen

sprü|hen, es sprüht

der **Sprung**, die Sprün|ge

das **Sprung|brett**, die Sprung|bret|ter

die **Spu|cke**

spu|cken, du spuckst

der **Spuk**

spu|ken, es spukt

die **Spü|le**, die Spü|len

spü|len, du spülst

die **Spül|ma|schi|ne**, die Spül|ma|schi|nen

die **Spü|lung**, die Spü|lun|gen

die **Spur**, die Spu|ren

spü|ren, du spürst

der **Spür|hund**, die Spür|hun|de

spur|los

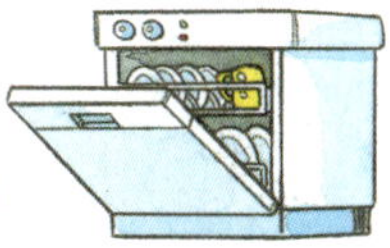

der **Spurt**, die Spurts

spur|ten, du spurtest

der **Staat**, die Staa|ten

staat|lich

die **Staats|an|ge|hö|rig|keit**

der **Stab**, die Stä|be

sta|bil

sta

er **stach** → **stechen**

der **Sta|chel**, die Sta|cheln

der **Sta|chel|draht**, die Sta|chel|dräh|te

sta|che|lig, auch: **stach|lig**

das **Sta|di|on**, die Sta|di|en

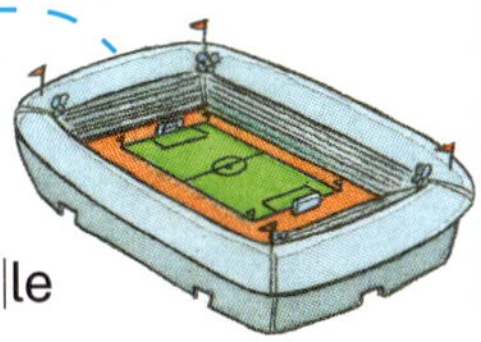

die **Stadt**, die Städ|te

städ|tisch

der **Stadt|teil**, die Stadt|tei|le

die **Staf|fel**, die Staf|feln

die **Staf|fe|lei**, die Staf|fe|lei|en

der **Staf|fel|lauf**, die Staf|fel|läu|fe

er **stahl** → **stehlen**

der **Stahl**, die Stäh|le

der **Stall**, die Stäl|le

der **Stamm**, die Stäm|me

der **Stamm|baum**, die Stamm|bäu|me

stam|meln, du stammelst

stam|men, du stammst

stamp|fen, du stampfst

sie **stand** → **stehen**

der **Stand**, die Stän|de

der **Stän|der**, die Stän|der

das **Stan|des|amt**, die Stan|des|äm|ter

stän|dig

die **Stan|ge**, die Stan|gen

Es gibt viele verschiedene Namen für große und kleine Stangen: der Mast, der Pfahl, der Pfeiler, der Pfosten, der Stab, der Stock.

der **Stän|gel**, die Stän|gel

es **stank** → **stinken**

stän|kern, du stänkerst

stan|zen, du stanzt

der **Sta|pel**, die Sta|pel

sta|peln, du stapelst

stap|fen, du stapfst

der **Star**, die Sta|re (Vogel)

A B C D E F G H I J K L M N O P Q R S T U V W X Y Z

sta

der **Star**, die Stars (im Film)
sie **starb** → **sterben**
stark, stär|ker, am stärks|ten
die **Stär|ke**, die Stär|ken
stär|ken, es stärkt
starr
star|ren, du starrst
der **Start**, die Starts
star|ten, du startest
die **Sta|ti|on**, die Sta|ti|o|nen
statt
statt|des|sen
statt|fin|den, es findet statt, es fand statt, es hat stattgefunden
die **Sta|tue**, die Sta|tu|en
der **Stau**, die Staus
der **Staub**

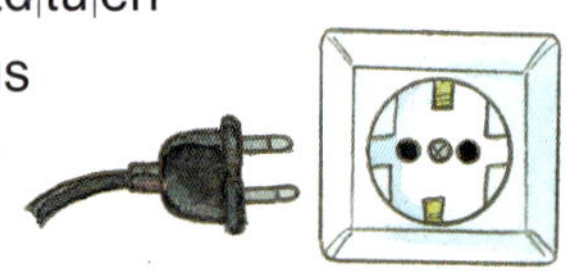

stau|big
staub|sau|gen, du staubsaugst
der **Staub|sau|ger**, die Staub|sau|ger
die **Stau|de**, die Stau|den
sich **stau|en**, es staut sich
stau|nen, du staunst
das **Steak**, die Steaks
ste|chen, du stichst, er stach, sie hat gestochen
die **Stech|mü|cke**, die Stech|mü|cken
die **Steck|do|se**, die Steck|do|sen
ste|cken, du steckst
der **Ste|cker**, die Ste|cker
der **Steck|ling**, die Steck|lin|ge
die **Steck|na|del**, die Steck|na|deln
der **Steg**, die Ste|ge
ste|hen, du stehst, er stand, sie hat gestanden
steh|len, du stiehlst, er stahl, sie hat gestohlen
steif
der **Steig|bü|gel**, die Steig|bü|gel

ste

stei|gen, du steigst, er stieg, sie ist gestiegen
stei|gern, du steigerst
die **Stei|ge|rung**, die Stei|ge|run|gen
die **Stei|ge|rungs|form**, die Stei|ge|rungs|for|men
die **Stei|gung**, die Stei|gun|gen
steil
der **Stein**, die Stei|ne

stein|alt
stei|nig
stein|reich
die **Stel|le**, die Stel|len
stel|len, du stellst
das **Stel|len|an|ge|bot**, die Stel|len|an|ge|bo|te
der **Stell|ver|tre|ter**, die Stell|ver|tre|ter
die **Stel|ze**, die Stel|zen
stem|men, du stemmst
der **Stem|pel**, die Stem|pel
stem|peln, du stempelst
die **Stepp|de|cke**, die Stepp|de|cken
die **Step|pe**, die Step|pen
ster|ben, du stirbst, er starb, sie ist gestorben
ste|reo
die **Ste|reo|an|la|ge**, die Ste|reo|an|la|gen

der **Stern**, die Ster|ne
ster|nen|klar
stern|för|mig
die **Stern|schnup|pe**, die Stern|schnup|pen
ste|tig
stets
das **Steu|er**, die Steu|er (des Autos)
die **Steu|er**, die Steu|ern (Abgabe)
steu|ern, du steuerst
sti|bit|zen, du stibitzt

sti

der **Stich**, die Sti|che
du **stichst** → **stechen**
das **Stich|wort**, die Stich|wör|ter
sti|cken, du stickst
der **Sti|cker**, die Sti|cker
sti|ckig
der **Stie|fel**, die Stie|fel

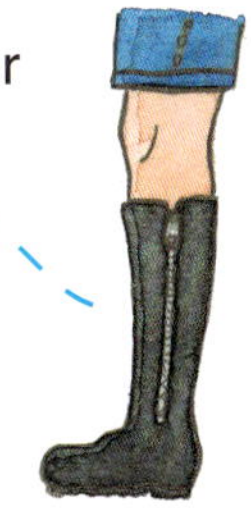

die **Stief|el|tern**
die **Stief|mut|ter**, die Stief|müt|ter
das **Stief|müt|ter|chen**, die Stief|müt|ter|chen
der **Stief|sohn**, die Stief|söh|ne
die **Stief|toch|ter**, die Stief|töch|ter
der **Stief|va|ter**, die Stief|vä|ter
sie **stieg** → **steigen**
die **Stie|ge**, die Stie|gen
der **Stiel**, die Stie|le
der **Stier**, die Stie|re
er **stieß** → **stoßen**
der **Stift**, die Stif|te
stif|ten, du stiftest
die **Stif|tung**, die Stif|tun|gen
der **Stil**, die Sti|le
still
die **Stil|le**
stil|len, sie stillt
still|hal|ten, du hältst still, er hielt still, sie hat stillgehalten
still|sit|zen, du sitzt still, er saß still, sie hat stillgesessen
der **Still|stand**
das **Stimm|band**, die Stimm|bän|der
der **Stimm|bruch**
die **Stim|me**, die Stim|men
stim|men, es stimmt
die **Stimm|ga|bel**, die Stimm|ga|beln
die **Stim|mung**, die Stim|mun|gen
stim|mungs|voll
der **Stimm|zet|tel**, die Stimm|zet|tel

stin|ken, es stinkt, es stank, es hat gestunken
stink|lang|wei|lig
das **Stink|tier**, die Stink|tie|re
das **Sti|pen|di|um**, die Sti|pen|di|en
du **stirbst** → **sterben**
die **Stirn**, die Stir|nen
stö|bern, du stöberst
sto|chern, du stocherst

der **Stock**, die Stock (Etage, Stockwerk)
der **Stock**, die Stö|cke (Stab, Stange)
stock|dun|kel
der **Stö|ckel|schuh**, die Stö|ckel|schu|he
sto|cken, es stockt
das **Stock|werk**, die Stock|wer|ke
der **Stoff**, die Stof|fe

stöh|nen, du stöhnst
der **Stol|len**, die Stol|len
stol|pern, du stolperst
der **Stol|per|stein**, die Stol|per|stei|ne
stolz
der **Stolz**
stol|zie|ren, du stolzierst
stop|fen, du stopfst
der **Stopp**
die **Stop|peln**
stop|pen, du stoppst
das **Stopp|schild**, die Stopp|schil|der
die **Stopp|uhr**, die Stopp|uh|ren
der **Stöp|sel**, die Stöp|sel
stöp|seln, du stöpselst

der **Storch**, die Stör|che
stö|ren, du störst
stör|risch
die **Stö|rung**, die Stö|run|gen
die **Sto|ry**, die Sto|rys
der **Stoß**, die Stö|ße
sto|ßen, du stößt, er stieß, sie hat gestoßen
der **Stot|te|rer**, die Stot|te|rer
die **Stot|te|rin**, die Stot|te|rin|nen
stot|tern, du stotterst
die **Straf|ar|beit**, die Straf|ar|bei|ten
straf|bar
die **Stra|fe**, die Stra|fen
stra|fen, du strafst
straff
der **Straf|raum**, die Straf|räu|me
der **Straf|stoß**, die Straf|stö|ße
die **Straf|tat**, die Straf|ta|ten
der **Straf|zet|tel**, die Straf|zet|tel

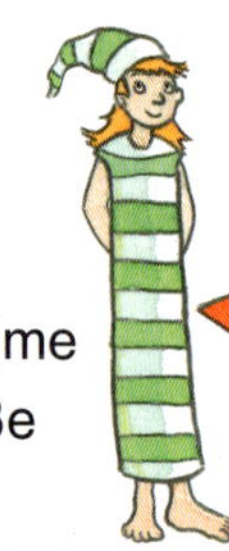

der **Strahl**, die Strah|len
strah|len, du strahlst
strah|lend
die **Sträh|ne**, die Sträh|nen
sträh|nig
stramm

die **Stram|pel|ho|se**, die Stram|pel|ho|sen
stram|peln, du strampelst
der **Strand**, die Strän|de
stran|den, du strandest
die **Stra|pa|ze**, die Stra|pa|zen
stra|pa|zie|ren, du strapazierst
die **Stra|ße**, die Stra|ßen
die **Stra|ßen|bahn**, die Stra|ßen|bah|nen
die **Stra|ßen|kreu|zung**, die Stra|ßen|kreu|zun|gen
der **Stra|ßen|ver|kehr**

die **Stra|te|gie**, die Stra|te|gi|en
sich **sträu|ben**, du sträubst dich
der **Strauch**, die Sträu|cher
der **Strauß**, die Sträu|ße (Blumen)
der **Strauß**, die Strau|ße (Vogel)

stre|ben, du strebst
der **Stre|ber**, die Stre|ber
streb|sam
die **Stre|cke**, die Stre|cken
stre|cken, du streckst
der **Streich**, die Strei|che
strei|cheln, du streichelst
der **Strei|chel|zoo**, die Strei|chel|zoos
strei|chen, du streichst, er strich, sie hat gestrichen
das **Streich|holz**, die Streich|höl|zer

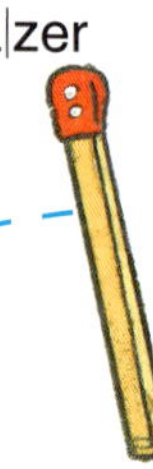

strei|fen, du streifst
der **Strei|fen**, die Strei|fen
der **Streik**, die Streiks
strei|ken, du streikst
der **Streit**
sich **strei|ten**, du streitest dich, er stritt sich, sie haben sich gestritten
die **Strei|te|rei**, die Strei|te|rei|en
streng
der **Stress**
stres|sen, es stresst
stres|sig
die **Streu**
streu|en, du streust
streu|nen, du streunst
der **Streu|sel|ku|chen**, die Streu|sel|ku|chen
sie **strich** → **streichen**
der **Strich**, die Stri|che
der **Strick**, die Stri|cke
stri|cken, du strickst
die **Strick|ja|cke**, die Strick|ja|cken
die **Strick|na|del**, die Strick|na|deln

strie|geln, du striegelst
der Strie|men, die Strie|men
er stritt → streiten
das Stroh
der Stroh|halm, die Stroh|hal|me
der Strolch, die Strol|che
der Strom, die Strö|me

strom|ab|wärts
strom|auf|wärts
strö|men, es strömt
die Strö|mung, die Strö|mun|gen
die Stro|phe, die Stro|phen
strot|zen, du strotzt vor/von Freude
strub|be|lig, auch: strubb|lig
der Stru|del, die Stru|del
der Strumpf, die Strümp|fe
die Strumpf|ho|se, die Strumpf|ho|sen
strup|pig
die Stu|be, die Stu|ben
stu|ben|rein
das Stück, die Stü|cke
das Stück|chen, die Stück|chen
stü|ckeln, du stückelst
der Stu|dent, die Stu|den|ten
die Stu|den|tin, die Stu|den|tin|nen
stu|die|ren, du studierst
das Stu|dio, die Stu|di|os
das Stu|di|um, die Stu|di|en
die Stu|fe, die Stu|fen
der Stuhl, die Stüh|le
die Stul|le, die Stul|len
stül|pen, du stülpst

stumm
der Stum|mel, die Stum|mel
der Stumm|film, die Stumm|fil|me
der Stüm|per, die Stüm|per
stumpf
der Stumpf|sinn
die Stun|de, die Stun|den
stun|den|lang
der Stun|den|plan, die Stun|den|plä|ne
stünd|lich
stup|sen, du stupst
die Stups|na|se, die Stups|na|sen
stur
die Stur|heit
der Sturm, die Stür|me
stür|men, es stürmt / du stürmst
der Stür|mer, die Stür|mer
stür|misch
der Sturz, die Stür|ze
stür|zen, du stürzt
der Sturz|helm, die Sturz|hel|me
die Stu|te, die Stu|ten
Stutt|gart
die Stüt|ze, die Stüt|zen
stut|zen, du stutzt
stüt|zen, du stützt
stut|zig
sty|len, du stylst
das Sty|ro|por
das Sub|jekt, die Sub|jek|te
das Sub|stan|tiv, die Sub|stan|ti|ve
die Sub|stanz, die Sub|stan|zen
sub|tra|hie|ren, du subtrahierst
die Sub|trak|ti|on, die Sub|trak|ti|o|nen
die Su|che, die Su|chen
su|chen, du suchst
die Such|ma|schi|ne, die Such|ma|schi|nen
die Sucht, die Süch|te

süch|tig
der (bei Frauen: die) **Süch|ti|ge**, die Süch|ti|gen
Süd|ame|ri|ka
der **Sü|den**
die **Süd|halb|ku|gel**
süd|lich
der **Süd|os|ten**
süd|öst|lich
der **Süd|pol**
die **Süd|see**
süd|wärts
der **Süd|wes|ten**
süd|west|lich
der **Sul|tan**, die Sul|ta|ne
die **Sul|ta|ni|ne**, die Sul|ta|ni|nen
die **Sül|ze**, die Sül|zen
die **Sum|me**, die Sum|men
sum|men, du summst
der **Sumpf**, die Sümp|fe
sump|fig
die **Sün|de**, die Sün|den
der **Sün|der**, die Sün|der
su|per
der **Su|per|markt**, die Su|per|märk|te
die **Sup|pe**, die Sup|pen
das **Surf|brett**, die Surf|bret|ter
sur|fen, du surfst
der **Sur|fer**, die Sur|fer
sur|ren, es surrt
süß
sü|ßen, du süßt
die **Sü|ßig|keit**, die Sü|ßig|kei|ten

Kinder mögen Süßigkeiten: eine Tafel Schokolade, ein Stück Kuchen, eine Packung Kekse oder Bonbons, heiße Waffeln und kaltes Eis am Stiel.

süß|lich
süß|sau|er
die **Süß|spei|se**, die Süß|spei|sen
das **Süß|was|ser**
das **Sweat|shirt**, die Sweat|shirts
der **Swim|ming|pool**, die Swim|ming|pools
das **Sym|bol**, die Sym|bo|le
sym|bo|lisch
die **Sym|me|trie**, die Sym|me|tri|en
sym|me|trisch
die **Sym|pa|thie**, die Sym|pa|thi|en
sym|pa|thisch
die **Sym|pho|nie**, die Sym|pho|ni|en
das **Symp|tom**, die Symp|to|me
die **Sy|na|go|ge**, die Sy|na|go|gen
das **Sys|tem**, die Sys|te|me
die **Sze|ne**, die Sze|nen

Tt

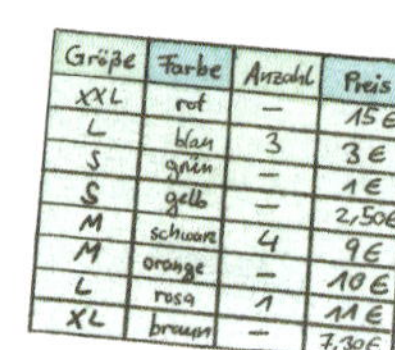

der **Ta|bak**
ta|bel|la|risch
die **Ta|bel|le**, die Ta|bel|len
das **Ta|blett**, die Ta|bletts
die **Ta|blet|te**, die Ta|blet|ten
ta|bu sein
das **Ta|bu**, die Ta|bus
der **Ta|cho**, die Ta|chos
das **Ta|cho|me|ter**, die Ta|cho|me|ter
der **Ta|del**, die Ta|del
ta|del|los
ta|deln, du tadelst
die **Ta|fel**, die Ta|feln
der **Tag**, die Ta|ge
das **Ta|ge|buch**, die Ta|ge|bü|cher
ta|ge|lang
das **Ta|ges|licht**

die **Ta|ges|zeit**, die Ta|ges|zei|ten
die **Ta|ges|zei|tung**,
die Ta|ges|zei|tun|gen
täg|lich
tags|über
tag|täg|lich
die **Ta|gung**, die Ta|gun|gen
der **Tai|fun**, die Tai|fu|ne
die **Tail|le**, die Tail|len
der **Takt**, die Tak|te
die **Tak|tik**, die Tak|ti|ken
tak|tisch
takt|los
takt|voll
das **Tal**, die Tä|ler
das **Ta|lent**, die Ta|len|te
der **Ta|ler**, die Ta|ler
die **Tal|fahrt**, die Tal|fahr|ten
die **Tal|sper|re**, die Tal|sper|ren
der **Ta|lis|man**, die Ta|lis|ma|ne
der **Talk|mas|ter**, die Talk|mas|ter
die **Talk|show**, die Talk|shows
das **Tam|bu|rin**, die Tam|bu|ri|ne
der **Tam|pon**, die Tam|pons
das **Tan|dem**, die Tan|dems
der **Tang**, die Tan|ge
der **Tank**, die Tanks
tan|ken, du tankst
der **Tan|ker**, die Tan|ker
die **Tank|stel|le**, die Tank|stel|len
der **Tank|wart**, die Tank|war|te
die **Tan|ne**, die Tan|nen
der **Tan|nen|baum**,
die Tan|nen|bäu|me
die **Tan|nen|na|del**,
die Tan|nen|na|deln
der **Tan|nen|zap|fen**,
die Tan|nen|zap|fen
die **Tan|te**, die Tan|ten

der **Tanz**, die Tän|ze
tän|zeln, du tänzelst
tan|zen, du tanzt
der **Tän|zer**, die Tän|zer
die **Tän|ze|rin**, die Tän|ze|rin|nen
die **Tanz|schu|le**, die Tanz|schu|len
die **Ta|pe|te**, die Ta|pe|ten
ta|pe|zie|ren, du tapezierst
tap|fer
die **Tap|fer|keit**
tap|pen, du tappst
tap|sig
sich **tar|nen**, du tarnst dich
die **Tar|nung**, die Tar|nun|gen
die **Ta|sche**, die Ta|schen
das **Ta|schen|buch**,
die Ta|schen|bü|cher
das **Ta|schen|geld**
der **Ta|schen|rech|ner**,
die Ta|schen|rech|ner
das **Ta|schen|tuch**, die Ta|schen|tü|cher
die **Tas|se**, die Tas|sen
die **Tas|ta|tur**, die Tas|ta|tu|ren
die **Tas|te**, die Tas|ten
tas|ten, du tastest

er **tat** → **tun**
die **Tat**, die Ta|ten
der **Tä|ter**, die Tä|ter
die **Tä|te|rin**, die Tä|te|rin|nen
tä|tig
die **Tä|tig|keit**, die Tä|tig|kei|ten
tat|kräf|tig
der **Tat|ort**, die Tat|or|te
tä|to|wie|ren, du tätowierst
die **Tä|to|wie|rung**,
die Tä|to|wie|run|gen
die **Tat|sa|che**, die Tat|sa|chen
tat|säch|lich
das **Tat|too**, die Tat|toos

A B C D E F G H I J K L M N O P Q R S **T** U V W X Y Z

die **Tat|ze**, die Tat|zen
der **Tau** (auf der Wiese)
das **Tau**, die Taue (Seil)
taub
die **Tau|be**, die Tau|ben
die **Taub|heit**
taub|stumm
tau|chen, du tauchst
der **Tau|cher**, die Tau|cher
der **Tau|cher|an|zug**, die Tau|cher|an|zü|ge
tau|en, es taut
die **Tau|fe**, die Tau|fen
tau|fen, er tauft
der **Tauf|pa|te**, die Tauf|pa|ten
die **Tauf|pa|tin**, die Tauf|pa|tin|nen
tau|gen, es taugt nichts
der **Tau|ge|nichts**, die Tau|ge|nicht|se
taug|lich
tau|meln, du taumelst
der **Tausch**, die Tau|sche
tau|schen, du tauschst
täu|schen, du täuschst
die **Täu|schung**, die Täu|schun|gen
tau|send, **1000**
tau|sen|de, auch: **Tau|sen|de**
der **Tau|send|füß|ler**, die Tau|send|füß|ler
tau|send|mal
das **Tau|wet|ter**
das **Tau|zie|hen**
das **Ta|xi**, die Ta|xis
das **Team**, die Teams

Andere Wörter für »Team«

Bande Tim hat eine neue Bande gegründet.

Gruppe Der Lehrer teilt die Klasse in fünf Gruppen auf.
Mannschaft Der Kapitän begrüßt seine Mannschaft.
Truppe An der Grenze bauen die Truppen ein Lager auf.

die **Team|ar|beit**
die **Tech|nik**, die Tech|ni|ken
der **Tech|ni|ker**, die Tech|ni|ker
tech|nisch
der (auch: das) **Tech|no**
die **Tech|no|lo|gie**, die Tech|no|lo|gi|en
der **Ted|dy**, die Ted|dys
der **Ted|dy|bär**, die Ted|dy|bä|ren

der **Tee**, die Tees
der **Tee|beu|tel**, die Tee|beu|tel
das **Tee|licht**, die Tee|lich|ter
der **Tee|löf|fel**, die Tee|löf|fel
der **Teen|ager**, die Teen|ager
der **Tee|nie**, auch: **Tee|ny**, die Tee|nies
der **Teer**
tee|ren, er teert
der **Teich**, die Tei|che
der **Teig**, die Tei|ge
tei|gig
der (auch: das) **Teil**, die Tei|le

Die einzelnen Teile einer Stunde sind Minuten oder Sekunden. Ein Runde ist ein Teil eines Rennens. Der Auspuff ist ein Teil des Autos.

teil|bar
das **Teil|chen**, die Teil|chen
tei|len, du teilst
der **Tei|ler**, die Tei|ler
die **Teil|nah|me**, die Teil|nah|men

teil|neh|men, du nimmst teil, er nahm teil, sie hat teilgenommen
der **Teil|neh|mer**, die Teil|neh|mer
die **Teil|neh|me|rin**, die Teil|neh|me|rin|nen
die **Tei|lung**, die Tei|lun|gen
teil|wei|se
das **Te|le|fax**, die Te|le|fa|xe
das **Te|le|fon**, die Te|le|fo|ne

te|le|fo|nie|ren, du telefonierst
das **Te|le|gramm**, die Te|le|gram|me
der **Tel|ler**, die Tel|ler
der **Tem|pel**, die Tem|pel
das **Tem|pe|ra|ment**, die Tem|pe|ra|men|te
tem|pe|ra|ment|voll
die **Tem|pe|ra|tur**, die Tem|pe|ra|tu|ren
das **Tem|po**, die Tem|pos / Tem|pi
das **Tem|po|li|mit**
das **Ten|nis**
der **Ten|nis|schlä|ger**, die Ten|nis|schlä|ger
der **Te|nor**, die Te|no|re
der **Tep|pich**, die Tep|pi|che
der **Ter|min**, die Ter|mi|ne
das **Ter|ra|ri|um**, die Ter|ra|ri|en
die **Ter|ras|se**, die Ter|ras|sen
der **Ter|ri|er**, die Ter|ri|er
der **Ter|ror**
ter|ro|ri|sie|ren, du terrorisierst
der **Ter|ro|ris|mus**
der **Ter|ro|rist**, die Ter|ro|ris|ten
der **Test**, die Tests
das **Tes|ta|ment**, die Tes|ta|men|te
tes|ten, du testest
teu|er, teu|rer, am teu|ers|ten
der **Teu|fel**, die Teu|fel
teuf|lisch
der **Text**, die Tex|te

die **Text|auf|ga|be**, die Text|auf|ga|ben
die **Tex|ti|li|en**

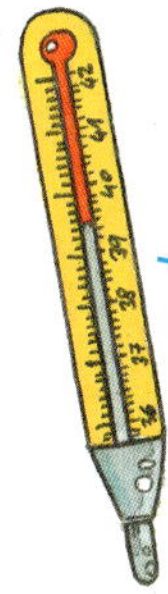

das **The|a|ter**, die The|a|ter
das **The|a|ter|stück**, die The|a|ter|stü|cke
die **The|ke**, die The|ken
das **The|ma**, die The|men
the|o|re|tisch
die **The|o|rie**, die The|o|ri|en
die **The|ra|pie**, die The|ra|pi|en
das **Ther|mal|bad**, die Ther|mal|bä|der
das **Ther|mo|me|ter**, die Ther|mo|me|ter
die **Ther|mos|fla|sche**, die Ther|mos|fla|schen
der **Ther|mos|tat**, die Ther|mos|ta|te
die **The|se**, die The|sen
der **Thron**, die Thro|ne
der **Thun|fisch**, auch: **Tun|fisch**, die Thun|fi|sche
Thü|rin|gen
thü|rin|gisch
der **Thy|mi|an**

der **Tick**, die Ticks
ti|cken, es tickt
das **Ti|cket**, die Ti|ckets
tief
die **Tie|fe**, die Tie|fen
die **Tief|ga|ra|ge**, die Tief|ga|ra|gen
tief|ge|fro|ren
tief|ge|kühlt
die **Tief|kühl|tru|he**, die Tief|kühl|tru|hen
das **Tier**, die Tie|re
der **Tier|arzt**, die Tier|ärz|te
tier|lieb
die **Tier|quä|le|rei**, die Tier|quä|le|rei|en
der **Tier|schutz**
der **Ti|ger**, die Ti|ger
die **Tin|te**, die Tin|ten

A B C D E F G H I J K L M N O P Q R S T U V W X Y Z

der **Tin|ten|fisch**, die Tin|ten|fi|sche
der **Tin|ten|klecks**, die Tin|ten|kleck|se
der **Tipp**, die Tipps
tip|pen, du tippst
der **Tipp|feh|ler**, die Tipp|feh|ler
tipp|topp
der **Tisch**, die Ti|sche
die **Tisch|de|cke**, die Tisch|de|cken
der **Tisch|ler**, die Tisch|ler
das **Tisch|ten|nis**
der **Ti|tel**, die Ti|tel
der **Ti|tel|ver|tei|di|ger**, die Ti|tel|ver|tei|di|ger
der **Toast**, die Toasts
das **Toast|brot**, die Toast|bro|te
toas|ten, du toastest
der **Toas|ter**, die Toas|ter
to|ben, du tobst
der **Tob|suchts|an|fall**, die Tob|suchts|an|fäl|le
die **Toch|ter**, die Töch|ter
der **Tod**, die To|de
tod|ernst
der **To|des|fall**, die To|des|fäl|le
die **To|des|ge|fahr**
das **To|des|op|fer**, die To|des|op|fer
der **Tod|feind**, die Tod|fein|de
tod|krank
töd|lich
tod|mü|de
tod|si|cher
der **To|fu**
die **To|i|let|te**, die To|i|let|ten
das **To|i|let|ten|pa|pier**
to|le|rant
der **To|le|ranz**
toll
tol|len, du tollst
die **Toll|kir|sche**, die Toll|kir|schen

der **Toll|patsch**, die Toll|pat|sche
toll|pat|schig
die **Toll|wut**
toll|wü|tig
die **To|ma|te**, die To|ma|ten
das **To|ma|ten|mark**
die **Tom|bo|la**, die Tom|bo|las
der **Ton**, die To|ne (zum Töpfern)
der **Ton**, die Tö|ne (Laut)
die **Ton|art**, die Ton|ar|ten
tö|nen, du tönst
der **Ton|fall**
die **Ton|lei|ter**, die Ton|lei|tern
die **Ton|ne**, die Ton|nen
ton|nen|wei|se
die **Tö|nung**, die Tö|nun|gen
das **Top**, die Tops
der **Topf**, die Töp|fe

der **Töp|fer**, die Töp|fer
die **Töp|fe|rei**, die Töp|fe|rei|en
töp|fern, du töpferst
top|fit
der **Topf|lap|pen**, die Topf|lap|pen
das **Tor**, die To|re

tö|richt
tor|keln, du torkelst
der **Tor|na|do**, die Tor|na|dos
der **Tor|nis|ter**, die Tor|nis|ter
die **Tor|te**, die Tor|ten
die **Tor|tel|li|ni**
der **Tor|wart**, die Tor|war|te
to|sen, das Meer tost

to|send
tot
to|tal
der To|tal|scha|den, die To|tal|schä|den
der (bei Frauen: die) To|te, die To|ten
tö|ten, du tötest
to|ten|blass
to|ten|still
sich tot|la|chen, du lachst dich tot
die Tour, die Tou|ren
der Tou|ris|mus
der Tou|rist, die Tou|ris|ten
die Tou|ris|tin, die Tou|ris|tin|nen
die Tour|nee, die Tour|ne|en / Tour|nees
der Trab
tra|ben, das Pferd trabt
die Tracht, die Trach|ten
die Tra|di|ti|on, die Tra|di|ti|o|nen
er traf → treffen
der Tra|fo, die Tra|fos
trä|ge
tra|gen, du trägst, er trug, sie hat getragen
der Trä|ger, die Trä|ger
die Trag|flä|che, die Trag|flä|chen
die Träg|heit
tra|gisch

der Trai|ner, die Trai|ner
trai|nie|ren, du trainierst
das Trai|ning, die Trai|nings
der Trak|tor, die Trak|to|ren
tram|peln, du trampelst
das Tram|pel|tier, die Tram|pel|tie|re
tram|pen, du trampst
der Tram|per, die Tram|per
das Tram|po|lin, die Tram|po|li|ne
die Trä|ne, die Trä|nen
trä|nen|über|strömt
er trank → trinken
die Trän|ke, die Trän|ken
trans|pa|rent
das Trans|pa|rent|pa|pier
der Trans|port, die Trans|por|te
trans|por|tie|ren, du transportierst
das Tra|pez, die Tra|pe|ze
er trat → treten
der Tratsch
trat|schen, du tratschst

die Trau|be, die Trau|ben
der Trau|ben|zu|cker
sich trau|en, du traust dich
die Trau|er
trau|ern, du trauerst
die Trau|fe, die Trau|fen
träu|feln, du träufelst
der Traum, die Träu|me
träu|men, du träumst
traum|haft
das Traum|paar, die Traum|paa|re
trau|rig
die Trau|rig|keit
die Trau|ung, die Trau|un|gen
der Trau|zeu|ge, die Trau|zeu|gen
die Trau|zeu|gin, die Trau|zeu|gin|nen
der Tre|cker, die Tre|cker
tref|fen, du triffst, er traf, sie hat getroffen
das Tref|fen, die Tref|fen
tref|fend
der Tref|fer, die Tref|fer
der Treff|punkt, die Treff|punk|te
trei|ben, du treibst, er trieb, sie hat getrieben
das Trei|ben
das Treib|haus, die Treib|häu|ser
der Treib|stoff, die Treib|stof|fe

trenn|bar
tren|nen, du trennst
der **Trenn|strich**, die Trenn|stri|che
die **Tren|nung**, die Tren|nun|gen
die **Trenn|wand**, die Trenn|wän|de
trepp|ab
trepp|auf
die **Trep|pe**, die Trep|pen
das **Trep|pen|ge|län|der**, die Trep|pen|ge|län|der
das **Trep|pen|haus**, die Trep|pen|häu|ser

der **Tre|sor**, die Tre|so|re
das **Tret|boot**, die Tret|boo|te
tre|ten, du trittst, er trat, sie hat getreten
treu
die **Treue**
treu|her|zig
treu|los

die (auch: der) **Tri|an|gel**, die Tri|an|geln / Tri|an|gel
die **Tri|bü|ne**, die Tri|bü|nen
der **Trich|ter**, die Trich|ter
trich|ter|för|mig
der **Trick**, die Tricks
der **Trick|film**, die Trick|fil|me
es **trieb** → **treiben**
der **Trieb**, die Trie|be
trie|fen, es trieft
trief|nass
du **triffst** → **treffen**
trif|tig
das **Tri|kot**, die Tri|kots
tril|lern, der Vogel trillert
die **Tril|ler|pfei|fe**, die Tril|ler|pfei|fen
der **Trimm-dich-Pfad**, die Trimm-dich-Pfa|de
trink|bar
trin|ken, du trinkst, er trank, sie hat getrunken
das **Trink|geld**, die Trink|gel|der
das **Trink|was|ser**
der **Trip**, die Trips
trip|peln, du trippelst
trist
der **Tritt**, die Trit|te
das **Tritt|brett**, die Tritt|bret|ter
der **Tri|umph**, die Tri|um|phe
tri|um|phie|ren, du triumphierst
tro|cken
die **Tro|cken|heit**
trock|nen, du trocknest
der **Trock|ner**, die Trock|ner
der **Trö|del|markt**, die Trö|del|märk|te
trö|deln, du trödelst
der **Trog**, die Trö|ge
die **Trom|mel**, die Trom|meln
das **Trom|mel|fell**, die Trom|mel|fel|le
trom|meln, du trommelst
der **Tromm|ler**, die Tromm|ler
die **Trom|pe|te**, die Trom|pe|ten
der **Trom|pe|ter**, die Trom|pe|ter
die **Tro|pen**

tröp|feln, es tröpfelt
trop|fen, es tropft
der **Trop|fen**, die Trop|fen
tropf|nass
die **Tropf|stein|höh|le**, die Tropf|stein|höh|len
die **Tro|phäe**, die Tro|phä|en
tro|pisch
der **Trost**
trös|ten, du tröstest
trost|los
das **Trost|pflas|ter**, die Trost|pflas|ter
der **Trost|preis**, die Trost|prei|se
der **Trot|tel**, die Trot|tel

trotz
der **Trotz**
trotz|dem
trot|zen, du trotzt
trot|zig
die **Trotz|pha|se**, die Trotz|pha|sen
trüb, auch: **trü|be**
der **Tru|bel**
trüb|se|lig
er **trug** → **tragen**
die **Tru|he**, die Tru|hen
die **Trüm|mer**
der **Trumpf**, die Trümp|fe
die **Trup|pe**, die Trup|pen
der **Trut|hahn**, die Trut|häh|ne
der (auch: das) **Tsa|tsi|ki** → **Zaziki**
tschau, auch: **ciao**
der **Tsche|che**, die Tsche|chen
Tsche|chi|en
die **Tsche|chin**, die Tsche|chin|nen
tsche|chisch
tschüss, auch: **tschüs**
das **T-Shirt**, die T-Shirts
der **Tsu|na|mi,** die Tsu|na|mis
die **Tu|be**, die Tu|ben
das **Tuch**, die Tü|cher

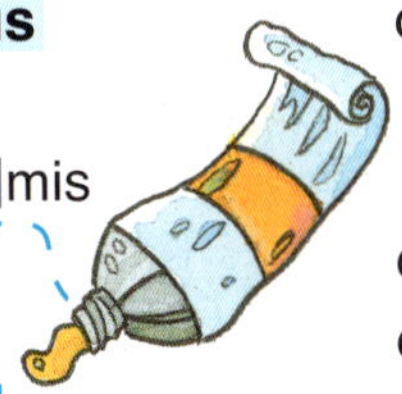

> Mit Tüchern macht man etwas trocken oder sauber: Handtuch, Putztuch, Taschentuch. Andere Tücher sind Kleidung: Kopftuch, Halstuch.

tüch|tig
die **Tüch|tig|keit**
die **Tü|cke**, die Tü|cken
tu|ckern, es tuckert
tü|ckisch
tüf|teln, du tüftelst

der **Tüft|ler**, die Tüft|ler
die **Tu|gend**, die Tu|gen|den
die **Tul|pe**, die Tul|pen
sich **tum|meln**, ihr tummelt euch
der **Tu|mor**, die Tu|mo|ren
der **Tüm|pel**, die Tüm|pel
der **Tu|mult**, die Tu|mul|te
tun, du tust, er tat, sie hat getan
Tu|ne|si|en
tu|ne|sisch
der **Tun|fisch** → **Thunfisch**
tun|ken, du tunkst
der **Tun|nel**, die Tun|nel / Tun|nels
das **Tun|wort**, die Tun|wör|ter
tup|fen, du tupfst
die **Tür**, die Tü|ren
der **Tur|ban**, die Tur|ba|ne
die **Tur|bi|ne**, die Tur|bi|nen
tur|bu|lent
der **Tür|ke**, die Tür|ken
die **Tür|kei**
die **Tür|kin**, die Tür|kin|nen
tür|kis
tür|kisch
die **Tür|klin|ke**, die Tür|klin|ken
der **Turm**, die Tür|me
turm|hoch
die **Turm|uhr**, die Turm|uh|ren
der **Turn|beu|tel**, die Turn|beu|tel
tur|nen, du turnst
der **Tur|ner**, die Tur|ner
die **Turn|hal|le**, die Turn|hal|len
das **Tur|nier**, die Tur|nie|re
der **Turn|schuh**, die Turn|schu|he
der **Turn|ver|ein**, die Turn|ver|ei|ne
das **Turn|zeug**
die **Tu|sche**, die Tu|schen
tu|scheln, ihr tuschelt
du **tust** → **tun**

die **Tü|te**, die Tü|ten
tu|ten, es tutet
das **Tu|wort**, die Tu|wör|ter
der **Typ**, die Ty|pen
ty|pisch

Uu

die **U-Bahn**, die U-Bah|nen
übel
das **Übel**
die **Übel|keit**
üben, du übst

über
über|all
das **Über|bleib|sel**, die Über|bleib|sel
der **Über|blick**
über|bli|cken, du überblickst
über|ei|nan|der
der **Über|fall**, die Über|fäl|le
über|fal|len, du überfällst, er überfiel, sie hat überfallen
der **Über|fluss**
über|flüs|sig
die **Über|flu|tung**, die Über|flu|tun|gen
über|for|dern, du überforderst
über|füllt
der **Über|gang**, die Über|gän|ge
sich **über|ge|ben**, du übergibst dich, er übergab sich, sie hat sich übergeben
über|glück|lich

über|haupt
über|heb|lich
die **Über|heb|lich|keit**
über|ho|len, du überholst
über|las|sen, du überlässt, er überließ, sie hat überlassen
über|le|ben, du überlebst
der (bei Frauen: die) **Über|le|ben|de**, die Über|le|ben|den
über|le|gen
über|le|gen, du überlegst
die **Über|le|gung**, die Über|le|gun|gen
er **über|ließ** → **überlassen**
über|lis|ten, du überlistest
über|mä|ßig
über|mor|gen
über|mü|det
der **Über|mut**
über|mü|tig
über|nächs|te, über|nächs|ter, über|nächs|tes
über|nach|ten, du übernachtest
die **Über|nach|tung**, die Über|nach|tun|gen
über|neh|men, du übernimmst, er übernahm, sie hat übernommen
über|prü|fen, du überprüfst
über|que|ren, du überquerst
über|ra|schen, du überraschst
die **Über|ra|schung**, die Über|ra|schun|gen
über|re|den, du überredest
über|rum|peln, du überrumpelst
die **Über|schrift**, die Über|schrif|ten
über|schwem|men, das Dorf wurde überschwemmt
die **Über|schwem|mung**, die Über|schwem|mun|gen
über|set|zen, du übersetzt

A B C D E F G H I J K L M N O P Q R S T U V W X Y Z

die **Über|set|zung**, die Über|set|zun|gen
die **Über|sicht**, die Über|sich|ten
über|sicht|lich
über|trei|ben, du übertreibst
die **Über|trei|bung**, die Über|trei|bun|gen
über|trie|ben
über|wa|chen, du überwachst
über|wäl|ti|gen, du überwältigst
er **über|wand** → **überwinden**
über|wei|sen, du überweist, er überwies, sie hat überwiesen
die **Über|wei|sung**, die Über|wei|sun|gen
über|win|den, du überwindest, er überwand, sie hat überwunden
die **Über|win|dung**
über|zeu|gen, du überzeugst
die **Über|zeu|gung**, die Über|zeu|gun|gen
üb|lich
das **U-Boot**, die U-Boo|te
üb|rig
üb|ri|gens
die **Übung**, die Übun|gen
das **Ufer**, die Ufer
das **Ufo**, die Ufos
die **Uhr**, die Uh|ren

die **Uhr|zeit**, die Uhr|zei|ten
der **Uhu**, die Uhus
ul|kig
die **Ul|me**, die Ul|men
um
um|ar|men, du umarmst
die **Um|ar|mung**, die Um|ar|mun|gen
um|dre|hen, du drehst um
um|fal|len, du fällst um, er fiel um, sie ist umgefallen

der **Um|fang**, die Um|fän|ge
um|fang|reich
die **Um|fra|ge**, die Um|fra|gen
er **um|gab** → **umgeben**
der **Um|gang**
um|ge|ben, er umgibt, er umgab, er hat umgeben
die **Um|ge|bung**, die Um|ge|bun|gen
um|ge|hen, du umgehst, er umging, sie hat umgangen
um|ge|kehrt
der **Um|hang**, die Um|hän|ge
um|hän|gen, du hängst um
um|her|lau|fen, du läufst umher, er lief umher, sie ist umhergelaufen
um|keh|ren, du kehrst um
um|kip|pen, es kippt um
der **Um|klei|de|raum**, die Um|klei|de|räu|me
die **Um|lauf|bahn**, die Um|lauf|bah|nen
der **Um|laut**, die Um|lau|te
um|lei|ten, du leitest um
die **Um|lei|tung**, die Um|lei|tun|gen
der **Um|riss**, die Um|ris|se
ums
der **Um|schlag**, die Um|schlä|ge
um|so
um|sonst
der **Um|stand**, die Um|stän|de
um|ständ|lich
um|stel|len, du stellst um
die **Um|stel|lung**, die Um|stel|lun|gen
um|stür|zen, er stürzt um
der **Um|tausch**, die Um|tau|sche
um|tau|schen, du tauschst um
der **Um|weg**, die Um|we|ge
die **Um|welt**
um|welt|freund|lich

der Um|welt|schutz

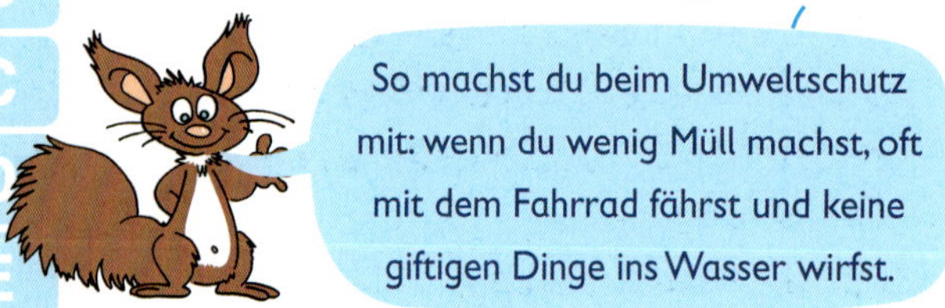

die Um|welt|ver|schmut|zung, die Um|welt|ver|schmut|zun|gen
um|wer|fen, du wirfst um, er warf um, sie hat umgeworfen
um|zie|hen, du ziehst um, er zog um, sie ist umgezogen
der Um|zug, die Um|zü|ge
un|ab|hän|gig
die Un|ab|hän|gig|keit
un|an|ge|nehm
un|auf|fäl|lig
un|auf|hör|lich
un|auf|merk|sam
un|aus|steh|lich
un|barm|her|zig
un|be|ab|sich|tigt
un|be|dingt
un|be|grenzt
un|be|kannt
un|be|liebt
un|be|quem
un|be|schreib|lich
un|be|waff|net
un|be|wohnt
un|be|wusst
un|be|zahl|bar
und
un|dank|bar
un|deut|lich
un|durch|sich|tig
un|em|pfind|lich
un|end|lich

die Un|end|lich|keit
un|ent|schie|den
un|ent|wegt
un|er|fah|ren
un|er|müd|lich
un|er|träg|lich
un|er|war|tet
un|fä|hig

die Un|fä|hig|keit
un|fair
der Un|fall, die Un|fäl|le
un|fass|bar
un|freund|lich
der Un|fug
der Un|gar, die Un|garn
un|ga|risch
Un|garn
die Un|ge|duld
un|ge|dul|dig
un|ge|fähr
un|ge|heu|er
das Un|ge|heu|er, die Un|ge|heu|er
un|ge|heu|er|lich

un|ge|müt|lich
un|ge|nau
un|ge|nü|gend
un|ge|ra|de
un|ge|recht
die Un|ge|rech|tig|keit, die Un|ge|rech|tig|kei|ten
un|ge|schickt
un|ge|stüm
un|ge|sund
das Un|ge|tüm, die Un|ge|tü|me
un|ge|wiss
die Un|ge|wiss|heit, die Un|ge|wiss|hei|ten
un|ge|wöhn|lich
das Un|ge|zie|fer

un|ge|zo|gen
un|glaub|lich
das **Un|glück**, die Un|glü|cke
un|glück|lich
un|gül|tig
das **Un|heil**
un|heil|bar
un|heim|lich
un|höf|lich
die **Un|höf|lich|keit**

die **Uni|form**, die Uni|for|men
die **Uni|ver|si|tät**, die Uni|ver|si|tä|ten
das **Uni|ver|sum**, die Uni|ver|sen
un|klar
das **Un|kraut**, die Un|kräu|ter
un|lös|bar
un|mög|lich
un|nö|tig
un|or|dent|lich
die **Un|ord|nung**
un|prak|tisch
un|pünkt|lich
un|recht sein
das **Un|recht**
Un|recht, auch: **un|recht ha|ben**
die **Un|ru|he**, die Un|ru|hen
un|ru|hig
uns
die **Un|schuld**
un|schul|dig
un|ser, un|se|re, un|se|res
un|si|cher
die **Un|si|cher|heit**,
die Un|si|cher|hei|ten
un|sicht|bar
der **Un|sinn**
un|sin|nig
un|sym|pa|thisch
un|ten

un|ter
der **Un|ter|arm**, die Un|ter|ar|me
un|ter|bre|chen, du unterbrichst, er unterbrach, sie hat unterbrochen
die **Un|ter|bre|chung**,
die Un|ter|bre|chun|gen
un|ter|drü|cken, du unterdrückst
un|ter|ei|nan|der
die **Un|ter|füh|rung**,
die Un|ter|füh|run|gen
der **Un|ter|gang**, die Un|ter|gän|ge
un|ter|ge|hen, sie geht unter, sie ging unter, sie ist untergegangen
der **Un|ter|grund**, die Un|ter|grün|de
un|ter|halb
sich **un|ter|hal|ten**, du unterhältst dich, er unterhielt sich, sie hat sich unterhalten
die **Un|ter|hal|tung**,
die Un|ter|hal|tun|gen
das **Un|ter|hemd**, die Un|ter|hem|den
die **Un|ter|ho|se**, die Un|ter|ho|sen
un|ter|ir|disch
der **Un|ter|kie|fer**, die Un|ter|kie|fer
die **Un|ter|kunft**, die Un|ter|künf|te
die **Un|ter|la|ge**, die Un|ter|la|gen
die **Un|ter|lip|pe**, die Un|ter|lip|pen
un|ter|neh|men, du unternimmst, er unternahm, sie hat unternommen
das **Un|ter|neh|men**,
die Un|ter|neh|men
un|ter|neh|mungs|lus|tig
der **Un|ter|richt**
un|ter|rich|ten, du unterrichtest
un|ters
un|ter|schät|zen, du unterschätzt
un|ter|schei|den,
du unterscheidest, er unterschied, sie hat unterschieden

A B C D E F G H I J K L M N O P Q R S T U V W X Y Z

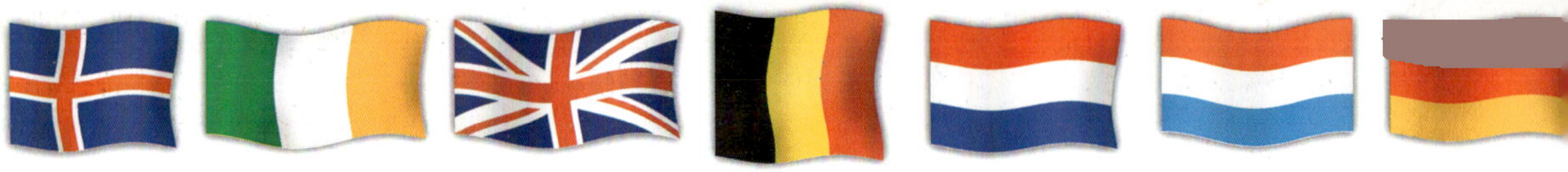

Island | Irland | Großbritannien | Belgien | Niederlande | Luxemburg | Deutschlar

Unser Europa

Portugal
Spanien
Andorra
Frankreich
Monaco
Italien
San Marino
Vatikanstaat
Malta

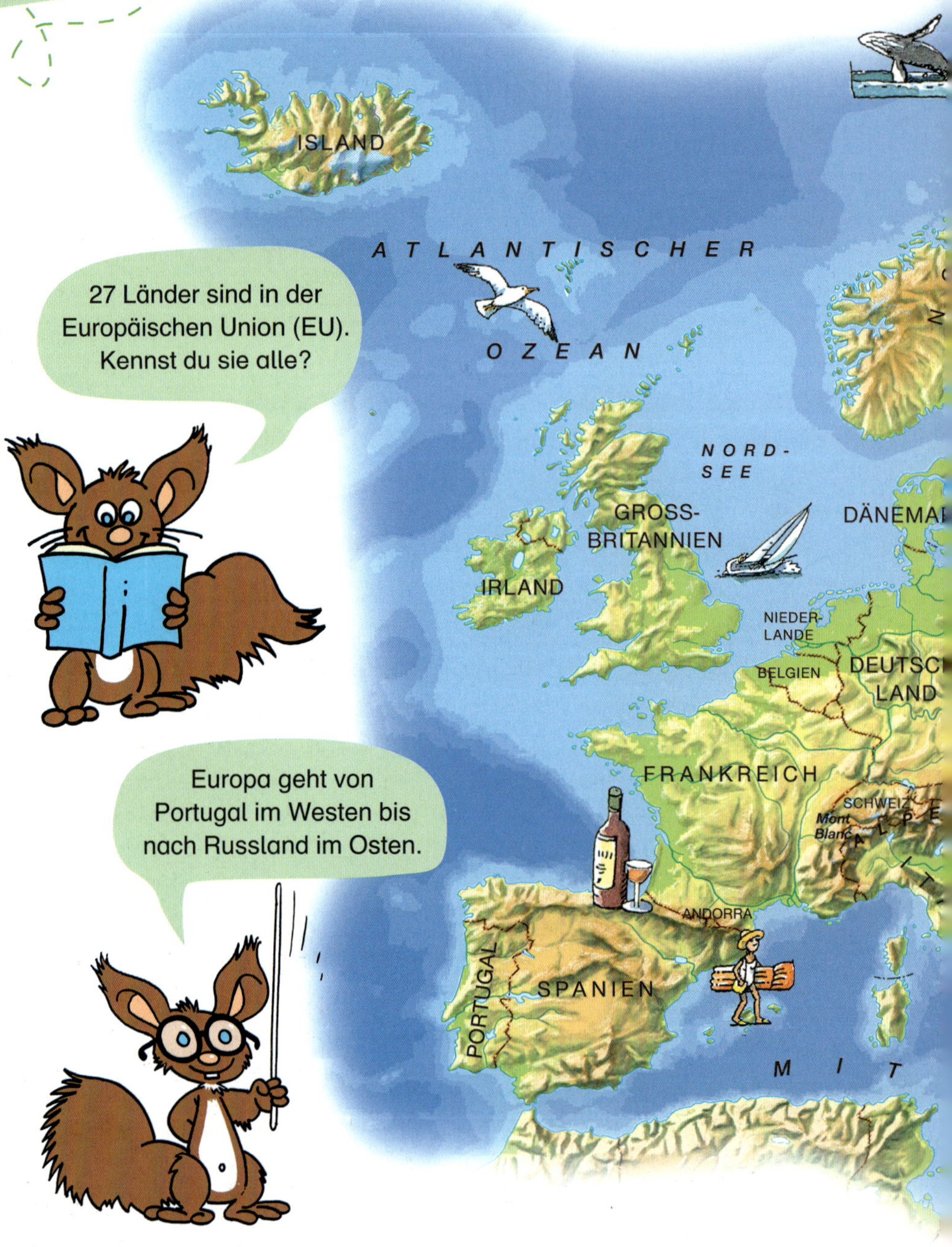

Schweiz | Liechtenstein | Österreich | Ungarn | Slowenien | Kroatien | Bosnien un Herzegowir

Dänemark
Norwegen
Schweden
Finnland
Estland
Lettland
Litauen
Russland
Weißrussland
Polen
Tschechien
Slowakei
Ukraine
Moldawien
Rumänien
Bulgarien
Türkei
Montenegro
Serbien
Kosovo
Albanien
Mazedonien
Griechenland
Zypern
NORWEGEN
SCHWEDEN
FINNLAND
LADOGA-SEE
ESTLAND
RUSSLAND
LETTLAND
OSTSEE
Wolga
LITAUEN
WEISSRUSSLAND
POLEN
TSCHECHISCHE REPUBLIK
SLOWAKISCHE REPUBLIK
UKRAINE
KARPATEN
MOLDAWIEN
UNGARN
RUMÄNIEN
BOSNIEN-HERZEGOWINA
SERBIEN
KOSOVO
MONTENEGRO
ALBANIEN
BULGARIEN
MAZEDONIEN
SCHWARZES MEER
GRIECHENLAND
TÜRKEI
MALTA
ZYPERN
MEER
Russland und die Türkei sind in Europa und in Asien.

der **Un|ter|schen|kel**, die Un|ter|schen|kel
der **Un|ter|schied**, die Un|ter|schie|de
un|ter|schied|lich
un|ter|schrei|ben, du unterschreibst, er unterschrieb, sie hat unterschrieben
die **Un|ter|schrift**, die Un|ter|schrif|ten
un|ter|strei|chen, du unterstreichst, er unterstrich, sie hat unterstrichen
un|ter|stüt|zen, du unterstützt
die **Un|ter|stüt|zung**
un|ter|su|chen, du untersuchst
die **Un|ter|su|chung**, die Un|ter|su|chun|gen
die **Un|ter|tas|se**, die Un|ter|tas|sen
die **Un|ter|wä|sche**
un|ter|wegs
un|treu
die **Un|treue**
un|un|ter|bro|chen
un|ver|ant|wort|lich
un|ver|gess|lich
un|ver|gleich|lich
un|ver|hei|ra|tet
un|ver|letzt
un|ver|nünf|tig
un|ver|schämt
die **Un|ver|schämt|heit**, die Un|ver|schämt|hei|ten
un|ver|ständ|lich
un|ver|zeih|lich
un|voll|stän|dig
un|vor|be|rei|tet
un|vor|sich|tig
un|vor|stell|bar
un|wahr
un|wahr|schein|lich

das **Un|wet|ter**, die Un|wet|ter
un|wich|tig
un|wohl
un|zäh|lig
un|zer|trenn|lich
un|zu|frie|den
die **Un|zu|frie|den|heit**
un|zu|ver|läs|sig
üp|pig
ur|alt
der **Ura|nus**
der **Ur|ein|woh|ner**, die Ur|ein|woh|ner
der **Ur|en|kel**, die Ur|en|kel
die **Ur|en|ke|lin**, die Ur|en|ke|lin|nen
die **Ur|groß|el|tern**
die **Ur|groß|mut|ter**, die Ur|groß|müt|ter
der **Ur|groß|va|ter**, die Ur|groß|vä|ter
der **Urin**
die **Ur|kun|de**, die Ur|kun|den
der **Ur|laub**, die Ur|lau|be
der **Ur|lau|ber**, die Ur|lau|ber
die **Ur|sa|che**, die Ur|sa|chen
der **Ur|sprung**, die Ur|sprün|ge
ur|sprüng|lich
das **Ur|teil**, die Ur|tei|le
ur|tei|len, du urteilst
der **Ur|wald**, die Ur|wäl|der
die **Ur|zeit**
die **USA**
die **UV-Strah|len**

Vv

va|ge
die **Va|gi|na**, die Va|gi|nen
der **Vam|pir**, die Vam|pi|re
die **Va|nil|le**
das **Va|nil|le|eis**

der **Va|nil|le|pud|ding**, die Va|nil|le|pud|dings

die **Va|se**, die Va|sen

der **Va|ter**, die Vä|ter

vä|ter|lich

das **Va|ter|un|ser**, die Va|ter|un|ser

der **Ve|ge|ta|ri|er**, die Ve|ge|ta|ri|er

ve|ge|ta|risch

die **Ve|ge|ta|ti|on**

das **Veil|chen**, die Veil|chen

veil|chen|blau

die **Ve|ne**, die Ve|nen

das **Ven|til**, die Ven|ti|le

der **Ven|ti|la|tor**, die Ven|ti|la|to|ren

die **Ve|nus**

sich **ver|ab|re|den**, du verabredest dich

die **Ver|ab|re|dung**, die Ver|ab|re|dun|gen

sich **ver|ab|schie|den**, du verabschiedest dich

Beim Verabschieden sagt man „auf Wiedersehen!" oder „tschüss!". Im Süden heißt es auch „ade!", „servus!" oder „pfüati!".

die **Ver|ab|schie|dung**, die Ver|ab|schie|dun|gen

ver|ach|ten, du verachtest

die **Ver|ach|tung**

die **Ve|ran|da**, die Ve|ran|den

ver|än|dern, du veränderst

die **Ver|än|de|rung**, die Ver|än|de|run|gen

ver|an|stal|ten, du veranstaltest

die **Ver|an|stal|tung**, die Ver|an|stal|tun|gen

ver|ant|wor|ten, du verantwortest

ver|ant|wort|lich

die **Ver|ant|wor|tung**, die Ver|ant|wor|tun|gen

ver|äp|peln, du veräppelst

ver|är|gern, du verärgerst

die **Ver|är|ge|rung**

das **Verb**, die Ver|ben

sie **ver|band** → **verbinden**

der **Ver|band**, die Ver|bän|de

der **Ver|bands|kas|ten**, die Ver|bands|käs|ten

er **ver|barg** → **verbergen**

ver|ber|gen, du verbirgst, er verbarg, sie hat verborgen

ver|bes|sern, du verbesserst

die **Ver|bes|se|rung**, die Ver|bes|se|run|gen

sich **ver|beu|gen**, du verbeugst dich

die **Ver|beu|gung**, die Ver|beu|gun|gen

ver|bie|ten, du verbietest, er verbot, sie hat verboten

ver|bin|den, du verbindest, er verband, sie hat verbunden

die **Ver|bin|dung**, die Ver|bin|dun|gen

ver|blüfft

ver|bor|gen

er **ver|bot** → **verbieten**

das **Ver|bot**, die Ver|bo|te

ver|bo|ten

es **ver|brann|te** → **verbrennen**

der **Ver|brauch**

ver|brau|chen, du verbrauchst

der **Ver|brau|cher**, die Ver|brau|cher

das **Ver|bre|chen**, die Ver|bre|chen

der **Ver|bre|cher**, die Ver|bre|cher

ver|bren|nen, du verbrennst, er verbrannte, sie hat verbrannt

die **Ver|bren|nung**, die Ver|bren|nun|gen

A B C D E F G H I J K L M N O P Q R S T U V W X Y Z

der **Ver|dacht**
ver|däch|tig
ver|däch|ti|gen, du verdächtigst
ver|dammt
es **ver|darb** → **verderben**
ver|dau|en, du verdaust
die **Ver|dau|ung**
das **Ver|deck**, die Ver|de|cke
ver|de|cken, du verdeckst
ver|der|ben, es verdirbt, es verdarb, es ist verdorben
ver|die|nen, du verdienst
der **Ver|dienst**, die Ver|diens|te
es **ver|dirbt** → **verderben**
ver|dop|peln, du verdoppelst
ver|dun|keln, du verdunkelst
ver|dün|nen, du verdünnst
ver|duns|ten, es verdunstet
die **Ver|duns|tung**
ver|dutzt
ver|eh|ren, du verehrst
der **Ver|ein**, die Ver|ei|ne
ver|ein|ba|ren, du vereinbarst
die **Ver|ein|ba|rung**, die Ver|ein|ba|run|gen
ver|ei|nen, du vereinst
ver|ei|ni|gen, du vereinigst
die **Ver|ei|ni|gung**, die Ver|ei|ni|gun|gen
ver|eint
ver|fal|len
ver|fal|len, es verfällt, es verfiel, es ist verfallen
sich **ver|fah|ren**, du verfährst dich, er verfuhr sich, sie hat sich verfahren
ver|fas|sen, du verfasst
der **Ver|fas|ser**, die Ver|fas|ser
die **Ver|fas|sung**, die Ver|fas|sun|gen
ver|fau|len, es verfault
es **ver|fiel** → **verfallen**

ver|fol|gen, du verfolgst
die **Ver|fol|gung**, die Ver|fol|gun|gen
ver|gan|gen
die **Ver|gan|gen|heit**
ver|gäng|lich
sie **ver|gaß** → **vergessen**
ver|ge|ben, du vergibst, er vergab, sie hat vergeben
ver|geb|lich
die **Ver|ge|bung**
ver|ge|hen, die Zeit vergeht, sie verging, sie ist vergangen
ver|ges|sen, du vergisst, er vergaß, sie hat vergessen
ver|gess|lich
die **Ver|gess|lich|keit**
ver|gif|ten, du vergiftest
die **Ver|gif|tung**, die Ver|gif|tun|gen
das **Ver|giss|mein|nicht**, die Ver|giss|mein|nich|te
der **Ver|gleich**, die Ver|glei|che
ver|gleich|bar
ver|glei|chen, du vergleichst, er verglich, sie hat verglichen
die **Ver|gleichs|form**, die Ver|gleichs|for|men
das **Ver|gnü|gen**, die Ver|gnü|gen
ver|gnügt
ver|gra|ben, du vergräbst, er vergrub, sie hat vergraben
ver|grö|ßern, du vergrößerst
die **Ver|grö|ße|rung**, die Ver|grö|ße|run|gen
ver|haf|ten, du verhaftest
die **Ver|haf|tung**, die Ver|haf|tun|gen
sich **ver|hal|ten**, du verhältst dich, er verhielt sich, sie hat sich verhalten
das **Ver|hal|ten**
das **Ver|hält|nis**, die Ver|hält|nis|se

ver|hält|nis|mä|ßig
das Ver|hält|nis|wort, die Ver|hält|nis|wör|ter
ver|han|deln, du verhandelst
die Ver|hand|lung, die Ver|hand|lun|gen
sich ver|has|peln, du verhaspelst dich
ver|hasst
ver|hät|scheln, du verhätschelst
ver|heim|li|chen, du verheimlichst
ver|hei|ra|tet
ver|hext
ver|hin|dern, du verhinderst
die Ver|hin|de|rung
das Ver|hör, die Ver|hö|re
ver|hü|ten, du verhütest
der Ver|hü|tung
sich ver|ir|ren, du verirrst dich
ver|ja|gen, du verjagst
der Ver|kauf, die Ver|käu|fe
ver|kau|fen, du verkaufst
der Ver|käu|fer, die Ver|käu|fer
die Ver|käu|fe|rin, die Ver|käu|fe|rin|nen

der Ver|kehr
ver|kehrs|be|ru|higt
das Ver|kehrs|schild, die Ver|kehrs|schil|der
ver|kehrs|si|cher
der Ver|kehrs|un|fall, die Ver|kehrs|un|fäl|le
das Ver|kehrs|zei|chen, die Ver|kehrs|zei|chen
ver|kehrt
sich ver|klei|den, du verkleidest dich
die Ver|klei|dung, die Ver|klei|dun|gen
sich ver|knal|len, du verknallst dich
ver|kno|tet
ver|krampft

ver|lan|gen, du verlangst
das Ver|lan|gen
ver|län|gern, du verlängerst
die Ver|län|ge|rung, die Ver|län|ge|run|gen
ver|las|sen, du verlässt, er verließ, sie hat verlassen
sich ver|lau|fen, du verläufst dich, er verlief sich, sie hat sich verlaufen
ver|le|gen
die Ver|le|gen|heit, die Ver|le|gen|hei|ten
der Ver|leih, die Ver|lei|he
ver|lei|hen, du verleihst, er verlieh, sie hat verliehen
die Ver|lei|hung, die Ver|lei|hun|gen
ver|let|zen, du verletzt
der (bei Frauen: die) Ver|letz|te, die Ver|letz|ten
die Ver|let|zung, die Ver|let|zun|gen

sich ver|lie|ben, du verliebst dich
ver|liebt
er ver|lieh → verleihen
ver|lie|ren, du verlierst, er verlor, sie hat verloren
der Ver|lie|rer, die Ver|lie|rer
ich ver|ließ → verlassen
sich ver|lo|ben, du verlobst dich
der (bei Frauen: die) Ver|lob|te, die Ver|lob|ten
die Ver|lo|bung, die Ver|lo|bun|gen
ver|lo|ckend
er ver|lor → verlieren
ver|lo|ren
ver|lo|sen, du verlost
die Ver|lo|sung, die Ver|lo|sun|gen
der Ver|lust, die Ver|lus|te
sich ver|meh|ren, es vermehrt sich
ver|meid|bar

A B C D E F G H I J K L M N O P Q R S T U V W X Y Z

A B C D E F G H I J K L M N O P Q R S T U V W X Y Z

ver|mei|den, du vermeidest, er vermied, sie hat vermieden
ver|mie|ten, du vermietest
der **Ver|mie|ter**, die Ver|mie|ter
ver|mis|sen, du vermisst
der (bei Frauen: die) **Ver|miss|te**, die Ver|miss|ten
das **Ver|mö|gen**, die Ver|mö|gen
ver|mu|ten, du vermutest
ver|mut|lich
die **Ver|mu|tung**, die Ver|mu|tun|gen
ver|nach|läs|si|gen, du vernachlässigst
ver|neh|men, du vernimmst, er vernahm, sie hat vernommen
die **Ver|neh|mung**, die Ver|neh|mun|gen
ver|nich|ten, du vernichtest
die **Ver|nunft**
ver|nünf|tig
ver|pa|cken, du verpackst
die **Ver|pa|ckung**, die Ver|pa|ckun|gen
ver|pas|sen, du verpasst
ver|pes|ten, du verpestest
ver|pet|zen, du verpetzt
ver|pfle|gen, du verpflegst
die **Ver|pfle|gung**, die Ver|pfle|gun|gen
sich **ver|pflich|ten**, du verpflichtest dich
die **Ver|pflich|tung**, die Ver|pflich|tun|gen
ver|prü|geln, du verprügelst
der **Ver|putz**
der **Ver|rat**
ver|ra|ten, du verrätst, er verriet, sie hat verraten
der **Ver|rä|ter**, die Ver|rä|ter
ver|rä|te|risch
sich **ver|rech|nen**, du verrechnest dich
ver|reg|net

ver|rei|sen, du verreist
ver|ren|ken, du verrenkst
die **Ver|ren|kung**, die Ver|ren|kun|gen
er **ver|riet** → **verraten**
ver|ros|tet
ver|rückt
der **Vers**, die Ver|se
ver|sa|gen, du versagst
das **Ver|sa|gen**
sich **ver|sam|meln**, ihr versammelt euch
die **Ver|samm|lung**, die Ver|samm|lun|gen
der **Ver|sand**
ver|säu|men, du versäumst
das **Ver|säum|nis**, die Ver|säum|nis|se
sich **ver|schan|zen**, du verschanzt dich
ver|scheu|chen, du verscheuchst
ver|schie|den

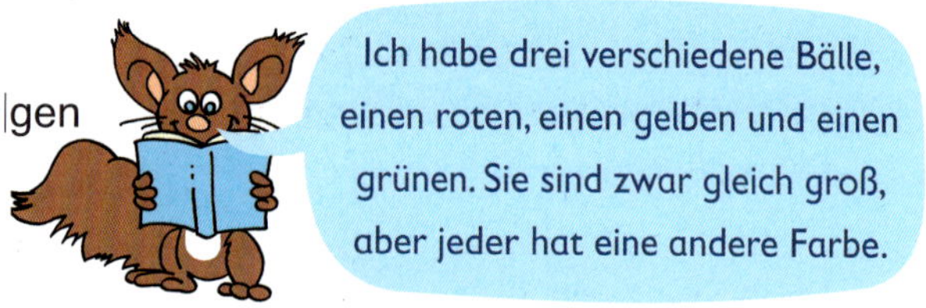

ver|schie|den|ar|tig
die **Ver|schie|den|heit**, die Ver|schie|den|hei|ten
ver|schla|fen, du verschläfst, er verschlief, sie hat verschlafen
sich **ver|schlech|tern**, du verschlechterst dich
die **Ver|schlech|te|rung**, die Ver|schlech|te|run|gen
er **ver|schlief** → **verschlafen**
ver|schlin|gen, du verschlingst, er verschlang, sie hat verschlungen
sich **ver|schlu|cken**, du verschluckst dich

vers

der **Ver|schluss**, die Ver|schlüs|se
ver|schmust
ver|schmut|zen, du verschmutzt
ver|schmutzt
die **Ver|schmut|zung**
ver|schnau|fen, du verschnaufst
die **Ver|schnaufs|pau|se**, die Ver|schnaufs|pau|sen

ver|schneit
ver|schnupft
ver|schrei|ben, du verschreibst, er verschrieb, sie hat verschrieben
ver|schrot|ten, du verschrottest
ver|schwen|den, du verschwendest
ver|schwen|de|risch
die **Ver|schwen|dung**, die Ver|schwen|dun|gen
ver|schwie|gen
die **Ver|schwie|gen|heit**
ver|schwin|den, du verschwindest, er verschwand, sie ist verschwunden
ver|schwitzt
ver|schwom|men
die **Ver|schwö|rung**, die Ver|schwö|run|gen
das **Ver|se|hen**, die Ver|se|hen
ver|se|hent|lich
ver|set|zen, du versetzt
die **Ver|set|zung**, die Ver|set|zun|gen
ver|seu|chen, er verseucht
ver|si|chern, du versicherst
die **Ver|si|che|rung**, die Ver|si|che|run|gen
sich **ver|söh|nen**, du versöhnst dich
die **Ver|söh|nung**, die Ver|söh|nun|gen
ver|sor|gen, du versorgst
die **Ver|sor|gung**
sich **ver|spä|ten**, du verspätest dich
ver|spä|tet
die **Ver|spä|tung**, die Ver|spä|tun|gen
ver|spielt
ver|spre|chen, du versprichst, er versprach, sie hat versprochen
das **Ver|spre|chen**, die Ver|spre|chen
sie **ver|stand** → **verstehen**
der **Ver|stand**
sich **ver|stän|di|gen**, du verständigst dich
die **Ver|stän|di|gung**
ver|ständ|lich
das **Ver|ständ|nis**
ver|ständ|nis|voll
ver|stär|ken, du verstärkst
der **Ver|stär|ker**, die Ver|stär|ker
ver|staubt
ver|stau|chen, du verstauchst
die **Ver|stau|chung**, die Ver|stau|chun|gen
das **Ver|steck**, die Ver|ste|cke
ver|ste|cken, du versteckst
ver|ste|hen, du verstehst, er verstand, sie hat verstanden
ver|stei|gern, du versteigerst
die **Ver|stei|ge|rung**, die Ver|stei|ge|run|gen
die **Ver|stei|ne|rung**, die Ver|stei|ne|run|gen
er **ver|stieß** → **verstoßen**
ver|stop|fen, du verstopfst
die **Ver|stop|fung**, die Ver|stop|fun|gen
der **Ver|stoß**, die Ver|stö|ße
ver|sto|ßen, du verstößt, er verstieß, sie hat verstoßen
der **Ver|such**, die Ver|su|che
ver|su|chen, du versuchst
die **Ver|su|chung**, die Ver|su|chun|gen
ver|tei|di|gen, du verteidigst

der **Ver|tei|di|ger**, die Ver|tei|di|ger
die **Ver|tei|di|gung**, die Ver|tei|di|gun|gen
ver|tei|len, du verteilst
die **Ver|tei|lung**, die Ver|tei|lun|gen
der **Ver|trag**, die Ver|trä|ge
sich **ver|tra|gen**, ihr vertragt euch, wir vertrugen uns, sie haben sich vertragen
ver|träg|lich
ich **ver|trat** → **vertreten**
ver|trau|en, du vertraust
das **Ver|trau|en**
ver|trau|ens|wür|dig
ver|trau|lich
ver|träumt
ver|traut
ver|trei|ben, du vertreibst, er vertrieb, sie hat vertrieben
die **Ver|trei|bung**, die Ver|trei|bun|gen
ver|tre|ten, du vertrittst, er vertrat, sie hat vertreten
der **Ver|tre|ter**, die Ver|tre|ter
die **Ver|tre|tung**, die Ver|tre|tun|gen
er **ver|trieb** → **vertreiben**
wir **ver|tru|gen** uns → sich **vertragen**
ver|un|glü|cken, du verunglückst
ver|un|si|chern, du verunsicherst
ver|ur|sa|chen, du verursachst
der **Ver|ur|sa|cher**, die Ver|ur|sa|cher
ver|ur|tei|len, du verurteilst
die **Ver|ur|tei|lung**, die Ver|ur|tei|lun|gen
ver|viel|fa|chen, du vervielfachst
ver|viel|fäl|ti|gen, du vervielfältigst
ver|wahr|lost
die **Ver|wahr|lo|sung**
ver|waist
ver|wal|ten, du verwaltest

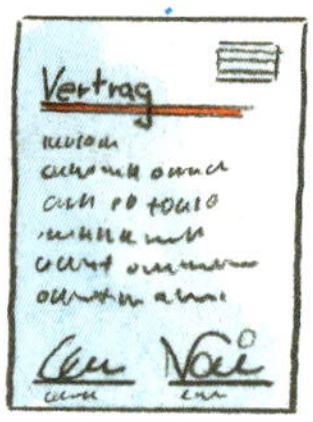

die **Ver|wal|tung**, die Ver|wal|tun|gen
sich **ver|wan|deln**, du verwandelst dich
ver|wandt
er **ver|wand|te** → **verwenden**
der (bei Frauen: die) **Ver|wand|te**, die Ver|wand|ten
die **Ver|wandt|schaft**, die Ver|wandt|schaf|ten
ver|war|nen, du verwarnst
die **Ver|war|nung**, die Ver|war|nun|gen
ver|wech|seln, du verwechselst
die **Ver|wechs|lung**, die Ver|wechs|lun|gen
ver|wei|gern, du verweigerst
die **Ver|wei|ge|rung**, die Ver|wei|ge|run|gen
der **Ver|weis**, die Ver|wei|se
ver|wel|ken, die Blume verwelkt
ver|wend|bar
ver|wen|den, du verwendest, er verwendete / verwandte, sie hat verwendet / verwandt
die **Ver|wen|dung**, die Ver|wen|dun|gen
ver|wert|bar
ver|wer|ten, du verwertest
die **Ver|wer|tung**, die Ver|wer|tun|gen
ver|wir|ren, du verwirrst
ver|wir|rend
das **Ver|wirr|spiel**, die Ver|wirr|spie|le
ver|wirrt
die **Ver|wir|rung**, die Ver|wir|run|gen
ver|wöh|nen, du verwöhnst
ver|wöhnt
ver|wund|bar
ver|wun|dert
ver|wun|det
ver|wüs|ten, du verwüstest
die **Ver|wüs|tung**, die Ver|wüs|tun|gen

A B C D E F G H I J K L M N O P Q R S T U V W X Y Z

ver|zau|bern, du verzauberst
ver|zau|bert
das **Ver|zeich|nis**, die Ver|zeich|nis|se
ver|zei|hen, du verzeihst, er verzieh, sie hat verziehen
die **Ver|zei|hung**
sich **ver|zet|teln**, du verzettelst dich
der **Ver|zicht**
ver|zich|ten, du verzichtest
sie **ver|zieh** → **verzeihen**
ver|zie|ren, du verzierst
die **Ver|zie|rung**, die Ver|zie|run|gen
ver|zö|gern, du verzögerst
die **Ver|zö|ge|rung**, die Ver|zö|ge|run|gen
ver|zwei|feln, du verzweifelst
ver|zwei|felt
die **Ver|zweif|lung**
ves|pern, du vesperst
der **Vet|ter**, die Vet|tern
vi|brie|ren, es vibriert
das **Vi|deo**, die Vi|de|os
der **Vi|deo|clip**, die Vi|deo|clips
die **Vi|deo|thek**, die Vi|deo|the|ken
das **Vieh**
viel, mehr, am meis|ten
viel|fach
viel|fäl|tig
viel|leicht
viel|mals
viel|sei|tig
vier, 4
die **Vier**, die Vie|ren
das **Vier|eck**, die Vier|ecke
vier|eckig
vier|fach
vier|mal
zu **viert**
vier|te, vier|ter, vier|tes

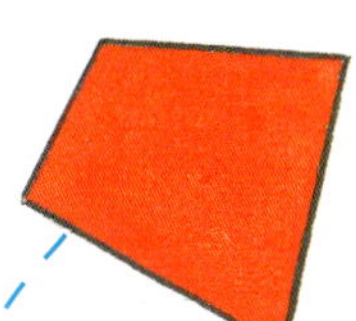

das **Vier|tel**, die Vier|tel
die **Vier|tel|stun|de**, die Vier|tel|stun|den
vier|zehn, 14
vier|zig, 40
die **Vil|la**, die Vil|len
vi|o|lett
die **Vi|o|li|ne**, die Vi|o|li|nen
vir|tu|ell
der (auch: das) **Vi|rus**, die Vi|ren
das **Vi|sum**, die Vi|sa / Vi|sen
das **Vi|ta|min**, die Vi|ta|mi|ne
der **Vo|gel**, die Vö|gel

In der Stadt leben viele Vögel: die Taube, die Amsel, der Spatz, die Krähe, die Schwalbe. Störche leben in Dörfern, der Kuckuck lebt im Wald.

das **Vo|gel|fut|ter**
das **Vo|gel|häus|chen**, die Vo|gel|häus|chen
die **Vo|gel|scheu|che**, die Vo|gel|scheu|chen
die **Vo|ka|bel**, die Vo|ka|beln
der **Vo|kal**, die Vo|ka|le
das **Volk**, die Völ|ker
voll
das **Vol|ley|ball|spiel**, die Vol|ley|ball|spie|le
völ|lig
voll|jäh|rig
voll|kom|men
die **Voll|kom|men|heit**
das **Voll|korn|brot**, die Voll|korn|bro|te
der **Voll|mond**
voll|pa|cken, du packst voll
voll|stän|dig
vol|ti|gie|ren, du voltigierst

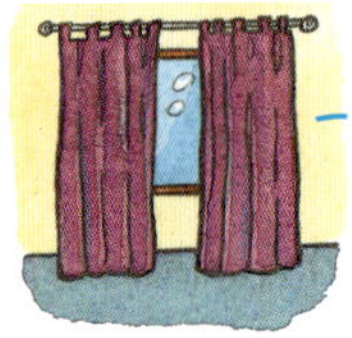

vom
von
von|ei|nan|der
vor
vo|ran
vo|ran|ge|hen, du gehst voran, er ging voran, sie ist vorangegangen
vo|raus
vo|raus|se|hen, du siehst voraus, er sah voraus, sie hat vorausgesehen
die **Vo|raus|set|zung**, die Vo|raus|set|zun|gen
vo|raus|sicht|lich
vor|bei
vor|bei|kom|men, du kommst vorbei, er kam vorbei, sie ist vorbeigekommen
vor|be|rei|ten, du bereitest vor
die **Vor|be|rei|tung**, die Vor|be|rei|tun|gen
vor|be|stel|len, du bestellst vor
vor|beu|gen, du beugst vor
die **Vor|beu|gung**
das **Vor|bild**, die Vor|bil|der
vor|bild|lich
vor|de|re, vor|de|rer, vor|de|res
der **Vor|der|grund**
der **Vor|der|mann**, die Vor|der|män|ner
das **Vor|der|rad**, die Vor|der|rä|der
vor|ei|lig
vor|ei|nan|der
vor|erst
der **Vor|fahr**, die Vor|fah|ren
die **Vor|fahrt**
der **Vor|fall**, die Vor|fäl|le
die **Vor|freu|de**
vor|füh|ren, du führst vor
die **Vor|füh|rung**, die Vor|füh|run|gen

der **Vor|gän|ger**, die Vor|gän|ger
vor|ges|tern
vor|ha|ben, du hast vor, er hatte vor, sie hat vorgehabt
der **Vor|hang**, die Vor|hän|ge
vor|her
die **Vor|her|sa|ge**, die Vor|her|sa|gen
vor|her|sa|gen, du sagst vorher
vor|hin
vo|ri|ge, vo|ri|ger, vo|ri|ges
vor|kom|men, es kommt vor, es kam vor, es ist vorgekommen
vor|läu|fig
vor|laut
vor|le|sen, du liest vor, er las vor, sie hat vorgelesen
vor|letz|te, vor|letz|ter, vor|letz|tes
der **Vor|mit|tag**, die Vor|mit|ta|ge
vor|mit|tags
vorn, auch: **vor|ne**
der **Vor|na|me**, die Vor|na|men
vor|nehm
sich **vor|neh|men**, du nimmst dir vor, er nahm sich vor, sie hat sich vorgenommen
vorn|he|rein, auch: **vor|ne|he|rein**
vorn|über

der **Vor|ort**, die Vor|or|te
der **Vor|rat**, die Vor|rä|te
vor|rä|tig
der **Vor|rats|schrank**, die Vor|rats|schrän|ke
die **Vor|run|de**, die Vor|run|den
vor|sa|gen, du sagst vor
der **Vor|satz**, die Vor|sät|ze
vor|sätz|lich
die **Vor|schau**, die Vor|schau|en
der **Vor|schlag**, die Vor|schlä|ge
vor|schla|gen, du schlägst vor,

er schlug vor, sie hat vorgeschlagen
die **Vor|schrift**, die Vor|schrif|ten
vor|schrifts|mä|ßig
das **Vor|schul|al|ter**
die **Vor|schu|le**, die Vor|schu|len
die **Vor|sicht**
vor|sich|tig
vor|sichts|hal|ber
die **Vor|sil|be**, die Vor|sil|ben
die **Vor|spei|se**, die Vor|spei|sen
der **Vor|sprung**, die Vor|sprün|ge
vor|stell|bar
vor|stel|len, du stellst vor
die **Vor|stel|lung**, die Vor|stel|lun|gen
vor|täu|schen, du täuschst vor
der **Vor|teil**, die Vor|tei|le
vor|teil|haft
der **Vor|trag**, die Vor|trä|ge
vor|tra|gen, du trägst vor, er trug vor, sie hat vorgetragen
vo|rü|ber
vo|rü|ber|ge|hend
das **Vor|ur|teil**, die Vor|ur|tei|le
der **Vor|ver|kauf**, die Vor|ver|käu|fe
die **Vor|wahl**, die Vor|wah|len
der **Vor|wand**, die Vor|wän|de
vor|wärts
der **Vor|wärts|gang**
vor|wärts|fah|ren, du fährst vorwärts, er fuhr vorwärts, sie ist vorwärtsgefahren
vor|wie|gend
das **Vor|wort**, die Vor|wor|te
der **Vor|wurf**, die Vor|wür|fe
vor|wurfs|voll
vor|zei|tig

vor

vor|zie|hen, du ziehst vor, er zog vor, sie hat vorgezogen
der **Vor|zug**, die Vor|zü|ge
vor|züg|lich
der **Vul|kan**, die Vul|ka|ne

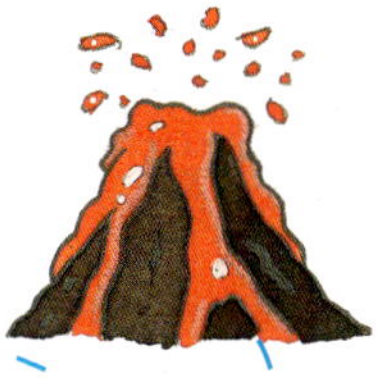

Ww

die **Waa|ge**, die Waa|gen
waa|ge|recht, auch: **waag|recht**
wab|be|lig, auch: **wabb|lig**
die **Wa|be**, die Wa|ben
wach
wa|chen, du wachst
der **Wa|chol|der**
das **Wachs**
wach|sam
wach|sen, du wächst, er wuchs, sie ist gewachsen
der **Wachs|mal|stift**, die Wachs|mal|stif|te
das **Wachs|tum**
der **Wäch|ter**, die Wäch|ter
wa|cke|lig, auch: **wack|lig**
der **Wa|ckel|kon|takt**, die Wa|ckel|kon|tak|te
wa|ckeln, du wackelst
der **Wa|ckel|pud|ding**, die Wa|ckel|pud|dings
die **Wa|de**, die Wa|den
der **Wa|den|wi|ckel**, die Wa|den|wi|ckel
die **Waf|fe**, die Waf|fen
die **Waf|fel**, die Waf|feln
das **Waf|fel|ei|sen**, die Waf|fel|ei|sen
wa|ge|mu|tig
wa|gen, du wagst

der **Wa|gen**, die Wa|gen

Wagen haben meist vier Räder.
Babys liegen im *Kinderwagen*.
Autos heißen auch *Kraftwagen*:
Personenkraftwagen (Pkw) und
Lastkraftwagen (Lkw).

der **Wag|gon**, auch: **Wa|gon**, die Wag|gons

wag|hal|sig

das **Wag|nis**, die Wag|nis|se

die **Wahl**, die Wah|len

wäh|len, du wählst

der **Wäh|ler**, die Wäh|ler

wäh|le|risch

das **Wahl|lo|kal**, die Wahl|lo|ka|le

wahl|wei|se

der **Wahn|sinn**

wahn|sin|nig

wahr

wäh|rend

wäh|rend|des|sen

die **Wahr|heit**, die Wahr|hei|ten

wahr|neh|men, du nimmst wahr, er nahm wahr, sie hat wahrgenommen

die **Wahr|neh|mung**, die Wahr|neh|mun|gen

wahr|sa|gen, du wahrsagst etwas / du sagst etwas wahr

die **Wahr|sa|ge|rin**, die Wahr|sa|ge|rin|nen

wahr|schein|lich

die **Wahr|schein|lich|keit**, die Wahr|schein|lich|kei|ten

die **Wäh|rung**, die Wäh|run|gen

das **Wahr|zei|chen**, die Wahr|zei|chen

die **Wai|se**, die Wai|sen (elternloses Kind)

der **Wal**, die Wa|le

der **Wald**, die Wäl|der

der **Wald|brand**, die Wald|brän|de

das **Wald|ster|ben**

der **Wall**, die Wäl|le

die **Wal|nuss**, die Wal|nüs|se

das **Wal|ross**, die Wal|ros|se

die **Wal|ze**, die Wal|zen

wal|zen, du walzt

wäl|zen, du wälzt

der **Wal|zer**, die Wal|zer

er **wand** sich → **winden**

die **Wand**, die Wän|de

der **Wan|del**

sich **wan|deln**, es wandelt sich

der **Wan|de|rer**, die Wan|de|rer

wan|dern, du wanderst

die **Wan|de|rung**, die Wan|de|run|gen

die **Wand|lung**, die Wand|lun|gen

sie **wand|te** → **wenden**

die **Wan|ge**, die Wan|gen

wan|ken, du wankst

wann

die **Wan|ne**, die Wan|nen

die **Wan|ze**, die Wan|zen

das **Wap|pen**, die Wap|pen

es **war** → **sein**

er **warb** → **werben**

die **Wa|re**, die Wa|ren

es **wä|re** → **sein**

sie **warf** → **werfen**

warm, wär|mer, am wärms|ten

die **Wär|me**

sich **wär|men**, du wärmst dich

die **Wärm|fla|sche**, die Wärm|fla|schen

warm|her|zig

das **Warn|drei|eck**, die Warn|drei|ecke

war|nen, du warnst

das **Warn|sig|nal**, die Warn|sig|na|le

die **War|nung**, die War|nun|gen
du **warst** → **sein**
ihr **wart** → **sein**
war|ten, du wartest
der **Wär|ter**, die Wär|ter
der **War|te|saal**, die War|te|sä|le
die **War|te|schlan|ge**, die War|te|schlan|gen
das **War|te|zim|mer**, die War|te|zim|mer
wa|rum
die **War|ze**, die War|zen

was
das **Wasch|be|cken**, die Wasch|be|cken
die **Wä|sche**
wa|schen, du wäschst, er wusch, sie hat gewaschen
der **Wä|sche|trock|ner**, die Wä|sche|trock|ner
der **Wasch|lap|pen**, die Wasch|lap|pen
die **Wasch|ma|schi|ne**, die Wasch|ma|schi|nen
das **Wasch|pul|ver**
du **wäschst** → **waschen**
das **Was|ser**

Wasser trinkt und kocht man. Mit Wasser kann man sich waschen, duschen, spritzen und planschen. Im Wasser badet und schwimmt man.

was|ser|dicht
der **Was|ser|fall**, die Was|ser|fäl|le
der **Was|ser|hahn**, die Was|ser|häh|ne
was|ser|scheu
die **Was|ser|ver|schmut|zung**
wäss|rig, auch: **wäs|se|rig**
wa|ten, du watest
wat|scheln, du watschelst
das **Watt**

die **Wat|te**

das **Wat|ten|meer**
wat|tiert
das **WC**, die WCs
we|ben, du webst, er webte / wob, sie hat gewebt / gewoben
der **We|ber**, die We|ber
der **Web|stuhl**, die Web|stüh|le
der **Wech|sel**, die Wech|sel
das **Wech|sel|geld**
wech|sel|haft
wech|seln, du wechselst
we|cken, du weckst
der **We|cken**, die We|cken
der **We|cker**, die We|cker
we|deln, du wedelst
we|der
weg

der **Weg**, die We|ge
we|gen
weg|neh|men, du nimmst weg, er nahm weg, sie hat weggenommen
weg|wer|fen, du wirfst weg, er warf weg, sie hat weggeworfen
der **Weg|wei|ser**, die Weg|wei|ser
weh
die **We|he**, die We|hen
we|hen, der Wind weht
weh|lei|dig
sich **weh|ren**, du wehrst dich
wehr|los
weh|tun, es tut weh, es tat weh, es hat wehgetan
das **Weib**, die Wei|ber
das **Weib|chen**, die Weib|chen
weib|lich
weich
die **Wei|che**, die Wei|chen

A B C D E F G H I J K L M N O P Q R S T U V W X Y Z

wei|chen, du weichst, er wich, sie ist gewichen
die **Wei|de**, die Wei|den
wei|den, die Kuh weidet
sich **wei|gern**, du weigerst dich
die **Wei|he**, die Wei|hen
wei|hen, er weiht
der **Wei|her**, die Wei|her
die **Weih|nacht**
Weih|nach|ten
weih|nacht|lich
der **Weih|nachts|abend**
der **Weih|nachts|baum**, die Weih|nachts|bäu|me
das **Weih|nachts|fest**, die Weih|nachts|fes|te
der **Weih|nachts|mann**, die Weih|nachts|män|ner
die **Weih|nachts|zeit**
der **Weih|rauch**
das **Weih|was|ser**
weil
die **Wei|le**
der **Wein**, die Wei|ne
wei|nen, du weinst
wei|ner|lich
wei|se
die **Wei|se**, die Wei|sen (Art, Vorgehen; Melodie)
wei|sen, du weist, er wies, sie hat gewiesen
die **Weis|heit**, die Weis|hei|ten
weiß
weis|sa|gen, du weissagst
weiß|haa|rig
du **weißt** → **wissen**
weit
die **Wei|te**, die Wei|ten
wei|ter

wei|ter|ge|hen, du gehst weiter, er ging weiter, sie ist weitergegangen
wei|ter|hin
wei|ter|sa|gen, du sagst es weiter
weit|sich|tig
der **Weit|sprung**, die Weit|sprün|ge
der **Wei|zen**
welch, wel|che, wel|cher, wel|ches
wel|ken, die Blume welkt
die **Wel|le**, die Wel|len
der **Wel|len|sit|tich**, die Wel|len|sit|ti|che
wel|lig
der **Wel|pe**, die Wel|pen
die **Welt**, die Wel|ten
das **Welt|all**
welt|be|rühmt
der **Welt|meis|ter**, die Welt|meis|ter
der **Welt|raum**
der **Welt|re|kord**, die Welt|re|kor|de
welt|weit
wem → **wer**
der **Wem|fall**
wen → **wer**
die **Wen|de**, die Wen|den
die **Wen|del|trep|pe**, die Wen|del|trep|pen
wen|den, du wendest, er wendete / wandte, sie hat gewendet / gewandt
wen|dig
die **Wen|dung**, die Wen|dun|gen
der **Wen|fall**
we|nig
we|nigs|tens
wenn
wer, wes|sen, wem, wen
wer|ben, du wirbst, er warb, sie hat geworben

der **Wer|be|spot**, die Wer|be|spots
die **Wer|bung**, die Wer|bun|gen
wer|den, du wirst, er wurde, sie ist geworden
der **Wer|fall**
wer|fen, du wirfst, er warf, sie hat geworfen
die **Werft**, die Werf|ten
das **Werk**, die Wer|ke
die **Werk|statt**, die Werk|stät|ten
der **Werk|tag**, die Werk|ta|ge
werk|tags
das **Werk|zeug**, die Werk|zeu|ge

wert
der **Wert**, die Wer|te
wert|los
die **Wert|sa|chen**
die **Wer|tung**, die Wer|tun|gen
wert|voll
der **Wer|wolf**, die Wer|wöl|fe
das **We|sen**, die We|sen
we|sent|lich
die **We|ser**
der **Wes|fall**
wes|halb

die **Wes|pe**, die Wes|pen
das **Wes|pen|nest**, die Wes|pen|nes|ter
wes|sen
die **Wes|te**, die Wes|ten
der **Wes|ten**
der **Wes|tern**, die Wes|tern

west|fä|lisch
west|lich
wes|we|gen
der **Wett|be|werb**, die Wett|be|wer|be
die **Wet|te**, die Wet|ten
das **Wet|ter**
der **Wet|ter|be|richt**, die Wet|ter|be|rich|te
wet|ter|fest
die **Wet|ter|vor|her|sa|ge**, die Wet|ter|vor|her|sa|gen
der **Wett|kampf**, die Wett|kämp|fe
der **Wett|lauf**, die Wett|läu|fe
das **Wett|ren|nen**, die Wett|ren|nen
wet|zen, du wetzt
er **wich** → **weichen**
der **Wicht**, die Wich|te
das **Wich|tel|männ|chen**, die Wich|tel|männ|chen
wich|tig
die **Wi|ckel|kom|mo|de**, die Wi|ckel|kom|mo|den

wi|ckeln, du wickelst
der **Wi|ckel|rock**, die Wi|ckel|rö|cke
der **Wid|der**, die Wid|der
wi|der (gegen)
wi|der|le|gen, du widerlegst
wi|der|lich
die **Wi|der|re|de**
wi|der|spens|tig
wi|der|spre|chen, du widersprichst, er widersprach, sie hat widersprochen
der **Wi|der|spruch**, die Wi|der|sprü|che
der **Wi|der|stand**, die Wi|der|stän|de
der **Wi|der|wil|le**
wi|der|wil|lig
die **Wi|der|wor|te**
wid|men, du widmest

die **Wid|mung**, die Wid|mun|gen
wie
wie|der (noch einmal)
wie|der|fin|den, du findest wieder, er fand wieder, sie hat wiedergefunden
wie|der|ho|len, du wiederholst (noch einmal sagen oder tun)
wie|der|ho|len, du holst wieder (zurückholen)
die **Wie|der|ho|lung**, die Wie|der|ho|lun|gen
wie|der|se|hen, du siehst wieder, er sah wieder, sie hat wiedergesehen
auf **Wie|der|se|hen**
die **Wie|der|ver|ei|ni|gung**, die Wie|der|ver|ei|ni|gun|gen
die **Wie|ge**, die Wie|gen
wie|gen, du wiegst, er wog, sie hat gewogen
wie|hern, das Pferd wiehert
er **wies → weisen**
Wies|ba|den
die **Wie|se**, die Wie|sen
das **Wie|sel**, die Wie|sel
wie|so
wie viel, wie vie|le
das **Wie|wort**, die Wie|wör|ter
der **Wi|kin|ger**, die Wi|kin|ger
wild
das **Wild**
der **Wil|de|rer**, die Wil|de|rer
wil|dern, du wilderst
wild|fremd
die **Wild|nis**
das **Wild|schwein**, die Wild|schwei|ne
der **Wil|le**
will|kom|men

die **Will|kür**
will|kür|lich
du **willst → wollen**
wim|meln, es wimmelt
wim|mern, du wimmerst
der **Wim|pel**, die Wim|pel
die **Wim|per**, die Wim|pern
der **Wind**, die Win|de
die **Win|del**, die Win|deln
sich **win|den**, du windest dich, er wand sich, sie hat sich gewunden
win|dig
die **Wind|po|cken**

wind|still
die **Wind|schutz|schei|be**, die Wind|schutz|schei|ben
die **Win|dung**, die Win|dun|gen
der **Wink**, die Win|ke
der **Win|kel**, die Win|kel
win|ken, du winkst, er winkte, sie hat gewinkt / gewunken
win|seln, der Hund winselt
der **Win|ter**, die Win|ter
win|ter|fest
win|ter|lich
der **Win|ter|schlaf**
der **Win|ter|sport**
der **Win|zer**, die Win|zer
win|zig
der **Wip|fel**, die Wip|fel
die **Wip|pe**, die Wip|pen
wip|pen, du wippst
wir

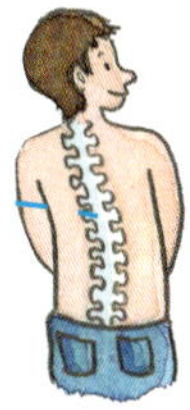

der **Wir|bel**, die Wir|bel
wir|beln, du wirbelst
die **Wir|bel|säu|le**, die Wir|bel|säu|len
der **Wir|bel|sturm**, die Wir|bel|stür|me
du **wirbst** → **werben**
es **wird** → **werden**
du **wirfst** → **werfen**
wir|ken, es wirkt
wirk|lich
die **Wirk|lich|keit**, die Wirk|lich|kei|ten
wirk|sam
die **Wir|kung**, die Wir|kun|gen
wirr
der **Wirr|warr**
der **Wir|sing**
du **wirst** → **werden**
der **Wirt**, die Wir|te
die **Wirt|schaft**, die Wirt|schaf|ten
das **Wirts|haus**, die Wirts|häu|ser

wi|schen, du wischst
wiss|be|gie|rig
wis|sen, du weißt, er wusste, sie hat gewusst
das **Wis|sen**
die **Wis|sen|schaft**, die Wis|sen|schaf|ten
der **Wis|sen|schaft|ler**, die Wis|sen|schaft|ler
die **Wis|sen|schaft|le|rin**, die Wis|sen|schaft|le|rin|nen
wis|sens|wert
wit|tern, du witterst
die **Wit|te|rung**, die Wit|te|run|gen
die **Wit|we**, die Wit|wen
der **Wit|wer**, die Wit|wer
der **Witz**, die Wit|ze
der **Witz|bold**, die Witz|bol|de
wit|zig
witz|los

wo
wo|an|ders
er **wob** → **weben**
wo|bei
die **Wo|che**, die Wo|chen
das **Wo|chen|en|de**, die Wo|chen|en|den
wo|chen|lang
der **Wo|chen|tag**, die Wo|chen|ta|ge
wö|chent|lich
wo|durch
wo|für
er **wog** → **wiegen**
die **Wo|ge**, die Wo|gen
wo|gen, die Gräser wogen im Wind
wo|her
wo|hin
wohl
das **Wohl**
das **Wohl|be|fin|den**
sich **wohl|füh|len**, du fühlst dich wohl
wohl|ha|bend
der **Wohl|stand**
wohl|wol|lend
woh|nen, du wohnst
das **Wohn|haus**, die Wohn|häu|ser
das **Wohn|mo|bil**, die Wohn|mo|bi|le
der **Wohn|ort**, die Wohn|or|te
die **Woh|nung**, die Woh|nun|gen

In Wohnungen gibt es diese Zimmer: die Küche, das Bad, die Toilette, das Esszimmer, das Schlafzimmer, das Wohnzimmer, das Kinderzimmer, den Flur.

der **Wohn|wa|gen**, die Wohn|wa|gen
das **Wohn|zim|mer**, die Wohn|zim|mer
der **Wolf**, die Wöl|fe

wol

die **Wol|ke**, die Wol|ken
der **Wol|ken|krat|zer**,
die Wol|ken|krat|zer
wol|kig
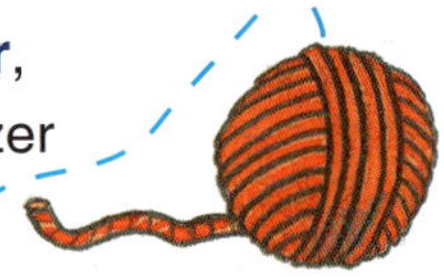
die **Wol|le**
wol|len, du willst, er wollte, sie hat gewollt

Andere Wörter für »wollen«

mögen Julia möchte so gern einen eigenen Hund.
verlangen Ich verlange, dass ihr mir genau zuhört.
vorhaben Max hat vor, ins Kino zu gehen.
wünschen Lea wünscht sich Spaghetti zum Abendessen.

wo|mit
wo|mög|lich
die **Won|ne**, die Won|nen
wo|ran
wo|rauf
wo|rin
der **Work|shop**, die Work|shops
das **Wort**, die Wör|ter, auch: die Wor|te
die **Wort|art**, die Wort|ar|ten
der **Wort|bau|stein**,
die Wort|bau|stei|ne
das **Wör|ter|buch**, die Wör|ter|bü|cher
die **Wort|fa|mi|lie**,
die Wort|fa|mi|li|en
das **Wort|feld**, die Wort|fel|der
wört|lich
wort|los
der **Wort|schatz**
wo|rü|ber

wor

wo|rum
wo|von
wo|zu
das **Wrack**, die Wracks
wrin|gen, du wringst, er wrang, sie hat gewrungen
wu|chern, es wuchert
sie **wuchs** → **wachsen**
der **Wuchs**
die **Wucht**
wuch|tig
wüh|len, du wühlst
die **Wühl|maus**, die Wühl|mäu|se
wund
die **Wun|de**, die Wun|den
das **Wun|der**, die Wun|der
wun|der|bar
die **Wun|der|ker|ze**,
die Wun|der|ker|zen
sich **wun|dern**, du wunderst dich
wun|der|schön
der **Wunsch**, die Wün|sche
die **Wün|schel|ru|te**,
die Wün|schel|ru|ten
wün|schen, du wünschst
wün|schens|wert
sie **wur|de** → **werden**
die **Wür|de**
wür|de|voll
wür|dig
wür|di|gen, du würdigst
die **Wür|di|gung**,
die Wür|di|gun|gen
der **Wurf**, die Wür|fe

der **Wür|fel**, die Wür|fel
wür|feln, du würfelst
wür|gen, du würgst
der **Wurm**, die Wür|mer
die **Wurst**, die Würs|te

das **Würst|chen**, die Würst|chen
würt|tem|ber|gisch
die **Wür|ze**
die **Wur|zel**, die Wur|zeln
wür|zen, du würzt
wür|zig
er **wusch** → **waschen**
wu|sche|lig, auch: **wusch|lig**
der **Wu|schel|kopf**, die Wu|schel|köp|fe
er **wuss|te** → **wissen**
wüst
die **Wüs|te**, die Wüs|ten
die **Wut**
wü|ten, der Sturm wütet
wü|tend
wut|schnau|bend

Xx

die **X-Bei|ne**
X-bei|nig, auch: **x-bei|nig**
x-be|lie|big
x-fach
x-mal
x-te
das **Xy|lo|phon**, auch: **Xy|lo|fon**, die Xy|lo|pho|ne

Yy

die **Yacht** → **Jacht**
der **Yak**, auch: **Jak**, die Yaks
der **Ye|ti**, die Ye|tis
das **Yo|ga**, auch: **Jo|ga**
das **Yo-Yo** → **Jo-Jo**
das **Yp|si|lon**

Zz

die **Za|cke**, auch: der **Za|cken**, die Za|cken
za|ckig
zag|haft
zäh
zäh|flüs|sig
die **Zahl**, die Zah|len

zähl|bar
zah|len, du zahlst
zäh|len, du zählst
der **Zäh|ler**, die Zäh|ler
zahl|los
zahl|reich
die **Zah|lung**, die Zah|lun|gen
das **Zahl|wort**, die Zahl|wör|ter
zahm
zäh|men, du zähmst
die **Zäh|mung**
der **Zahn**, die Zäh|ne

der **Zahn|arzt**, die Zahn|ärz|te
die **Zahn|bürs|te**, die Zahn|bürs|ten
zäh|ne|flet|schend
zäh|ne|knir|schend
die **Zahn|pas|ta**
die **Zahn|schmer|zen**
die **Zahn|span|ge**, die Zahn|span|gen
das **Zahn|weh**
die **Zan|ge**, die Zan|gen
sich **zan|ken**, ihr zankt euch
das **Zäpf|chen**, die Zäpf|chen

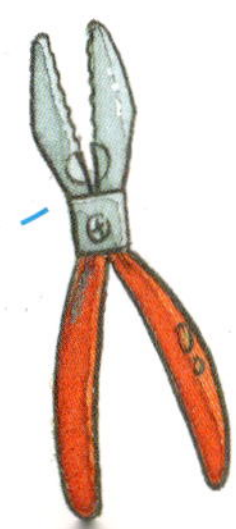

zap|fen, du zapfst
der **Zap|fen**, die Zap|fen
die **Zapf|säu|le**, die Zapf|säu|len
zap|pe|lig, auch: **zapp|lig**
der **Zap|pel|phi|lipp**, die Zap|pel|phi|lip|pe
zap|peln, du zappelst
zap|pen, du zappst
zart
zart|bit|ter
zärt|lich
die **Zärt|lich|keit**, die Zärt|lich|kei|ten
der **Zau|ber**, die Zau|ber
die **Zau|be|rei**
der **Zau|be|rer**, die Zau|be|rer
zau|ber|haft
die **Zau|be|rin**, die Zau|be|rin|nen
das **Zau|ber|kunst|stück**, die Zau|ber|kunst|stü|cke
zau|bern, du zauberst

das **Zaum|zeug**
der **Zaun**, die Zäu|ne
der **Zaun|kö|nig**, die Zaun|kö|ni|ge
der (auch: das) **Za|zi|ki**, auch: **Tsa|tsi|ki**, die Za|zi|kis
das **Ze|bra**, die Ze|bras
der **Ze|bra|strei|fen**, die Ze|bra|strei|fen
die **Ze|cke**, die Ze|cken
der **Zeh**, auch: die **Ze|he**, die Ze|hen
zehn, **10**
die **Zehn**, die Zeh|nen
zehn|fach
das **Zehn|fa|che**
zehn|mal
das **Zehn|tel**, die Zehn|tel
das **Zei|chen**, die Zei|chen
die **Zei|chen|set|zung**
die **Zei|chen|spra|che**, die Zei|chen|spra|chen
der **Zei|chen|trick|film**, die Zei|chen|trick|fil|me
zeich|nen, du zeichnest
die **Zeich|nung**, die Zeich|nun|gen
der **Zei|ge|fin|ger**, die Zei|ge|fin|ger
zei|gen, du zeigst
der **Zei|ger**, die Zei|ger
die **Zei|le**, die Zei|len
die **Zeit**, die Zei|ten

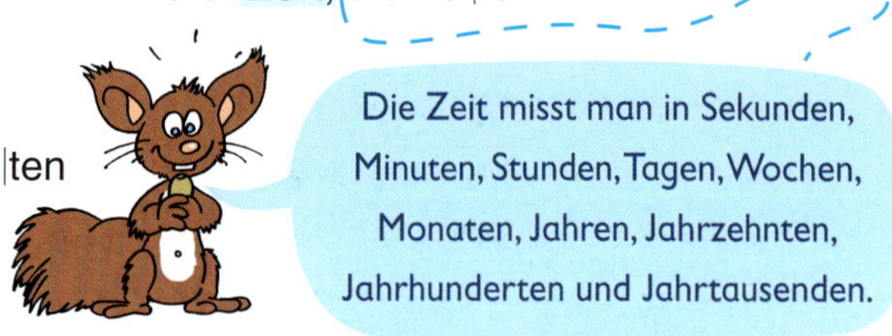

das **Zeit|al|ter**, die Zeit|al|ter
die **Zeit|form**, die Zeit|for|men
zei|tig
die **Zeit|schrift**, die Zeit|schrif|ten
die **Zei|tung**, die Zei|tun|gen
zeit|wei|se
das **Zeit|wort**, die Zeit|wör|ter

die **Zel|le**, die Zel|len
das **Zelt**, die Zel|te
zel|ten, du zeltest
das **Zelt|la|ger**, die Zelt|la|ger
der **Ze|ment**
ze|men|tie|ren, du zementierst
zen|sie|ren, der Lehrer zensiert
die **Zen|sur**, die Zen|su|ren
der **Zen|ti|me|ter**, die Zen|ti|me|ter
der **Zent|ner**, die Zent|ner
zent|ner|schwer
zen|tral
die **Zen|tra|le**, die Zen|tra|len
die **Zen|tral|hei|zung**, die Zen|tral|hei|zun|gen
das **Zen|trum**, die Zen|tren

der **Zep|pe|lin**, die Zep|pe|li|ne
zer|bre|chen, es zerbricht, es zerbrach, es ist zerbrochen
zer|brech|lich
zer|fetzt
zer|fled|dert
zer|klei|nern, du zerkleinerst
zer|knirscht
zer|knüllt
zer|kratzt
zer|le|gen, du zerlegst
zer|quet|schen, du zerquetschst
zer|rei|ßen, du zerreißt, er zerriss, sie hat zerrissen
zer|ren, du zerrst
die **Zer|rung**, die Zer|run|gen
zer|stö|ren, du zerstörst
zer|stö|re|risch
die **Zer|stö|rung**, die Zer|stö|run|gen
zer|streut
die **Zer|streu|ung**, die Zer|streu|un|gen
zer|strit|ten
zer|zaust
der **Zet|tel**, die Zet|tel
das **Zeug**
der **Zeu|ge**, die Zeu|gen
zeu|gen, das zeugt von Mut
die **Zeu|gin**, die Zeu|gin|nen
das **Zeug|nis**, die Zeug|nis|se
die **Zeu|gung**, die Zeu|gun|gen
die **Zi|cke**, die Zi|cken
zi|ckig
das **Zick|lein**, die Zick|lein
im **Zick|zack**
die **Zie|ge**, die Zie|gen
der **Zie|gel**, die Zie|gel
zie|hen, du ziehst, er zog, sie hat gezogen
die **Zie|hung**, die Zie|hun|gen
das **Ziel**, die Zie|le
zie|len, du zielst
ziel|los
ziel|si|cher
ziel|stre|big
ziem|lich
sich **zie|ren**, du zierst dich
zier|lich
die **Zif|fer**, die Zif|fern
die **Zi|ga|ret|te**, die Zi|ga|ret|ten
die **Zi|gar|re**, die Zi|gar|ren
das **Zim|mer**, die Zim|mer
der **Zim|mer|mann**, die Zim|mer|leu|te
zim|per|lich
der **Zimt**
die **Zimt|stan|ge**, die Zimt|stan|gen
das **Zink**
das **Zinn**
der **Zins**, die Zin|sen
der **Zip|fel**, die Zip|fel
die **Zip|fel|müt|ze**, die Zip|fel|müt|zen
zir|ka, auch: **cir|ca**
der **Zir|kel**, die Zir|kel
der **Zir|kus**, auch: **Cir|cus**, die Zir|kus|se
zir|pen, die Grille zirpt
zi|schen, es zischt
die **Zi|tro|ne**, die Zi|tro|nen
der **Zi|tro|nen|fal|ter**, die Zi|tro|nen|fal|ter
zi|tro|nen|gelb
die **Zi|trus|frucht**, die Zi|trus|früch|te
zit|te|rig, auch: **zitt|rig**
zit|tern, du zitterst

die **Zit|ter|par|tie**, die Zit|ter|par|tien
die **Zit|ze**, die Zit|zen
zi|vil
der **Zoff**
sich **zof|fen**, du zoffst dich
er **zog** → **ziehen**
zö|gern, du zögerst
zö|gernd

der **Zoll**, die Zöl|le
der **Zoll|stock**, die Zoll|stö|cke
die **Zo|ne**, die Zo|nen
der **Zoo**, die Zoos
der **Zopf**, die Zöp|fe
der **Zorn**
zor|nig
zot|te|lig, auch: **zott|lig**
zu
zu|al|ler|erst
zu|al|ler|letzt
das **Zu|be|hör**
zu|be|rei|ten, du bereitest zu
die **Zu|be|rei|tung**, die Zu|be|rei|tun|gen
die **Zuc|chi|ni**, auch: der **Zuc|chi|no**, die Zuc|chi|ni
die **Zucht**, die Zuch|ten
züch|ten, du züchtest
die **Züch|tung**, die Züch|tun|gen
zu|cken, du zuckst
der **Zu|cker**
zu|cker|krank
zu|ckern, du zuckerst
zu|cker|süß
zu|de|cken, du deckst zu
zu|ei|nan|der
zu En|de
zu|erst
die **Zu|fahrt**, die Zu|fahr|ten

der **Zu|fall**, die Zu|fäl|le

zu|fäl|lig
die **Zu|flucht**, die Zu|flüch|te
zu|frie|den
zu|frie|ren, der Teich friert zu
der **Zug**, die Zü|ge
die **Zu|ga|be**, die Zu|ga|ben
der **Zu|gang**, die Zu|gän|ge
die **Zug|brü|cke**, die Zug|brü|cken
zu|ge|ben, du gibst zu, er gab zu, sie hat zugegeben
zu|ge|knöpft
der **Zü|gel**, die Zü|gel
zü|gig
zu|gleich
zu Hau|se, auch: **zu|hau|se**
das **Zu|hau|se**
zu|hö|ren, du hörst zu
der **Zu|hö|rer**, die Zu|hö|rer
zu|klap|pen, du klappst zu
die **Zu|kunft**
zu|künf|tig
zu|las|sen, du lässt zu, er ließ zu, sie hat zugelassen
zu|läs|sig
die **Zu|las|sung**, die Zu|las|sun|gen
zu|letzt
zu|lie|be
zum
zu|ma|chen, du machst zu
zu|min|dest
zu|mut|bar
zu|mu|ten, du mutest zu
zu|nächst
der **Zu|na|me**, die Zu|na|men
zün|deln, du zündelst
zün|den, du zündest
zün|dend
das **Zünd|holz**, die Zünd|höl|zer

die **Zünd|ker|ze**, die Zünd|ker|zen
die **Zün|dung**, die Zün|dun|gen
zu|neh|men, du nimmst zu, er nahm zu, sie hat zugenommen
zu|neh|mend
die **Zu|nei|gung**, die Zu|nei|gun|gen
zünf|tig

die **Zun|ge**, die Zun|gen
der **Zun|gen|bre|cher**, die Zun|gen|bre|cher
zu|nich|te|ma|chen, du machst zunichte
zup|fen, du zupfst
das **Zupf|in|stru|ment**, die Zupf|in|stru|men|te
zur
sich **zu|recht|fin|den**, du findest dich zurecht, er fand sich zurecht, sie hat sich zurechtgefunden
zu|rück
zu|rück|kom|men, du kommst zurück, er kam zurück, sie ist zurückgekommen
zur|zeit (im Moment)
die **Zu|sa|ge**, die Zu|sa|gen
zu|sam|men

„Zusammen" kann man mit Verben verbinden, zum Beispiel: zusammengehören, zusammenhängen, zusammenhalten, zusammenlegen.

die **Zu|sam|men|ar|beit**
zu|sam|men|ar|bei|ten, ihr arbeitet zusammen

der **Zu|sam|men|bruch**, die Zu|sam|men|brü|che
zu|sam|men|fas|sen, du fasst zusammen
die **Zu|sam|men|fas|sung**, die Zu|sam|men|fas|sun|gen
der **Zu|sam|men|hang**, die Zu|sam|men|hän|ge
zu|sam|men|hän|gen, es hängt zusammen, es hing zusammen, es hat zusammengehangen
zu|sam|men|hän|gend
zu|sam|men|schrei|ben, du schreibst zusammen, er schrieb zusammen, sie hat zusammengeschrieben
zu|sam|men|set|zen, du setzt zusammen
die **Zu|sam|men|set|zung**, die Zu|sam|men|set|zun|gen
der **Zu|sam|men|stoß**, die Zu|sam|men|stö|ße
zu|sam|men|sto|ßen, sie stoßen zusammen, sie stießen zusammen, sie sind zusammengestoßen
zu|sätz|lich
zu|schau|en, du schaust zu
der **Zu|schau|er**, die Zu|schau|er
die **Zu|schau|e|rin**, die Zu|schau|e|rin|nen
der **Zu|schuss**, die Zu|schüs|se
der **Zu|stand**, die Zu|stän|de
zu|stän|dig
zu|stim|men, du stimmst zu
die **Zu|stim|mung**, die Zu|stim|mun|gen
die **Zu|tat**, die Zu|ta|ten
zu|tiefst
zu|trau|en, du traust zu

das **Zu|trau|en**
zu|trau|lich
der **Zu|tritt**
zu|ver|läs|sig
die **Zu|ver|läs|sig|keit**
zu|ver|sicht|lich
zu viel
zu|vor
zu|vor|kom|men, du kommst zuvor, er kam zuvor, sie ist zuvorgekommen
zu|vor|kom|mend
der **Zu|wachs**, die Zu|wäch|se
die **Zu|wen|dung**, die Zu|wen|dun|gen
zu we|nig
zu|wi|der
er **zwang** → **zwingen**
der **Zwang**, die Zwän|ge
zwang|los
zwan|zig, **20**
zwar
der **Zweck**, die Zwe|cke
zweck|los
zweck|mä|ßig
zwei, **2**
die **Zwei**, die Zwei|en
zwei|fach
zwei|far|big
der **Zwei|fel**, die Zwei|fel
zwei|fel|los
zwei|feln, du zweifelst
der **Zweig**, die Zwei|ge

Ein Baum hat viele Teile; die Wurzel, den Stamm mit der Rinde, die Äste und die Zweige mit den Blüten, Blättern und Früchten.

zwei|mal
zwei|spra|chig
zu **zweit**
zwei|te, zwei|ter, zwei|tes
zwei|tei|lig
der **Zwerg**, die Zwer|ge

das **Zwerg|ka|nin|chen**, die Zwerg|ka|nin|chen
die **Zwet|sche**, auch: **Zwetsch|ge**, die Zwet|schen
zwi|cken, du zwickst
die **Zwick|müh|le**, die Zwick|müh|len
der **Zwie|back**, die Zwie|bä|cke
die **Zwie|bel**, die Zwie|beln
der **Zwil|ling**, die Zwil|lin|ge
zwin|gen, du zwingst, er zwang, sie hat gezwungen
der **Zwin|ger**, die Zwin|ger
zwin|kern, du zwinkerst

der **Zwirn**, die Zwir|ne
zwi|schen
zwi|schen|durch
der **Zwi|schen|fall**, die Zwi|schen|fäl|le
die **Zwi|schen|mahl|zeit**, die Zwi|schen|mahl|zei|ten
der **Zwi|schen|raum**, die Zwi|schen|räu|me
zwit|schern, der Vogel zwitschert
zwölf, **12**
die **Zwölf**, die Zwöl|fen
zwölf|mal
der **Zy|klus**, die Zy|klen
der **Zy|lin|der**, die Zy|lin|der

Mitmachseiten

1. Präpositionen

Wo ist Zorro jetzt gerade?
Wähle die richtige Präposition aus und schreibe sie auf die gepunktete Linie.

☑ an ☑ auf ☑ hinter ☑ neben ☑ über ☑ um ☑ unter ☑ vor ☑ zwischen

Zorro springt ...über... den Tisch.

Zorro ist ...zwischen... der Wand und dem Tisch.

Zorro sitzt genau ...vor... Tim.

Zorro sitzt links ...neben... dem Tisch.

Zorro sitzt ...auf... Tims Kopf.

Zorro läuft ...um... den Tisch herum.

Zorro versteckt sich ...unter... dem Tisch.

Zorro hockt ...hinter... dem Tisch.

Zorro hält sich ...an... Tims Pullover fest.

Du kennst die Präpositionen. Aber manchmal brauchst du auch ein anderes Wort, das Adverb heißt. Es sieht zwar so ähnlich aus wie eine Präposition und zeigt auch, wo eine Sache oder ein Mensch gerade ist, aber es braucht kein Substantiv oder Pronomen dahinter: Wenn jemand vor allen anderen ist, ist er ganz vorn.

2. Adverbien und Präpositionen

Wähle auf dieser Seite das richtige Adverb aus und schreibe es auf die gepunktete Linie.

☑ hinten ☑ links ☑ oben ☑ rechts ☑ unten ☑ vorn

Lea wohnt über Jonas,
aber Jonas wohnt über Sina.
Lea wohnt oben,
Jonas wohnt in der Mitte,
und Sina wohnt ganz unten.

Lea steht vor Jonas,
aber hinter Jonas steht noch Sina. Lea steht ganz vorn,
Jonas steht in der Mitte,
und Sina steht hinten.

Jonas sitzt zwischen Lea und Sina.
Lea sitzt rechts, Sina sitzt links
und Jonas sitzt in der Mitte.

Die Präpositionen können auch Vorsilben sein. Wenn man sie vor Verben setzt, bekommen die Verben einen anderen Sinn: haben heißt *besitzen*, aber vorhaben heißt *planen, tun wollen.*

3. Zusammengesetzte Wörter aus Präpositionen und Verben

Finde die Wörter heraus, die zu den neu entstandenen Wörtern passen. Einige findest du hier im Wörterbuch, bei anderen musst du überlegen oder raten.

schreiben: ☑ befehlen ☑ bestätigen ☑ kopieren

unterschreiben: bestätigen

abschreiben: kopieren

vorschreiben: befehlen

machen: ☑ entfernen ☑ löschen ☑ öffnen ☑ schließen ☑ zeigen

zumachen: schließen

aufmachen: öffnen

ausmachen: löschen

abmachen: entfernen

vormachen: zeigen

4. Zusammengesetzte Wörter aus zwei Substantiven

Verbinde hier die Substantive, die zusammengehören. Pass aber auf, denn bei manchen Verbindungen brauchst du noch einen oder zwei Buchstaben in der Mitte: Kind + Garten = Kindergarten. Bei anderen musst du einen Buchstaben entfernen: Schule + Ranzen = Schulranzen.

☑ Advent	☐ Haus	☑ Sommer
☑ Arzt	☑ Jahr	☑ Spiel
☑ Bad	☑ Kalender	☑ Wanne
☑ Ende	☑ Mann	☑ Wasser
☑ Ferien	☐ Meister	☑ Zahn
☑ Hahn	☑ Schnee	☑ Zeit

Badewanne

Adventskalender

Endspiel

Schneemann

Zahnarzt

Jahreszeit

Hausmeister

Sommerferien

Wasserhan...

5. Bilderrätsel

Erkennst du die Dinge auf den Zeichnungen? Finde die passenden Wörter im Wörterbuch und schreibe sie auf die gepunktete Linie. Aus den ersten Buchstaben dieser Wörter entsteht ein neues Wort.

Schreibe es hierhin:

1.	2.	3.	4.	5.	6.	7.
S	E	R	K	S		R

1. Spatz..........

2. Engel..........

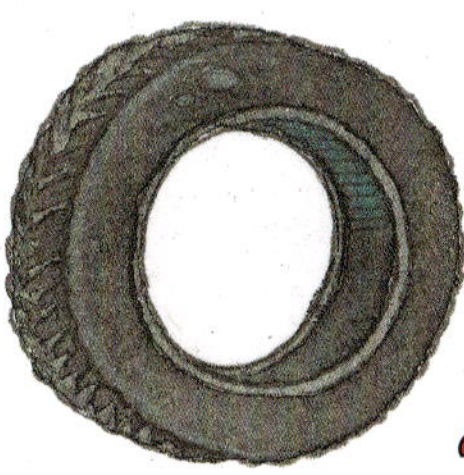

3. Reifen......

5. Schnupfen..

4. Kuchen.....

6. ....

7. ....Ruine.......

Mit Wörtern, die das gleiche Ende haben, kann man reimen: *Sand* reimt sich auf *Hand*, und *Bein* reimt sich auf *Stein*.

6. Reimwörter

Hier siehst du wieder ein paar Bilder aus dem Wörterbuch. Schreibe die Wörter unter die Bilder auf die gepunkteten Linien.

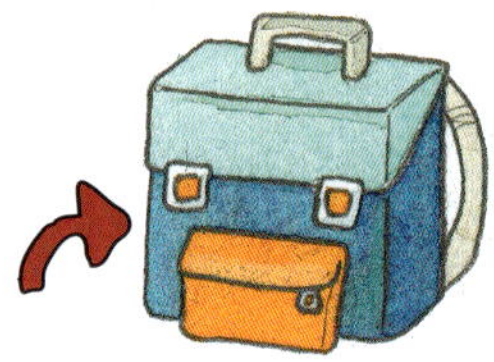

....

....

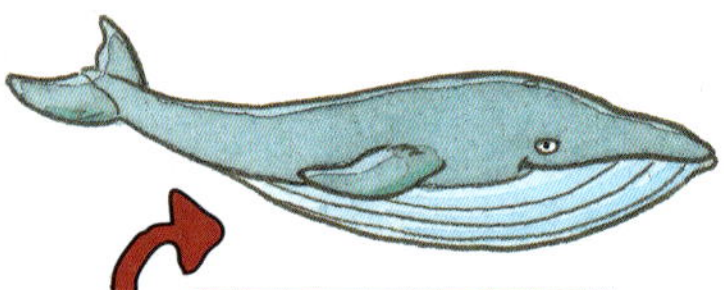

Wal

Aal

....

....

....

....

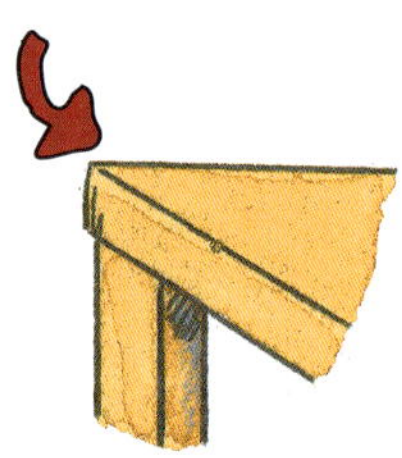

....

....

....

....

Kannst du ein schönes Gedicht oder einen Text aus diesen Wörtern machen?

Englisch: Wörterverzeichnis

Aa

a, an	ein, eine
and	und
animal	Tier
apple	Apfel
April	April
are	bist, seid, sind
arm	Arm
August	August
armchair	Sessel
autumn	Herbst

Bb

ball	Ball
balloon	Luftballon
banana	Banane
bath	Bad
bathroom	Badezimmer
beach	Strand
bear	Bär
bed	Bett
bedroom	Schlafzimmer
behind	hinter
beside	neben
big	groß
bike	Fahrrad
black	schwarz
blackboard	Tafel
blue	blau
body	Körper
book	Buch
bottom	Po
boy	Junge
bread	Brot
brown	braun
butter	Butter
buy	kaufen

Cc

camel	Kamel
can	können
car	Auto
cat	Katze
chair	Stuhl
cheese	Käse
cherry	Kirsche
chick	Küken
chicken	Huhn
child	Kind
chips	Pommes frites
chocolate	Schokolade
Christmas	Weihnachten
climb	klettern
clothes	Anziehsachen
cold	kalt
colour	Farbe
couch	Sofa, Couch
count	zählen
cupboard	Küchenschrank

Dd

December	Dezember
desk	Schreibtisch
dining room	Esszimmer
do	tun, machen
dog	Hund
door	Tür
draw	zeichnen, ziehen
drink	trinken, Getränk

Ee

ear	Ohr
Easter	Ostern
eat	essen
eight	acht
empty	leer
eye	Auge

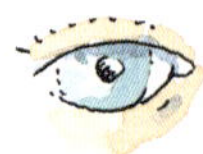

Ff

fast	schnell
fat	dick
February	Februar
finger	Finger
fish	Fisch
five	fünf
flower	Blume
food	Essen
foot, feet	Fuß, Füße
football	Fußball
fork	Gabel
four	vier
frog	Frosch
fruit	Obst
full	voll

Gg

girl	Mädchen
give	geben
go	gehen, fahren
good	gut
green	grün

Hh

hand	Hand
hard	hart
has	hat
hat	Hut, Mütze
have	haben
he	er
head	Kopf
heavy	schwer
here	hier
high	hoch
holidays	Urlaub
home	Heim
horse	Pferd
hot	heiß
house	Haus
how many	wie viele

Ii

in	in
in front of	vor
into	hinein

Jj

January	Januar
juice	Saft
July	Juli
jump	springen
June	Juni

Kk

kitchen	Küche
knife	Messer

Ll

lamp	Lampe
leg	Bein
light	Licht

like	mögen
line	Linie, Strich
lion	Löwe
living room	Wohnzimmer
look	schauen
low	niedrig

Mm

March	März
May	Mai
me	mich, mir
meat	Fleisch
milk	Milch
mistake	Fehler
money	Geld
mother	Mutter
mouth	Mund
my	mein, meine

Nn

need	brauchen
new	neu
nine	neun
no	nein
nose	Nase
November	November
now	jetzt
number	Zahl

Oo

October	Oktober
old	alt
on	auf
one	ein, eins
opposite	Gegensatz
orange	orange

Pp

pen	Füller
pencilcase	Schreibmappe
penguin	Pinguin
picture	Bild
pink	rosa
pizza	Pizza
plane	Flugzeug
plate	Teller
play	spielen
please	bitte
policeman	Polizist
potato	Kartoffel
purple	lila

Rr

rain	Regen, regnen
red	rot
right	richtig
rubber	Radiergummi
ruler	Lineal
run	laufen, rennen

Ss

say	sagen
school	Schule
schoolbag	Schultasche
scissors	Schere
season	Jahreszeit
see	sehen
September	September
seven	sieben
she	sie
ship	Schiff
shoe	Schuh

A B C D E F G H I J K L M N O P Q R S T U V W X Y Z

show	zeigen
sing	singen
six	sechs
skirt	Rock
slow	langsam
small	klein
snake	Schlange
snow	Schnee, schneien
sock	Socke
soft	weich
song	Lied
spoon	Löffel
spring	Frühling
start	anfangen
station	Bahnhof
summer	Sommer
sun	Sonne
swim	schwimmen

Tt

table	Tisch
tea	Tee
teacher	Lehrer, Lehrerin
teddy bear	Teddybär
television	Fernseher
ten	zehn
that	dies
the	der, die, das
there	da, dort
they	sie
thin	dünn
thing	Ding, Gegenstand
three	drei
throw	werfen
to	zu
to the left	nach links
to the right	nach rechts
toilet	Toilette
tomato	Tomate
town	Stadt
toys	Spielsachen
train	Zug
tree	Baum
tummy	Bauch
two	zwei

Uu

umbrella	Schirm
under	unter

Ww

wear	tragen
wet	nass
what	was
where	wo
white	weiß
who	wer
window	Fenster
winter	Winter
wrong	falsch

Yy

yellow	gelb
yes	ja
you	du, dir, dich, Sie
your	dein, deine, Ihr, Ihre

Zz

zebra	Zebra
zoo	Zoo

MY BODY

Draw lines!

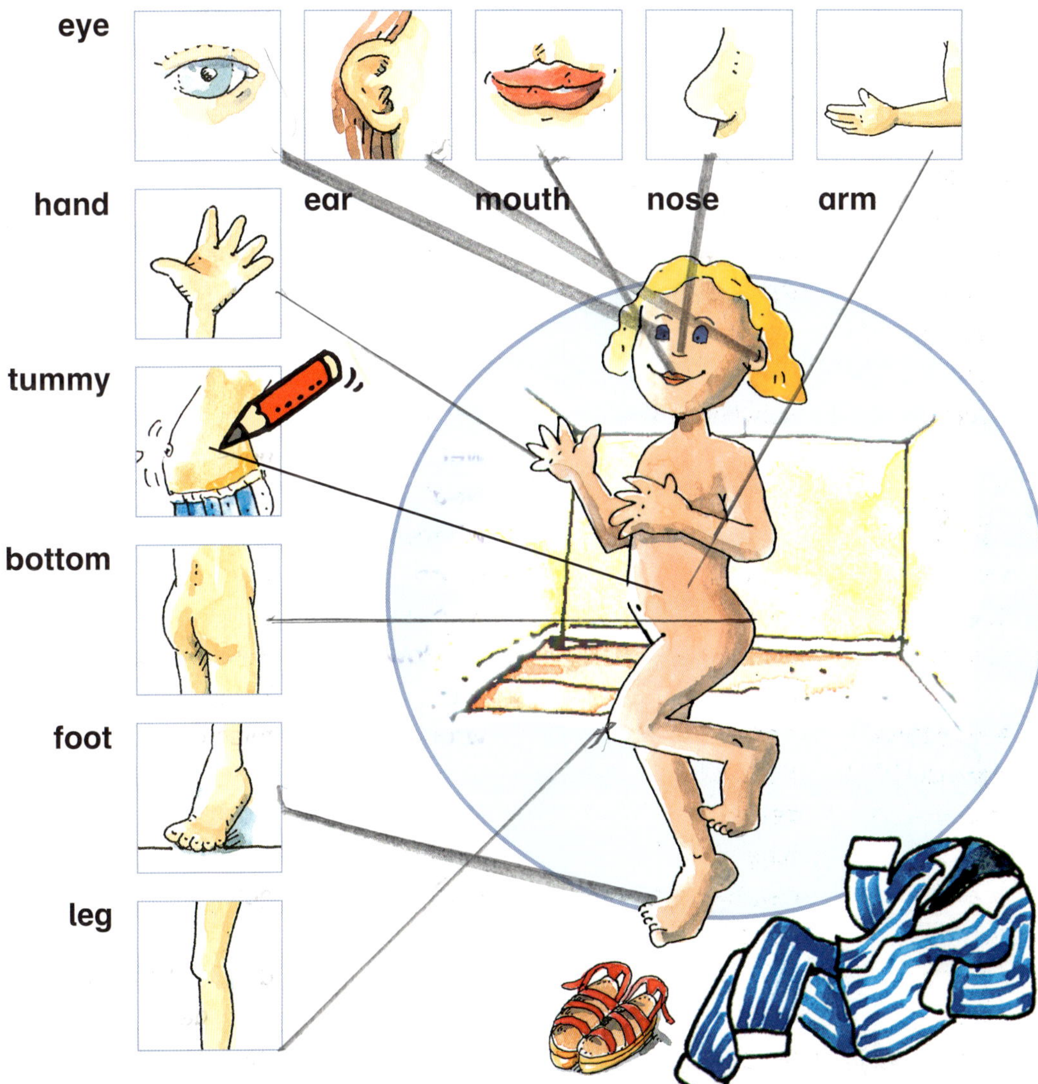

MY HOME

What goes into the living room? –
The couch goes into the living room.
What goes into...?

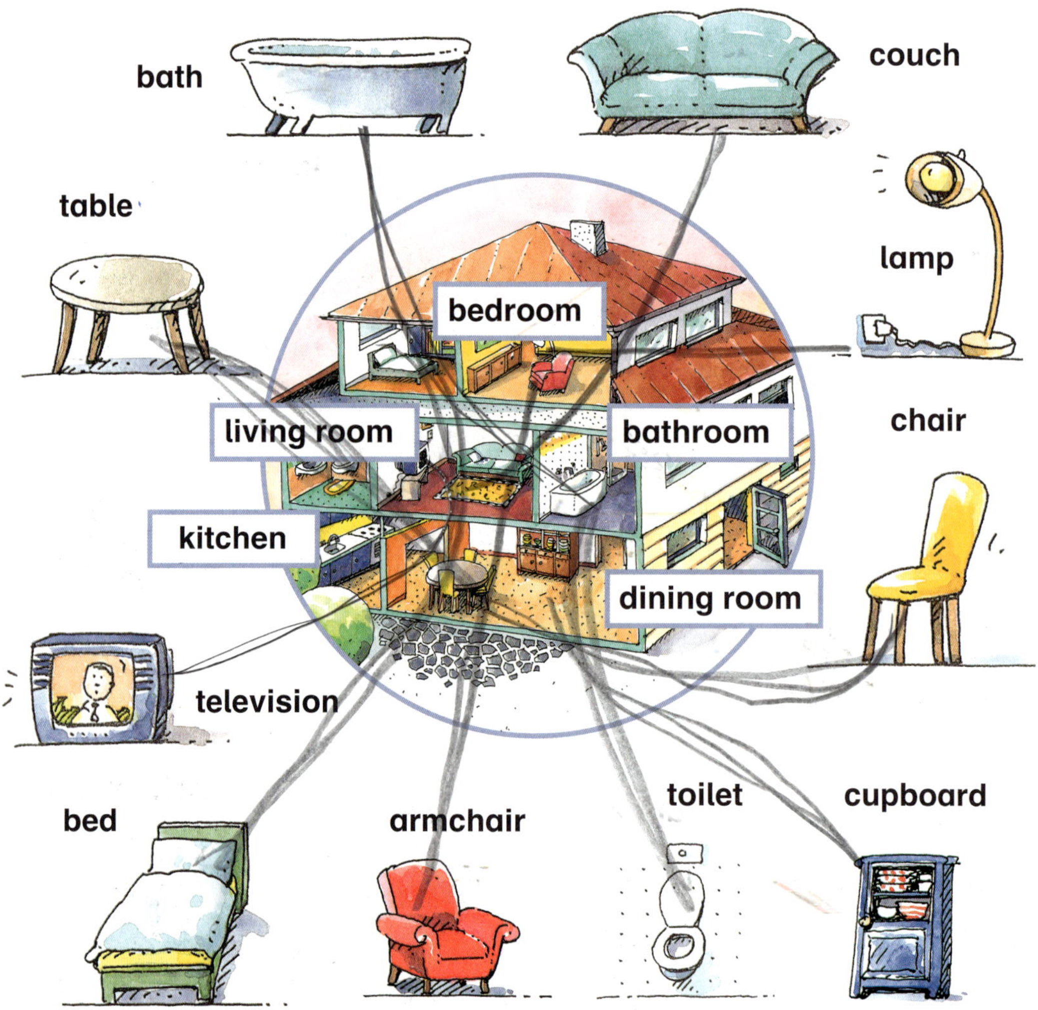

AT SCHOOL

I like going to ...
Give me the ..., please.
This is my ...

blackboard

teacher

paintbrush

pen

ruler

pencil-
case

scissors

desk

rubber

book

schoolbag

FOOD AND DRINK

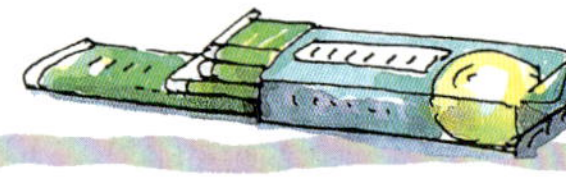

What do you like?
What don't you like?

Draw lines!

- bread
- milk
- juice
- fruit
- chips
- butter
- tea
- chicken

THE SEASONS

Spring, summer, autumn, winter

MARCH

APRIL

MAY

JUNE

JULY

AUGUST

SEPTEMBER

OCTOBER

NOVEMBER

DECEMBER

JANUARY

FEBRUARY

Holidays are in summer

Easter is in ______________

Christmas is in ______________

School starts in ______________

NUMBERS + COLOURS

one green frog

two black taxis

three yellow chicks

four blue balloons

five pink flowers

six brown bears

seven orange socks

eight red cherries

nine purple hats

ten white plates

OPPOSITES

low – high

cold – hot

small – big

soft – hard

full – empty

new – old

slow – fast

thin – fat

light – heavy

WHERE?

behind

in front of

beside

on

opposite

into

to the left

under

to the right